CNB 524 사사기, 룻기의 구속사 강해
성경신학 관점의 본문 해설

사사기, 룻기

이 광 호

2014년

교회와성경

지은이 | 이광호

영남대학교와 경북대학교대학원에서 법학과 서양사학을 공부했으며, 고려신학대학원(M.Div.)과 ACTS(Th.M.)에서 신학일반 및 조직신학을 공부한 후 대구 가톨릭대학교(Ph.D.)에서 선교학을 위한 비교종교학을 연구하였다.
'홍은개혁신학연구원'에서 성경신학 담당교수를 비롯해 고신대학교, 고려신학대학원, 영남신학대학교, 브니엘신학교, 대구가톨릭대학교, 숭실대학교 등에서 학생들을 가르쳤으며, 이슬람 전문선교단체인 국제 WIN선교회 한국대표를 지냈다.
현재는 실로암교회에서 담임목회를 하며 조에성경신학연구원, 부경신학연구원 등에서 강의하며, 달구벌기독학술연구회 회장으로 봉사하고 있다.

저서
- 성경에 나타난 성도의 사회참여(1990)
- 갈라디아서 강해(1990)
- 더불어 나누는 즐거움(1995)
- 기독교관점에서 본 세계문화사(1998)
- 세계 선교의 새로운 과제들(1998)
- 이슬람과 한국의 민간신앙(1998)
- 아빠, 교회 그만하고 슈퍼하자요(1995)
- 교회와 신앙(2002)
- 한국교회 무엇을 개혁할 것인가(2004)
- CNB 501 에세이 산상수훈(2005)
- CNB 502 예수님 생애 마지막 7일(2006)
- CNB 503 구약신학의 구속사적 이해(2006)
- CNB 504 신약신학의 구속사적 이해(2006)
- CNB 505 창세기(2007)
- CNB 506 바울의 생애와 바울서신(2007)
- CNB 507 손에 잡히는 신앙생활(2007)
- CNB 508 아름다운 신앙생활(2007)
- CNB 509 열매 맺는 신앙생활(2007)
- CNB 510 웨스트민스터 신앙고백(2008)
- CNB 511 사무엘서(2010)
- CNB 512 요한복음(2009)
- CNB 513 요한계시록(2009)
- CNB 514 로마서(2010)
- CNB 515 야고보서(2010)
- CNB 516 다니엘서(2011)
- CNB 517 열왕기상하(2011)
- CNB 518 고린도전후서(2012)
- CNB 519 개혁조직신학(2012)
- CNB 520 마태복음(2013)
- CNB 521 히브리서(2013)
- CNB 522 출애굽기(2013)
- CNB 523 목회서신(2014)

역서
- 모슬렘 세계에 예수 그리스도를 심자(Charles R. Marsh, 1985년, CLC)
- 예수님의 수제자들(F. F. Bruce, 1988년, CLC)
- 치유함을 받으라(Colin Urquhart, 1988년, CLC)

홈페이지 http://siloam-church.org

사사기, 룻기

CNB 524

사사기, 룻기

A Study on the Books of Judges & Ruth
by Kwangho Lee

Published by the Church & Bible Publishing House

초판 인쇄 | 2014년 5월 11일
초판 발행 | 2014년 5월 15일

발행처 | 교회와성경
주소 | 평택시 특구로 43번길 90 (서정동)
전화 | 031-662-4742
등록번호 | 제2012-03호
등록일자 | 2012년 7월 12일

발행인 | 문민규
지은이 | 이광호
편집주간 | 송영찬
편집 | 신명기
디자인 | 조혜진

총판 | (주) 비전북출판유통
주소 | 경기도 고양시 일산구 장항동 568-17호 (우) 411-834
전화 | 031-907-3927(대) 팩스 031-905-3927

값은 표지에 있습니다.
파손된 책은 구입처나 출판사에서 교환해 드립니다.
ISBN 978-89-98322-07-6 93230

Printed in Seoul of Korea

CNB 시리즈
서 문

CNB The Church and The Bible 시리즈는 개혁신앙의 교회관과 성경신학적 구속사 해석에 근거한 신 · 구약 성경 연구 시리즈이다.

이 시리즈는 보다 정확한 성경 본문 해석을 바탕으로 역사적 개혁 교회의 면모를 조명하고 우리 시대의 교회가 마땅히 추구해야 할 방향을 제시함으로써 교회의 삶과 문화를 창달하는 것을 그 목적으로 하고 있다.

따라서 이 시리즈는 진지하게 성경을 연구하며 본문이 제시하는 메시지에 충실하고 있다. 그렇다고 이 시리즈가 다분히 학문적이거나 또는 적용이라는 의미에 국한되지 않는다. 학구적인 자세는 변함 없지만 궁극적으로 하나님의 나라를 지향함에 있이 개혁주의 교회관을 분명히 하기 위해 보다 더 관심을 가진다는 의미이다.

본 시리즈의 집필자들은 이미 신 · 구약 계시로써 말씀하셨던 하나님께서 지금도 말씀하고 계시며, 몸된 교회의 머리이자 영원한 왕이신 그리스도께서 지금도 통치하시며, 태초부터 모든 성도들을 부르시어 복음으로 성장하게 하시는 성령께서 지금도 구원 사역을 성취하심으로써 창세로부터 종말에 이르기까지 거룩한 나라로서 교회가 여전히 존재하고 있음을 그 무엇보다도 중요하게 여기고 있다.

아무쪼록 이 시리즈를 통해 계시에 근거한 바른 교회관과 성경관을 가지고 이 땅에 진정한 그리스도인의 삶과 문화가 확장되기를 바라는 바이다.

시리즈 편집인

김영철 목사, 미문(美聞)교회 목사, Th.M.
송영찬 목사, 기독교개혁신보 편집국장, M.Div.
오광만 목사, 대한신학대학원대학교 교수, Ph.D.
이광호 목사, 실로암교회 목사, Ph.D.

사사기
p.6-264

룻기
p.265-332

사사기

A Study on the Judges

2014년

교회와성경

머리말

하나님께서는 이스라엘 민족을 애굽 땅에서 인도해내시기 위해 모세를 영도자로 세워 선한 도구로 사용하셨다. 또한 40년 동안의 광야생활을 마친 후 가나안 땅으로 들어갈 때는 여호수아를 모세의 뒤를 잇는 영도자로 부르셨다. 언약의 자손들이 새로운 땅으로 들어가는 과정에서 하나님의 특별한 은혜가 베풀어졌던 것이다.

약속의 땅 가나안에 들어간 백성들은 오랜 기간 동안 그곳을 점거하고 있던 이방 족속을 물리쳐야 했다. 그러나 조상대대로 그곳에 살던 이방인들은 이스라엘의 요구를 받아들이지 않았다. 그런 판국에 여호수아가 죽은 후에는 이스라엘 민족 가운데 상시적인 영도자가 없었다. 이는 모든 백성들이 성막과 언약궤를 통해 하나님을 섬기는 신실한 제사장들의 교훈에 민감하게 반응해야 함을 의미한다.

이스라엘 민족에게는 모세에 의해 기록된 율법이 존재했으며 성막과 법궤를 중심으로 사역하는 제사장들과 저들의 사역이 있었다. 과거 시내광야에서 만나와 메추라기를 먹던 시기는 지나갔으며 더 이상 구름기둥과 불기둥이 저들을 인도하지 않았다. 가시적인 영도자가 없게 되자 백성들은 제사장들을 통한 하나님의 음성에 귀를 기울이는 대신 각기 제 마음대로 하려고 했다. 그것은 개인적인 측면에서도 그러했거니와 각 족속의 집단적인 측면에서도 그러했다.

이제 이스라엘 백성은 율법과 법궤를 통해 하나님의 음성을 들을 수 있을 따름이었다. 하지만 이스라엘 민족은 그로 말미암은 하나님의 뜻을 따르기보다 주변의 상황에 민감하게 반응하는 경우가 많았다. 하나님께서는 이스라엘 민족이 가나안 땅에 진입하자마자 여호수아에게 군대장관을 대면하게 하심으로써 저들 앞에서 싸우시는 메시아를 보여주셨다. 따라서 그들은 가나안 땅에 정착한 이방 족속들이 아무리 강해보일지라도 저들을 두려워할 필요가 없었다.

나아가 그 백성은 가나안 땅에 있던 이방인들의 다양한 환경을 부러워하지 말아야 했다. 겉으로 보기에 아무리 화려하고 좋아보일지라도 그것들은 하나님의 뜻과는 아무런 상관이 없었다. 그 모든 것들은 도리어 하나님 보시기에 악하고 부정한 것들로서 척결의 대상이 되었을 따름이다.

그럼에도 불구하고 어리석은 백성은 이방인들을 두려워하기도 하고 저들의 것을 부러워하기도 했다. 그러다보니 이방인들을 무찔러 승리하기는 커녕 도리어 저들의 압제를 당하는 경우가 많았다. 그럴 때마다 하나님께서는 특별한 사사들을 세워 저들을 위기의 상황에서 구출하셨다.

물론 하나님께서는 이스라엘 민족을 통해 가나안 땅을 회복하고자 하셨으며, 최종적으로는 예루살렘을 정복해야만 모든 것이 일차적으로 완료된다. 예루살렘은 아브라함이 이삭을 바쳤던 모리아산이 있는 곳이었으므로 특별한 의미를 지니고 있었기 때문이다. 사사시대 동안 하나님께서 허락하신 성막과 언약궤가 형편에 따라 이리저리 이동해야 했지만 예루살렘을 정복하여 가나안 땅을 회복하게 되면 그곳에 돌로된 성전이 세워져 언약궤가 안착될 수 있었다.

그 일을 위해 하나님께서는 이스라엘 민족이 위기에 빠질 때마다 저들을 지키셨다. 그것을 위해 수많은 사사들을 보내주셨다. 사사기에는 그들 가운데 상당수의 이름과 사역들이 기록되어 있다. 어떤 사사들의 경우는 매우 긴 부분을 할애하여 설명하고 있는 데 반해 다른 어떤 사사의 경우에는 단 몇 줄만 기록되어 있다.

하지만 많은 분량을 통해 소개된 사사들이 그렇지 않은 사사들보다 더 중요하다고 말할 수 없다. 중요한 것은 하나님께서 이스라엘을 지키시기 위해 친히 저들을 불러 사용하셨다는 사실이다. 모든 것은 전적인 하나님의 뜻에 따라 진행되었다. 따라서 저들에게 돌아갈 특별한 명예는 없다.

그럼에도 불구하고 우리는 저들을 통해 중요한 교훈을 배우게 된다. 언약의 왕국을 세우고자 하시는 하나님의 놀라운 뜻이 그 가운데 기록되어 있기 때문이다. 사사시대가 끝나고 다윗 왕국이 세워지게 되면 모든 성도들은 장차 오시게 될 메시아와 그의 나라를 바라보게 된다.

하지만 사사시대의 이스라엘 백성은 여호와 하나님이 저들의 눈에 가시적으로 보이지 않는다고 해서 배도에 빠지기 일쑤였다. 그와 같은 상황은 그후 이스라엘 역사 가운데 지속적으로 일어났다. 나아가 오늘날 우리 시대에도 그때와 별반 다르지 않다.

우리는 사사기를 통해 당시 하나님께서 계획하시고 실행해 가시는 뜻을 잘 읽을 수 있어야 한다. 성경에 기록된 사사들이 후일 전체 이스라엘 민족에 커다란 영향을 끼쳤다고 할지라도 당시에는 지역성을 띠고 있었다. 이는 하나님의 구체적인 간섭에 의해 모든 것이 진행되고 있었다는 사실을 입증해 준다.

우리는 하나의 민족공동체를 이루고 있는 이스라엘 백성 가운데 여러 지파들의 저항과 순종을 눈여겨보게 된다. 따라서 전체와 부분을 동시에 볼 수 있어야 한다. 그 중심에는 언약궤와 일부 배도자들이 있었음에도 불구하고 항상 신실한 제사장들이 존재하고 있었다. 즉 모든 사사들은 언약궤와 제사장들로부터 독립적으로 사역하는 자들이 아니었던 것이다.

모쪼록 본서를 읽는 독자들에게 사사기를 이해하는 데 약간의 도움이 되었으면 한다. 동시에 지상의 교회가 사사기의 말씀을 올바르게 잘 이해함으로써 자신의 모습을 돌아볼 수 있게 되기를 바란다. 실로암교회 성도들과 부족한 사람에게 격려를 아끼지 않는 주변의 여러 이웃에게 감사의 마음을 전한다.

2014년 6월
실로암교회 서재에서
이 광 호 목사

차 례

사사기

사사기

A Study on the Book of Judges

제1장

언약의 자손과 가나안 땅 진입
(삿 1:1-10)

1. 가나안 땅과 여호와의 군대장관(수 5:13-15)

이스라엘 백성은 하나님께서 저들의 조상 아브라함에게 약속하셨던 땅을 차지하기 위해 가나안으로 진입해 들어갔다. 하나님께서 애굽에 있던 이스라엘 백성을 인도해 내시고 시내광야에서 살던 40년 동안 새로운 율법을 주어 지키게 하셨던 것은 아브라함의 자손들에게 약속의 땅을 주시기 위한 과정이었다. 즉 그 모든 과정을 통해 언약의 왕국을 세우기 위한 아브라함 언약이 성취되어 가고 있었던 것이다.[1)]

그러나 그 약속의 땅은 모세 개인의 힘과 능력으로 차지할 땅도 아니었으며 여호수아의 전략으로 얻을 수 있는 땅도 아니었다. 하나님께서 친히 자기 백성을 그곳으로 들여보내 그 땅을 차지하도록 허락하셨던 것이다. 하나님께서는 이스라엘 백성이 가나안 땅에 진입했을 때 곧바로 그 사실을 보여주시며 말씀하셨다.

이스라엘 백성이 가나안 땅에 들어가자 하나님께서는 백성들을 위한 영도자가 되어 있던 여호수아 앞에 나타나셨다. 여호수아에게는 갑작스럽게

1) 이광호, 창세기, 서울: 도서출판 깔뱅, 2007, pp.111-114, 참조.

발생한 일이었다. 즉 여호수아나 이스라엘 백성의 간청에 의해 그 사건이 일어난 것이 아니었다. 여호수아가 전혀 상황을 예측하지 못한 상태에서 눈을 들어 보니 어떤 사람이 손에 칼을 빼어 들고 자기와 마주 서 있었던 것이다.

> "여호수아가 여리고에 가까왔을 때에 눈을 들어본즉 한 사람이 칼을 빼어 손에 들고 마주섰는지라 여호수아가 나아가서 그에게 묻되 너는 우리를 위하느냐 우리의 대적을 위하느냐 그가 가로되 아니라 나는 여호와의 군대장관으로 이제 왔느니라 여호수아가 땅에 엎드려 절하고 가로되 나의 주여 종에게 무슨 말씀을 하려 하시나이까 여호와의 군대장관이 여호수아에게 이르되 네 발에서 신을 벗으라 네가 선 곳은 거룩하니라 여호수아가 그대로 행하니라" (수 5:13-15)

손에 칼을 빼든 사람은 전쟁에 능한 무사武士로 보였다. 놀란 여호수아가 그에게 적군에 속한 자인지 아군에 속한 자인지 묻자 그는 자기를 '여호와의 군대장관' (the captain of the LORD' s)이라고 밝혔다. 그러자 여호수아는 그의 앞에 엎드려 경배했다. 그는 눈앞에 나타난 자가 하나님이라는 사실을 즉시 알아보았다. 그는 삼위일체 하나님 가운데 성자 하나님이셨다.

그래서 여호수아가 그에게 무슨 말씀을 하시려는지 물었다. 그러자 여호와 하나님의 군대장관은 여호수아로 하여금 그 땅은 거룩한 곳이니 발에서 신을 벗으라고 명했으며 그는 그 말씀에 순종했다. 이는 그전에 여호와 하나님께서 호렙산 떨기나무 불꽃 가운데서 모세에게 하셨던 말씀과 동일한 것이었다(출 3:2-5).

이는 가나안 땅이 여호와 하나님께 속해 있음을 선언하는 의미를 지니고 있다. 그리고 이제부터 원수들에 맞서 싸우는 주체는 하나님 자신이라는 사실을 말해준다. 앞으로 수백 년이란 긴 기간 동안 가나안 땅을 정복하기 위한 전쟁이 지속된다. 그 동안 이스라엘 민족 가운데는 수많은 사람들이 태어나 이방종족과 싸우다가 죽기를 거듭하게 되겠지만 여호와의 군대장관은 항상 앞장서서 원수들과 싸우시게 된다.

이스라엘의 각 지파들은 원수들과 싸울 때 그것이 하나님의 명령에 의한 것이란 사실을 기억해야 하며, 눈에 보이지 않는 여호와의 군대장관으로 나타난 그리스도께서 저들 앞서 싸우신다는 사실을 기억해야 한다.[2)] 즉 언약의 자손들이 진군해 전쟁을 수행하지만 실제적인 싸움은 하나님께서 하고 계신다. 그 사실을 잊어버리게 되면 인간적인 방법을 동원함으로써 도리어 싸움을 그르치게 된다. 이스라엘 백성은 항상 이 사실을 마음에 새겨두고 있어야만 했다.

2. 여호수아의 유언(수 24:25-28)

가나안 땅에 진입할 때 여호와의 군대장관을 만났던 여호수아는 죽을 때까지 그에 대한 사실을 기억하고 있었을 것이 틀림없다. 이제 시간이 흘러 그가 죽음 앞에 이르게 되었다. 여호수아는 나이가 일백십 세가 되어 죽기 전에 장로들과 지도자들, 재판관들과 관리들을 세겜(Shechem)으로 불러 모았다(수 24:29). 가나안 땅의 여러 이방 종족과 싸워야 할 이스라엘 백성과 더불어 언약을 맺고 유언을 남기기 위해서였다.

그 내용의 중심에는 여호와 하나님의 율법에 순종하라는 명령이 들어있었다. 저들이 수행하는 전쟁의 승패는 창과 칼에 달려 있지 않았다. 즉 저들의 전투력과 치밀한 계략에 따라 승리와 패배가 갈라지는 것이 아니었다. 그들의 진정한 병기는 오로지 하나님의 율법에 순종하는 언약 백성들의 삶과 실천적 행위였다. 여호수아는 죽기 전에 유언을 남기면서 그점을 중요하게 언급했다.

---

2) 우리는 출애굽기 17:8-13에 기록된 이스라엘 민족과 아말렉 족속의 싸움에서 보이지 않는 하나님께서 앞장서 싸우시는 구체적인 사실을 보게 된다.

> "그 날에 여호수아가 세겜에서 백성으로 더불어 언약을 세우고 그들을 위하여 율례와 법도를 베풀었더라 여호수아가 이 모든 말씀을 하나님의 율법책에 기록하고 큰 돌을 취하여 거기 여호와의 성소 곁에 있는 상수리나무 아래 세우고 모든 백성에게 이르되 보라 이 돌이 우리에게 증거가 되리니 이는 여호와께서 우리에게 하신 모든 말씀을 이 돌이 들었음이라 그런즉 너희로 너희 하나님을 배반치 않게 하도록 이 돌이 증거가 되리라 하고 백성을 보내어 각기 기업으로 돌아가게 하였더라" (수 24:25-28)

이스라엘 민족은 여호수아가 죽은 후 이 유언의 말씀을 마음속 깊이 새겨야만 했다. 그러나 여호수아가 죽은 다음 세월이 흘러가면서 백성들은 점차 하나님의 율법을 순종하지 않았다. 하나님의 말씀에 순종하는 행위보다는 인간적인 방법을 동원해 원수와 싸우려는 마음을 가지게 되었기 때문이다.

어리석은 자들은 하나님의 율법에 민감하게 반응하기보다 주변 종족들의 전략을 눈여겨보았다. 모세의 율법을 통한 하나님의 명령을 듣고 따르기 위해서는 믿음을 가지고 때를 기다려야 했다. 하지만 적들을 보며 즉각적인 대응을 하고자 하는 저들의 마음이 조급증을 유발시켰다. 그렇게 되면 인간들의 전략과 전투력에 모든 것을 의존할 수밖에 없다.

하지만 그와 같은 인본적인 판단과 행동은 승리가 아니라 도리어 패망을 몰고 오게 될 따름이었다. 승리를 쟁취하기 위해서는 인간들의 눈에 더디고 느려보일지라도 하나님의 때와 명령을 기다려야 했다. 여호수아는 그에 대한 모든 사실을 잘 알고 있었다.

따라서 그는 죽기 전에 그에 연관된 유언을 하며 그에 대한 가시적인 증거물을 남겼다. 세겜의 여호와 하나님의 성소 가까이 있는 상수리나무 아래 큰 돌을 세웠던 것이다. 이스라엘 민족은 그 돌을 보며 하나님의 언약을 기억하는 가운데 순종함으로서 그의 뜻을 멸시하는 일을 하지 말아야 했던 것이다.

3. 여호와 하나님의 지시와 순종(삿 1:1-3)

사사기 1장 1절에는 여호수아가 죽은 후, 이스라엘 자손이 가나안 족속에 대항하는 전쟁을 위해 어느 지파가 나아가야할지 하나님께 묻는 내용이 나온다. 저들의 질문을 들은 하나님께서는 여러 지파들 가운데 유다 지파를 지목하셨다. 그들이 나아가 싸우면 하나님께서 저들에게 그 땅을 주시겠다는 것이었다.

이 말 가운데는 몇가지 매우 중요한 의미가 내포되어 있다. 그것은 우선 이스라엘 백성의 탁월한 전투력에 의해 그 땅을 정복하게 되는 것이 아니라 하나님께서 약속에 따라 그것을 저들에게 선물로 주신다는 것이다. 특히 그 말씀에는 시간상 과거에 이미 하나님께서 그 땅을 저들에게 주셨다는 사실을 말씀하셨다(삿 1:2). 즉 장래 그것을 주시리라고 약속하시는 대신 그 전에 벌써 준 바 되었다고 말씀하셨던 것이다. 이는 부분적인 지역이 아니라 약속의 땅 전체에 해당되는 것으로 이해할 수 있다.

또한 우리가 이 말씀을 통해 깨닫게 되는 것은 이제부터 전 사사시대 동안 전개되는 모든 정복 전쟁은 반드시 하나님께 물어보아야 한다는 점이다. 즉 백성들이 상황을 보며 임의의 판단에 따라 전쟁을 벌여서는 안 된다. 다시 말해 백성들이 그에 대해 묻고 하나님께서 구체적인 답변을 하시게 되면, 그에 따라 저들이 전쟁에 임해야 한다는 사실을 말해주고 있는 것이다.

이스라엘 백성이 이에 대한 기본적인 규례를 벗어나게 되면 패망할 수밖에 없게 된다. 따라서 저들은 자신의 능력이나 전투력에 모든 것을 의존하지 말아야 했다. 그리고 이방 종족들의 막강한 군사력을 보고 두려워해서 뒤로 물러나서도 안 된다. 그렇게 되면 하나님께서 약속으로 주신 땅을 소유하지 못하게 된다. 하지만 나중 이스라엘 백성은 안타깝게도 하나님의 뜻에 온전히 순종하지 않음으로써 실패와 더불어 많은 고통을 당하게 된다.

4. 유다 지파의 전쟁(삿 1:2,3)

우리는 하나님께서 이스라엘 민족의 여러 지파들 가운데 가장 먼저 유다 지파가 가나안 족속에 맞서 싸우는 전투에 나아가도록 명령하신 사실을 눈여겨보아야 한다(삿 1:2). 거기에는 구속사적 의미가 담겨 있는 것으로 이해되기 때문이다. 즉 장차 사탄의 세력에 맞서 싸우시게 될 예수 그리스도가 유다 지파를 통해 이땅에 오시게 될 사실이 묵시적으로 예언되고 있었던 것이다.

하나님의 명령에 따라 전투에 임하게 된 유다는 가나안 족속이 지배하고 있던 땅을 정복하기 위해 시므온 지파에게 함께 나아가자는 권유를 했다. 즉 그들은 단독으로 출전하지 않고 다른 지파의 협조를 요청했던 것이다. 그렇게 하면 나중 유다 지파도 시므온 지파가 제비뽑아 얻기로 되어 있는 땅을 위해 싸울 때 지원하겠다고 약속했다.

우리는 여기서 이스라엘 민족이 이방 종족을 약속의 땅에서 몰아내는 정복 전쟁을 하면서 각 지파간에 긴밀한 유대관계와 더불어 협력이 이루어졌음을 보게 된다. 그렇게 함으로써 이스라엘 민족은 지파에 상관없이 모두가 한 언약의 자손이라는 사실을 확인하게 되었으며, 전쟁에서의 승리를 특정한 지파의 공적功績으로 돌리는 오류에 빠지는 것을 막을 수 있었다. 이를 통해 사사시대의 이방 종족들에 대한 모든 전쟁은 하나님으로 말미암아 승리를 쟁취하게 된다는 사실이 확증되고 있다.

5. 잔인한 정복 전쟁(삿 1:4-10)

이스라엘 민족이 하나님의 뜻에 따라 가나안 땅에 진입해 들어가게 되자 일반적인 관점에서 본다면 잔인한 전쟁이 전개되었다(삿 1:4). 그곳을 선점先占하고 있던 여러 이방 종족들이 저들의 조상 때부터 살아왔던 땅을 쉽게 포기할리 없었기 때문이다. 따라서 피를 흘리는 전쟁은 불가피한 것이었다.

하나님의 명령을 받은 유다 지파는 먼저 베섹(Bezek) 지역을 공격해 일만 명이나 되는 사람들을 죽였다. 그리고 가나안 족속과 브리스 족속(Perizzites)의 많은 사람들을 살해했다. 그러자 그 지역의 총사령관이었던 아도니베섹(Adonibezek)은 패배하여 도망치게 되었지만 이스라엘 백성은 그 뒤를 쫓아가서 체포했다. 그리고는 그의 엄지손가락과 발가락을 모두 잘라버렸다.

그것은 아도니베섹에 대한 하나님의 능력을 보여주는 응징으로 보인다. 그는 오래 전에 칠십(70) 명의 다른 왕들을 체포하여 저들의 엄지손가락과 발가락을 자른 적이 있었다. 그런데 과거에 막강한 세력을 자랑하던 그가 도리어 자기가 행한 대로 처참한 형벌을 받게 되었다. 이스라엘 자손들은 그후 아도니베섹을 끌고 예루살렘에 도착했는데 그는 거기서 죽어 생을 마감하게 되었다.

우리는 여기서 이스라엘 백성의 잔인한 살인행위를 보며 과거 시내산에서 모세를 통해 주어진 하나님의 십계명을 떠올리게 된다. 그들의 조상이 시내광야에 있을 때 하나님께서는 십계명을 주시면서 '살인하지 말라' 는 엄격한 계명을 주셨다. 그것은 모든 언약의 백성들이 지켜야만 할 하나님의 계명이었다.

> "살인하지 말지니라" (출 20:13; 신5:17)

모든 이스라엘 백성은 항상 살인을 금지하는 이 말씀을 머릿속에 기억하고 있었을 것이 틀림없다. 그런데 가나안 땅에 진입한 그들은 살인을 피했던 것이 아니라 오히려 엄청난 수의 이방 종족들을 잔인하게 살해하게 되었다. 사실 이는 하나님으로부터 요구된 또 다른 명령이기도 했다.

당시 하나님께 저항하며 그를 욕되게 하던 자들에 대해서는 긍휼을 베풀지 말고 가차 없이 죽이는 것이 하나님의 뜻이었다. 그것도 공개적으로 죽여 심판을 행함으로써 하나님을 거역하는 그와 같은 일이 얼마나 악한 것인지 보여주어야 했다. 모세는 이스라엘 민족이 요단강을 건너 가나안 땅에 들어가기 전에 그에 대한 분명한 요구를 하고 있다.

> "네 사방에 둘러 있는 민족 혹 네게서 가깝든지 네게서 멀든지 땅 이 끝에서 저 끝까지 있는 민족의 신들을 우리가 가서 섬기자 할찌라도 너는 그를 좇지 말며 듣지 말며 긍휼히 보지 말며 애석히 여기지 말며 덮어 숨기지 말고 너는 용서 없이 그를 죽이되 죽일 때에 네가 먼저 그에게 손을 대고 후에 뭇 백성이 손을 대라" (신 13:7-9)

우리는 이 말씀을 통해 하나님께서 진리에 저항하는 이방인들에 대해 불필요한 긍휼을 베풀지 말도록 요구하고 계신다는 사실을 알게 된다. 이는 윤리적인 문제가 아니라 선과 악에 연관된 진리에 관한 문제로 이해해야 한다. 따라서 윤리적인 관점에서 어느 정도 긍휼의 마음을 가진다 할지라도 그것이 궁극적인 목적이 될 수는 없었다.

하지만 어리석은 자들 가운데는 자신의 목적에 맞추어 구약의 율법을 부분적으로 인용하고자 했을 것이 분명하다. 하나님은 자기에게 저항하는 자들을 죽이라고 명령하셨지만, 배도에 빠진 자들은 개인적인 판단에 따라 원수들을 죽이지 않고 자기를 위해 살려두기를 원했다. 그러면서 성경에 기록된 '살인하지 말라' 는 구절을 앞세워 자기의 주장을 정당화시키려 했던 것이다.

6. 예루살렘과 헤브론 (삿 1:8-10)

유다 족속의 초기 공략 대상은 예루살렘(Jerusalem)이었다(삿 1:8). 그들은 처음부터 가나안의 여러 지역 가운데 예루살렘을 정복하고자 했던 것이다. 우리는 이점을 매우 중요하게 생각해야 한다. 비록 예루살렘을 초기에 얻는 것을 실패하고 사사시대 맨 마지막에 점령할 수밖에 없었지만 이스라엘 민족에게 있어서는 처음부터 그곳이 가장 중요한 정복 대상이었기 때문이다.

예루살렘은 약속의 땅의 가장 중심에 위치하고 있었다. 그것은 단순히 지리적인 관점에서 말하는 것이 아니라 언약적인 의미에서 그러했던 것이다. 그 지역은 멜기세덱의 왕국이 통치하던 지역이었으며, 거기에는 아브라함이 독자 이삭을 제물로 바쳤던 모리아 산의 제단자리가 있었다.

그러므로 이스라엘 백성은 예루살렘을 정복하기 위해 힘을 다해 싸웠다. 유다 지파는 그곳에 들어가 칼로 치고 그 성을 불살라 태웠다. 그들이 그 땅을 정복하기 위해 용맹하게 진입해 들어가 일시적으로 막강한 군사력을 펼쳐보였으나 그곳을 최종적으로 얻는 데는 실패하고 말았던 것이다.

유다 족속들은 예루살렘 남방에 위치한 산지와 평지에 거주하는 가나안 족속과 맞서 처절한 싸움을 싸웠다. 그리고 기럇 아르바(Kiriath Arba)로 불리던 헤브론(Hebron)을 공격했다(삿 1:10). 그때 그 지역의 지도자들인 세새(Sheshai)와 아히만(Ahiman)과 달매(Talmai)를 비롯한 수많은 사람들을 죽이게 되었다.

이스라엘 민족에게 있어서 헤브론은 매우 특별한 지역이었다. 저들의 조상인 아브라함이 돈을 주고 산 막벨라(Machpelah) 굴이 거기 있었기 때문이다. 그곳에는 아브라함과 사라, 이삭과 리브가, 야곱과 레아가 묻힌 무덤이 있었다.

과거 이스라엘 민족은 애굽 땅에 거주하면서 항상 조상의 무덤이 있던 그곳을 기억하며 고향으로 돌아가기를 손꼽아 기다렸다. 나중에는 바로 그곳 헤브론에서 다윗이 왕으로 즉위하게 된다(삼하 5:3). 그리고 그곳을 교두보로 하여 예루살렘을 공략해 정복하게 된다. 이처럼 헤브론은 아브라함으로부터 다윗에 이르기까지 이스라엘 민족에게 매우 특별한 의미를 지닌 지역이었다.

제2장

옷니엘과 여러 지파의 예루살렘과 헤브론과 벧엘 공략

(삿 1:11-36)

1. 여러 지파들의 주요도시 공격

가나안 땅에 진입한 이스라엘 민족은 각 지파별로 나뉘어 정복을 위한 전쟁을 시작했다. 그전에 이미 그것을 위해 각 지파에 따라 땅이 분배된 상태였다.[3] 그것은 하나님께서 자기 백성들을 사용해 약속의 땅을 정복해 가시는 방편이었다. 하지만 그들은 전쟁이 이어지는 지루한 사사시대가 삼백(300)여 년이나 걸릴 것이라고 전혀 예측할 수 없었다.

사사기에는 맨 먼저 유다 지파와, 베냐민 지파, 요셉 가문의 에브라임과 므낫세 지파가 나온다. 유다 지파는 메시아를 위해 특별히 선택된 지파이며, 요셉은 르우벤 대신 이스라엘 자손의 장자가 된 인물로서 민족의 대표

3) 이스라엘 백성이 가나안 땅에 들어가기 전 시내광야에서 전반적인 분배원칙이 주어졌다. 첫째, 인간들의 임의로 판단하지 말아야 하며 모세의 명령에 따라야 한다(민 26:52-56; 33:50-54). 둘째, 땅을 나눌 때 제비 뽑아 분배해야 한다(민 26:55,56). 셋째, 제비를 뽑는다 할지라도 각 지파의 인구수를 고려해야 한다(민 26:53,54). 물론 실제적인 과정에서는 하나님의 적극적인 관여가 있게 된다.

성을 지니고 있었다.[4)]

이스라엘 각 지파는 가나안 땅을 지배하고 있던 이방 종족들을 몰아내면서 단독으로 처신하지 않고 주변의 다른 지파와 협력했다. 이는 각 지파별로 정복운동을 펼쳤지만 그것이 개별 지파에게 공적功績이 돌아가는 것이 아님을 시사하고 있다. 즉 모든 지파는 하나님의 뜻에 따라 공동으로 약속의 땅을 정복하는 것이 목적이 되어 있었다.

그리고 우리가 관심을 기울여야 할 바는 처음부터 언약과 연관된 주요 도시들이 주된 공격의 대상이 되었다는 사실이다. 이스라엘 자손들은 곧바로 예루살렘과 헤브론과 벧엘을 공략했다. 그 도시들 가운데 일부는 미리 정복하게 되지만 예루살렘을 정복하는 데는 대략 삼백 년이나 걸렸다. 하지만 우리는 저들의 주된 공격대상이 예루살렘 성이었다는 사실을 알게 된다.

2. 갈렙과 옷니엘(삿 1:11-15)

모세의 뒤를 이어 이스라엘 백성의 영도자가 된 여호수아가 가나안 땅에서 죽은 다음에는, 애굽에서의 삶을 경험한 후 광야 사십(40) 년을 보낸 사람은 갈렙(Caleb) 한 사람만 남게 되었다. 하지만 갈렙은 이스라엘 민족 전체를 인도하던 여호수아의 자리를 물려받지 않았다. 즉 그는 모세와 여호수아와 달리 전체 이스라엘 민족의 영도자의 지위를 가지지 않았다.

그 대신 이스라엘 민족 가운데는 부정기적인 형태로 사사들이 출현하기

4) "이스라엘의 장자 르우벤의 아들들은 이러하니라 르우벤은 장자라도 그 아비의 침상을 더럽게 하였으므로 장자의 명분이 이스라엘의 아들 요셉의 자손에게로 돌아갔으나 족보에는 장자의 명분대로 기록할 것이 아니니라 유다는 형제보다 뛰어나고 주권자가 유다로 말미암아 났을찌라도 장자의 명분은 요셉에게 있으니라"(대상 5:1,2)

시작했다. 하나님께서 저들이 처한 상황에 따라 특별히 사사들을 보내주셨던 것이다. 이는 앞서 언급한 대로 하나님께서 '여호와의 군대장관' (수 5:14,15)을 통해 직접 전쟁에 관여하신다는 사실을 보여주고 있다.

유다 지파 사람들은 헤브론에서 승리를 거둔 다음 기럇 세벨(Kiriath Sepher) 곧 드빌(Debir)을 공격했다. 그때 갈렙은 그곳을 쳐서 점령하는 자에게는 자신의 딸 악사(Achsah)를 아내로 주리라는 약속을 했다(삿 1:12). 이는 매우 특이한 의미를 지니고 있다.

어떤 과업을 달성하기 위해 자신의 딸을 조건으로 내거는 것이 과연 타당한 것인가에 대해서는 여기서 논할 필요가 없다. 중요한 사실은 당시의 정황을 올바르게 파악하는 일이다. 갈렙은 자신의 사랑하는 딸을 경품으로 내건 것이 아니라 자기의 신앙과 사역을 이을 만한 상속자를 찾았던 것이다.

그 전투에서 앞장서 두드러진 공적을 드러낸 사람은 갈렙의 조카 옷니엘(Othniel)이었다(수 15:13-19, 참조). 옷니엘이 사사기에서 중요한 인물이 된 것은 그가 갈렙의 사위로서 맨 처음 사사로 소개된 사실과 연관된다. 즉 당시의 전투에서는 갈렙이 앞장서 지휘했던 것이 아니라 옷니엘이 그 직책을 감당했다.

이는 하나님께서 그를 이스라엘 백성의 사사로 삼아 이방 족속들을 쫓아내는 전투에 직접 관여하셨다는 사실을 말해준다. 이에 대해서는 누구보다도 갈렙이 가장 잘 깨닫고 있었던 것으로 보인다. 따라서 그는 자기가 약속한 대로 기꺼이 옷니엘에게 자신의 딸 악사를 아내로 주었다.

악사는 옷니엘에게 시집을 가면서 자기 아버지 갈렙에게 재산 상속을 요청하고자 했다. 그때 그녀는 먼저 '밭' 을 구하고자 하는 마음을 먹었다(삿 1:14). 그러나 악사는 막상 남편의 집인 시댁으로 떠나는 길을 나서며 나귀에서 내려 달리 요구했다. 즉 그녀는 아버지에게 자기의 요구사항을 말하면서 밭이 아니라 '복' 을 달라는 말을 했다. 또한 이제 남방으로 내려가기 때문에 '샘물' 을 달라고 했다.

악사가 원래 원했던 밭 대신 복과 샘물을 아버지에게 요구한 것은 하나님의 간섭과 경륜이 작용한 결과로 이해하는 것이 자연스럽다. 이를 통해 우리가 알 수 있는 점은 악사가 아버지의 집을 떠나지만 그로부터 상속을 받음으로써 그와 연결되어 있음을 확인하고 있다는 사실이다. 이는 악사뿐 아니라 그녀의 남편 옷니엘 역시 갈렙의 상속자 대열에 서게 되었음을 말해준다.

여기서 우리는 몇가지 관심을 기울여 생각해 볼 만한 문제를 만나게 된다. 그것은 우선 가나안 땅이 전체적으로 하나님의 소유이며 이스라엘 민족 전체가 그 땅을 정복해야 하지만 그 가운데 재산에 대한 개인 소유가 어느 정도 인정되고 있다는 사실이다. 이는 개인적인 소유의 보장과 부의 정도를 말하는 것이 아니라 각자가 분담해야 할 책임을 말하고 있는 것으로 이해하는 것이 바람직하다.

갈렙이 딸 악사에게 상속해 준 두 샘물은 남방 지역에 있었다(삿 1:15). 갈렙이 관리하고 있던 그 샘들은 이제 악사와 옷니엘에게 상속되어 넘겨졌다. 그들 부부가 그것을 상속받은 것은 단순한 소유가 목적이 아니었을 것이 틀림없다. 도리어 그것은 이방 세력으로부터 그곳을 지켜내야 하는 벅찬 정황과 연관된 것으로 이해해야 한다.

당시 우물은 삶을 위해 반드시 필요하기도 하지만 그것을 지키기 위해서는 상당한 세력을 보유하지 않으면 안 되었다. 나아가 그것으로 말미암아 많은 갈등이 생겨나게 될 수 있었다(창 26:17-22, 참조). 주변의 사람들은 그 샘물을 차지하기 위해 호시탐탐 공격할 것이다. 그럼에도 불구하고 악사는 그 샘물을 상속받아 삶을 살아가면서 주변을 경계하여 지키겠다는 마음을 드러내 보였다. 갈렙은 딸의 그런 마음을 잘 알고 있었기에 상속에 대한 요구에 순순히 응했던 것으로 보인다.

3. 모세의 장인 집안(삿 1:16)

사사기 본문에는 이스라엘 민족이 가나안 땅을 정복하기 시작하던 초기의 겐 사람 이드로(Jethro)의 집안에 관한 기록을 하고 있다(삿 1:16). 그의 자손들은 사사시대 초기 '유다 지파와 함께' 움직였다. 이 말씀 가운데는 모세의 장인 이드로의 집안이 이스라엘 민족과 함께(with the children of Judah) 가나안 땅에 들어가 살면서 활동하게 되었음이 증거되고 있다.

이는 저들이 다른 이방 족속과는 달리 이스라엘의 편에 서 있었음을 말해주고 있다. 어쩌면 이스라엘 백성들보다 저들이 먼저 그 지역에 들어가 살고 있었을지도 모른다.[5] 그런데 왜 여기서 모세의 처가에 관한 내용이 언급되었을까?

우리는 이 말씀을 통해 이스라엘 민족 가운데 눈에 보이지 않는 하나님의 경륜과, 모세와 연관된 특별한 한 집안의 역할이 존재하고 있었다는 사실을 알게 된다. 이는 두 가지 측면을 동시에 보여준다. 첫째는, 모세의 장인의 집안은 애굽에서의 삶을 경험하지 않은 종족으로서 순수 이스라엘 민족의 혈통을 지니지 않았다는 점이다. 이는 이스라엘 민족이 소유한 언약이 매우 중요하지만 그것이 단순한 혈통주의를 지향하고 있는 것은 아니라는 사실을 말해준다.

그리고 둘째는, 약속의 땅 가나안에 들어간 이스라엘 민족은 하나님의 섭리와 더불어 모세의 율법을 항상 기억해야 한다는 사실을 시사하고 있다. 물론 당시에는 모세가 쓴 하나님의 율법책들이 제사장들에 의해 성막과 더불어 보관되고 읽혀졌을 것이 분명하다. 하지만 일반 백성에게는 그

5) 모세와 이스라엘 백성이 출애굽하기 오래 전에 이미 하나님께서는 모세의 장인 집안을 시내광야에 예비해 두고 계셨다. 이는 그들이 반드시 시내광야를 거쳐야 할 것이 오래전에 벌써 작정되어 있었음을 말해준다. 이처럼 하나님께서는 일종의 살아있는 메시지로서 모세의 장인 집안을 가나안 땅에 정착시켜 두었을 수 있는 것이다.

것이 공개되지 않았을 것이다. 따라서 백성들은 모세의 장인 집안의 자손들을 통해 율법을 기억하는 동시에 혈통적인 민족주의를 벗어난 겸손한 삶을 살아가도록 하는 방편을 얻게 되었던 것이다.

우리가 잘 알고 있듯이 모세의 장인 이드로(Jethro)는 특별한 섭리적 과정을 통해 여호와 하나님을 믿게 된 인물이었다. 어떤 의미에서 볼 때 그는 이방인이었다. 그럼에도 불구하고 하나님께서는 이스라엘 백성이 시내광야에 있을 때 그를 매우 중요한 자리에 앉혀 사용하셨다. 출애굽기에는 그에 관한 내용이 기록되어 있다.

> "이드로가 여호와께서 이스라엘에게 모든 은혜를 베푸사 애굽 사람의 손에서 구원하심을 기뻐하여 가로되 여호와를 찬송하리로다 너희를 애굽 사람의 손에서와 바로의 손에서 건져내시고 백성을 애굽 사람의 손 밑에서 건지셨도다 이제 내가 알았도다 여호와는 모든 신보다 크시므로 이스라엘에게 교만히 행하는 그들을 이기셨도다 하고 모세의 장인 이드로가 번제물과 희생을 하나님께 가져오매 아론과 이스라엘 모든 장로가 와서 모세의 장인과 함께 하나님 앞에서 떡을 먹으니라" (출 18:9-12)

모세의 장인 이드로는 순수 이스라엘 민족의 혈통을 지닌 사람이 아니었지만 여호와 하나님을 알고 섬기게 된 인물이었다. 그것은 물론 전적인 하나님의 은혜로 말미암은 것이었다. 어떻게 보면 출애굽한 이스라엘 백성들에게는 그것으로 인해 자존심이 상하게 되었을지도 모른다. 그러나 하나님께서는 그를 특별히 들어 사용하심으로써 자신의 뜻을 이스라엘 민족 가운데 드러내고자 하셨다.

그것은 언약의 자손인 이스라엘 민족을 위한 하나님의 사랑의 방편이라 말할 수 있다. 언약의 백성들이 가나안 땅에 진입했을 때도 하나님께서는 다시금 모세의 장인 집안을 내세워 언급하심으로써 자신의 원대한 뜻을 계시해 주셨다. 이를 통해 하나님께서 혈통 중심주의를 지향하시는 분이 아니며 민족적 혈통보다 언약이 더욱 중요하다는 사실을 보여주고 계시기 때문이다.

4. 유다와 헤브론(삿 1:17-20)

유다 지파가 전투에 나설 때 시므온 지파도 저들과 함께 나아갔다(삿 1:17). 그들은 스밧(Zephath)에 거하는 가나안 족속을 공격해 진멸시켰다. 그리고는 그 이름을 호르마(Hormah)로 바꾸었다. 거기에는 그곳을 하나님의 언약에 연관되는 새로운 터전으로 만들겠다는 의도가 내포되어 있었다.

그리고 뒤이어 가사(Gaza)와 아스글론(Ashkelon)과 에그론(Ekron)과 그 인근 지역을 점령했다. 그들이 적들을 물리치고 승리할 수 있었던 것은 여호와 하나님이 유다 지파와 함께 계셨기 때문이다. 이는 저들의 승리가 군인들의 용맹성과 특별한 전략 혹은 성능 좋은 병기에 달려 있는 것이 아니라는 사실을 말해주고 있다.

그렇지만 유다 지파는 산지에 살고 있던 가나안 족속은 쉽게 쫓아낼 수 있었으나 골짜기에 살던 주민들은 쫓아내지 못했다. 그들은 철로 만든 막강한 전차들을 보유하고 있었다. 어쩌면 이스라엘 백성들은 하나님의 능력을 보지 않고 저들의 군사력을 보고 지레 겁을 집어먹었을지도 모른다.

전쟁에 승리한 후 그들은 예루살렘 남방에 위치한 헤브론을 갈렙에게 주었다. 갈렙은 그 지역을 점령하고 있던 아낙(Anak)의 세 아들을 쫓아냈다. 저들이 헤브론을 갈렙에게 준 것은 임의로 결정한 것이 아니라 모세의 명령에 따른 것이었다(삿 1:20). 이는 나중 여호수아에 의해 다시금 확인된 바였다(수 14:13). 모세와 여호수아가 헤브론을 특별히 언급해 갈렙에게 기업으로 주도록 했던 것은 그가 구속사적 의미를 지닌 인물이었기 때문인 것으로 보인다. 그리고 그곳이 예루살렘을 정복하기 위한 매우 중요한 전략적 요충지에 자리잡고 있었기 때문이다.

나아가 헤브론은 구속사 가운데 매우 중요한 위치를 차지하고 있었다. 거기에는 이스라엘 민족의 조상들의 묘지가 있었기 때문이다. 그곳의 막벨라 굴에는 아브라함과 사라, 이삭과 리브가, 야곱과 레아가 묻혀 있었다. 따라서 헤브론을 언약 가운데 먼저 정복하는 일은 매우 중요한 일이 아닐 수 없었다.

우리는 그와 같은 중요한 의미를 지닌 헤브론을 기업으로 받은 갈렙이 여분네(Jephunneh)의 아들로서 유다 지파에 속한 인물이었다는 사실을 매우 중요하게 받아들여야 한다(민 13:6). 나중 유다 지파의 다윗 왕은 헤브론에서 이스라엘 백성의 통치자인 왕위에 올라 거기서 예루살렘을 공격해 최종적으로 점령하게 된다. 따라서 이는 처음부터 예루살렘이 유다 지파에 의해 정복되어야 한다는 사실을 시사해주고 있다. 이는 또한 나중 유다 지파를 통해 오시게 될 메시아의 승리를 예표하는 것으로 이해할 수 있는 것이다.

5. 예루살렘 정복 실패(삿 1:21)

이스라엘 민족은 가나안 땅에 진입한 초기에 예루살렘을 공격했다. 예루살렘 공격은 사사시대 막바지에 시도된 것이 아니라 처음부터 시도되었던 것이다. 그때 앞장서 그곳을 향해 나아갔던 사람들은 베냐민 지파였다. 그러나 그들은 예루살렘에 거주하는 여부스 족속(Jebusites)을 쫓아내지 못했다.

하나님의 경륜 가운데서 볼 때 예루살렘 점령은 유다 지파가 앞장서 행해야 할 책무로 이해할 수 있다. 따라서 베냐민 지파가 정복에 실패한 것은 당연했을지도 모른다. 그러므로 여부스 족속은 다윗 왕의 최종적인 공격에 의해 완전히 함락되기까지 수백 년 간 그곳을 지배하며 살았다.

6. 요셉 가문의 벧엘 공격(삿 1:22-26)

요셉의 가문에 속한 에브라임과 므낫세 지파가 예루살렘의 북방에 위치한 벧엘(Bethel)을 공격하게 되었다(삿 1:22). 그때 여호와 하나님께서 저들과 함께하셨다. 당시는 헷 족속(Hittites)이 그 지역을 통치하고 있던 시기였다. 이스라엘 민족의 가나안 진입 초기에 그들이 벧엘을 정복함으로써 남쪽의 헤브론과 함께 중앙에 있는 예루살렘을 포위하는 형국이 되었던 것이다.

벧엘은 원래 야곱이 '이스라엘'이라는 이름을 얻은 곳이었다(창 35:10). 그리고 그곳은 야곱에게 특별히 허락된 하나님의 언약과 밀접하게 연관되어 있었다. 따라서 그는 그곳에 언약의 돌기둥을 세우고 하나님께 제사를 지냈었다.

> "나는 벧엘의 하나님이라 네가 거기서 기둥에 기름을 붓고 거기서 내게 서원하였으니 지금 일어나 이곳을 떠나서 네 출생지로 돌아가라 하셨느니라"(창 31:13) "야곱이 하나님의 자기와 말씀하시던 곳에 기둥 곧 돌 기둥을 세우고 그 위에 전제물을 붓고 또 그 위에 기름을 붓고 하나님이 자기와 말씀하시던 곳의 이름을 벧엘이라 불렀더라"(창 35:14-15)

벧엘은 '하나님의 집'이라는 뜻을 지니고 있다. 이는 사실 구속사에 있어서 매우 중요한 내용을 계시하고 있다. 그것은 이땅에 하나님의 집이 필요하다는 사실을 시사하고 있기 때문이다. 또한 나중에 있게 될 성막과 예루살렘 성전을 향하고 있다. 이는 물론 예수 그리스도를 통해 세워질 교회와 연관되어 있다.

야곱의 모든 자손들은 벧엘에 관한 그에 연관된 의미를 희미하게나마 인식하고 있었을 것이다. 그들이 애굽 땅에 살고 있던 시기에도 그 의미를 마음속에 담아두었을 것으로 보인다. 이처럼 벧엘은 언약적인 관점에서 매우 중요한 지역이다. 바로 그 지역을 요셉의 가문이 정복하게 되었던 것이다.

이스라엘 자손이 그 도시를 정복하는 과정에서 특별한 일이 발생한다. 벧엘은 당시 루스(Luz)라는 이름을 가지고 있었다. 그곳을 공격하기 위해 미리 적진敵陣을 정탐하게 되는데 그때 그들에게 정보를 제공한 사람들이 있었다. 물론 이스라엘 군대는 저들에게 선하게 대우하겠다는 약속을 했다.

그들은 자기 종족으로부터는 용서받을 수 없는 배신자였지만 이스라엘 민족에게는 고마운 자들이었다. 그래서 요셉 가문은 그들을 선대해 그들과 그들의 가족을 해치지 않고 놓아보내 주었다. 하지만 그것이 영원한 하나님의 구원을 의미하는 것은 아니었다. 그후 그 사람들은 헷(Hittite) 족속의 땅으로 들어가 그곳을 정복하고 성읍을 건축했다. 그리고는 저들이 전에 살던 땅을 기억하기 위해 그곳의 이름을 다시 '루스'라 칭해 부르게 되었다.

7. 가나안 족속의 저항(삿 1:27-36)

이스라엘 자손들은 가나안 땅에 진입해 들어갔지만 하나님의 약속에도 불구하고 그곳을 즉시 점령하지 못했다. 그렇게 된 근본적인 원인은 물론 백성들이 하나님을 온전히 신뢰하지 않고 제멋대로 판단하고 행동했기 때문이었다.

므낫세 지파는 벧스안(Beth Shan)과 다아낙(Taanach)과 돌(Dor)과 이블르암(Ibleam)과 므깃도(Megiddo)를 비롯해 그에 속한 마을들의 주민들을 공격했다(삿 1:27). 하지만 그 사람들을 그곳에서 쫓아내지 못했다. 그러므로 가나안의 여러 이방 족속은 결심을 굳게 하고 그 지역에서 나가기를 거부하고 여전히 그 땅에 거주했다. 나중 이스라엘은 더욱 강력하게 된 후에야 가나안 족속을 수하에 두고 노역을 시켰다.

에브라임, 스불론, 아셀, 납달리 지파도 그와 동일한 입장을 취했다. 그들은 각각의 전투에서 승리를 거두었을 때도 그들을 완전히 쫓아내지 않았다. 이는 이스라엘 백성의 인본적인 욕망에 의한 것이라 볼 수 있다. 하나님께서는 언약의 자손들로 하여금 가나안 땅에 들어가면 모든 이방 거민들을 다 쫓아내라고 명하셨다. 저들의 사사로운 목적을 위해 그들을 남겨두게 되면 도리어 고통의 뿌리가 될 것이라는 것이었다.

> "이스라엘 자손에게 말하여 그들에게 이르라 너희가 요단을 건너 가나안 땅에 들어가거든 그 땅 거민을 너희 앞에서 다 몰아내고 그 새긴 석상과 부어 만든 우상을 다 파멸하며 산당을 다 훼파하고 그 땅을 취하여 거기 거하라 내가 그 땅을 너희 산업으로 너희에게 주었음이라 ... 너희가 만일 그 땅 거민을 너희 앞에서 몰아내지 아니하면 너희의 남겨둔 자가 너희의 눈에 가시와 너희의 옆구리에 찌르는 것이 되어 너희 거하는 땅에서 너희를 괴롭게 할 것이라" (민 33:51-55)

이처럼 이스라엘 백성은 가나안 땅을 점령하고 있던 이방 종족들을 다 쫓아내어야 했음에도 불구하고 일부 남겨두어 자기들을 위한 노역을 시켰다. 그렇게 하는 것은 일시적으로 유용하게 보였을지 모르지만 하나님의 뜻을 무시하는 악한 행동이었다.

우리는 여기서 이와 더불어 하나님의 놀라운 경륜을 생각해보아야 한다. 여기서 하나님의 세력이 악한 세상에 저항해 싸우는 것에 대한 실체적인 모습이 드러나고 있다. 그 과정을 통해 이스라엘 백성은 많은 고통을 겪게 되며 깨어있는 자들은 그로 말미암아 강인한 훈련을 받게 된다.

이에 대해서는 오늘날 우리에게도 많은 것을 시사하고 있다. 우리시대에도 악한 세상은 그리 호락호락하지 않다. 세상은 때로 무자비한 역공을 펼치기도 하고 때로는 달콤한 세속적인 사탕발림으로 성도들을 유혹하기도 한다. 하나님께서는 사사기를 통해 그와 같은 형편을 동시에 보여주셨다. 따라서 모든 성도들은 사사시대에 일어났던 사건들을 보며 자기가 속한 교회와 자신의 형편을 되돌아볼 수 있는 지혜를 가져야 한다.

제3장

배도에 빠진 이스라엘 자손들

(삿 2:1-23)

1. '여호와의 사자' 의 책망(삿 2:1-5)

본문에 언급된 '여호와의 사자' (삿 2:1: the angel of the LORD)는 여호수아시에서 '여호와의 군대장관' (수 5:14,15: the captain of the LORD' s army)으로 묘사된 그리스도임에 틀림없다. 이스라엘 백성을 애굽의 압제에서 인도해 내시고 약속의 땅으로 들어가게 하실 이는 오직 그리스도 한 분밖에 없다. 그때 그는 언약의 자손들에게 저들과 맺은 언약을 영원히 기억하겠다는 약속을 하셨다.

그 여호와의 사자가 보김(Bochim)에 나타나셨다. 그는 거기서 과거 자기가 이스라엘 민족 가운데서 행하셨던 모든 일과 약속하신 내용을 다시 한번 언급하며 상기시키셨다. 그와 더불어 하나님의 뜻을 벗어난 이스라엘 백성을 강하게 책망하며 경고하셨다. 또한 가나안 땅에 들어가면 그곳 주민과 어떤 언약도 맺지 말고 저들의 제단을 남김없이 헐라고 명령하신 사실을 말씀하셨다. 하나님께서는 처음부터 자기를 알지 못하는 이방인들과의 교제를 엄히 금지하셨던 것이다.

그럼에도 불구하고 이스라엘 자손들은 여호와 하나님의 음성을 청종하지 않았다. 그것은 하나님의 율법을 떠난 인간들의 이기적인 욕망 때문에 발생한 일이었다. 그리고 이방인들에 대한 불필요한 인간적인 연민도 상당히 작용했을 것으로 보인다. 인간들의 이성적인 눈에 아무리 그럴듯하게 보이는 판단이라 할지라도 그것은 하나님을 거부하는 행위에 지나지 않았다.

그러므로 하나님께서는 이스라엘 백성이 하나님의 율법을 따르지 않는 한 약속의 땅 가나안을 점령하고 있는 이방인들을 저들 앞에서 쫓아내 주시지 않으리라고 말씀하셨다. 그렇게 되면 그들이 이스라엘 민족 가운데 거주하면서 저들의 옆구리에 찌르는 가시가 되어 고통을 주게 되리라는 것이었다. 그리고 이방 종교의 거짓 신들이 이스라엘 자손들을 걸려 넘어지게 하는 올무가 될 것이라는 사실을 언급하셨다.

여호와 하나님으로부터 강한 질책의 말씀을 들은 이스라엘 자손은 그제야 자신의 모습을 되돌아보며 소리를 높여 울었다. 그러므로 우는 백성들로 말미암아 그 장소를 '보김' 이라 칭하게 되었다. 이방인들에 대해 하나님의 율법을 벗어난 판단과 잘못된 행동을 한 백성들은 자신의 행동을 뉘우치고 거기서 여호와 하나님께 제사를 드렸다.

2. 여호수아 시대의 백성들의 신앙 자세(삿 2:6-10)

여호수아가 생존해 있을 동안에는 가나안 땅에 들어간 언약의 자손들이 그의 말을 귀담아들어 순종했다. 그들은 제각기 분배받은 땅을 차지하기 위해 지파대로 흩어져 저들의 기업을 향해 나아갔다(삿 2:6). 이스라엘 민족이 이방 종족들이 살고 있는 지역으로 들어간다는 것 자체가 싸움을 예고하고 있었다.

여호수아가 살아 있을 때와 시내광야에서 여호와 하나님께서 이스라엘 자손을 위해 행하신 많은 기적을 직접 목격하고 경험한 백성들은 살아계신 하나님을 섬겼다. 그들은 하늘에 뜬 구름기둥과 불기둥을 보면서 날마다 위로부터 내려오는 만나와 메추라기를 먹고 살았던 자들이다. 하나님께서 행하신 분명한 기적의 증거들을 보았기 때문에 그에 대한 경외감을 가지고 있었던 것이다.

눈의 아들 여호수아가 수명이 다해 일백십 세에 죽게 되자 백성들의 신앙에 부정적인 변화의 조짐이 보였다. 이스라엘의 인도자였던 여호수아가 죽었을 때 백성들은 그의 시신을 에브라임 지파가 분배받은 지역의 산지인 가아스 산(Mt. Gaash) 북쪽에 위치한 딤낫 헤레스(Timnath-heres)에 장사지냈다. 그가 죽은 후에도 시내광야에 살았던 사람들은 일시 동안에는 여전히 하나님을 경외하며 섬겼다.

문제는 시내광야에서 살았던 장로들이 다 죽었을 때 일어났다. 가나안 땅에서 출생한 이스라엘 자손들은 애굽에서의 출애굽할 때의 기적들은 물론 시내광야에서 일어났던 기적들을 전혀 경험하지 못했다. 따라서 저들의 태도는 그 전에 살았던 백성들이 가졌던 신앙과는 크게 달라지게 되었다.

3. 바알과 아스다롯을 섬기는 혼합주의 유대교의 출현(삿 2:11-15)

가나안 땅에서 출생한 이스라엘 민족의 다음 세대는 여호와 하나님을 올바르게 알지 못했다. 그들은 여호와께서 이스라엘 백성을 위해 행하신 다양한 기적들에 대해서 직접적인 경험을 한 적이 없었다. 조상들로부터 과거 애굽과 시내광야에서 일어났던 수많은 기적들에 관해 여러 차례 들었겠지만 그것을 진정으로 받아들이지 않았던 것이다. 이는 우리시대의 패역한 종교인들을 포함한 그 이후 역사 가운데 살았던 형식적인 기독교인들의 태도와 마찬가지였다.

이스라엘 자손은 여호와 하나님의 목전에서 더러운 악을 행하며 바알신과 아스다롯신을 섬기기를 주저하지 않았다(삿 2:11-13). 그들은 아브라함과 이삭과 야곱을 비롯한 조상들이 믿던 하나님을 버리고 그 대신 이방인들이 섬기는 거짓 신들을 따랐다. 언약의 자손들임에도 불구하고 그들은 이방 신들을 경배하는 사악한 행동을 했던 것이다.

이는 물론 그들이 여호와 하나님의 이름 자체를 잊어버리거나 전혀 사용하지 않았다는 의미가 아니다. 그들은 입술로는 여전히 하나님의 이름을 불렀을 것이 분명하다. 이 말은 저들이 이스라엘을 인도하신 여호와 하나님의 가르침과 이방신들의 사상을 뒤섞은 혼합주의 종교사상을 만들어 신앙생활을 했음을 의미한다. 일시적인 만족과 풍요로운 삶을 염원하는 그와 같은 종교 행위는 죽음의 길로 나아가는 것에 지나지 않는다. 여호수아는 가나안 땅에 진입한 백성들에게 그에 관한 강력한 경고를 한 바 있다.

> "너희가 만일 퇴보하여 너희 중에 빠져 남아 있는 이 민족들을 친근히 하여 더불어 혼인하며 피차 왕래하면 정녕히 알라 너희 하나님 여호와께서 이 민족들을 너희 목전에서 다시는 쫓아내지 아니하시리니 그들이 너희에게 올무가 되며 덫이 되며 너희 옆구리에 채찍이 되며 너희 눈에 가시가 되어서 너희가 필경은 너희 하나님 여호와께서 너희에게 주신 이 아름다운 땅에서 멸절하리라"(수 23:12,13)

여호와 하나님의 엄중한 경고에도 불구하고 어리석은 백성들은 배도의 길에 빠져들었다. 그러자 하나님께서는 이스라엘 자손의 그와 같은 조잡스러운 종교적인 생활을 보며 크게 진노하셨다. 따라서 하나님은 저들을 원수의 손에 넘겨줌으로써 도리어 노략을 당하도록 하시게 된다.

그렇게 되면 이스라엘 자손은 이방인들의 손에 맡겨지게 됨으로써 저들의 세력을 당해낼 수 없다. 배도에 빠진 백성은 어디를 가든지 여호와 하나님의 심판의 손길을 피하지 못한다. 하나님께서 저들을 보호하시는 대신 무서운 재앙을 내리시기 때문이다. 그것은 그전에 주어진 하나님의 경고와 같았다. 하나님은 이미 저들에게 그렇게 맹세하신 바였으므로 저들이 당하는 괴로움은 결코 가볍지 않다.

4. 사사들을 거부하는 이스라엘 백성들(삿 2:16,17)

하나님께서는 언약의 백성들이 자신을 버리고 배도에 빠지게 될 때 무서운 징계를 내리시지만 저들이 죄를 진심으로 뉘우칠 때는 사사들을 세워 노략하는 원수들의 손에서 저들을 구원해 주셨다(삿 2:16). 그러나 어리석은 백성들은 이방인들의 종교사상을 받아들여 혼합시킴으로써 이땅에서의 풍요를 기원하는 인본주의에 빠지기 일쑤였다. 그와 같은 종교 혼합주의에 빠진 자들이 사사들의 말을 온전히 순종하기를 거부했기 때문이다.

그럼에도 불구하고 많은 백성들은 형식상 하나님의 이름을 부르며 입술에 떠올렸다. 하지만 내면적으로는 이방의 거짓 신들을 따라가며 자신의 욕망을 채우는 가운데 종교적인 음행을 저질렀다. 그들은 조상들이 행하던 믿음의 길을 속히 버리고 이방인의 신들에게 경배하기를 되풀이했다. 과거 언약의 백성들이 계시된 하나님의 말씀에 순종하던 신앙을 완전히 버렸던 것이다.

5. 사사들의 사역(삿 2:18-21)

여호와 하나님께서 이스라엘 백성을 위해 때에 따라 사사들을 세우시고 나서는 항상 저들과 함께 계셨다. 여기서 우리가 주목해야 할 점은 하나님께서 '자기가 세우신 사사와 함께 계셨다'는 사실이다(삿 2:18). 이 말은 하나님께서 전체적인 이스라엘 백성이 아니라 사사와 함께 계셨음을 의미한다.

이는 물론 넓은 의미에서 보아 하나님은 자기 백성과 함께 계시지만 그것은 사사를 통해 그렇게 하신다는 의미를 지니고 있다.[6] 따라서 하나님에 의해 세워진 사사가 그 땅에 살아있을 동안에는 그와 함께하는 이스라엘 자손들을 원수들의 손에서 구원하셨다. 하나님이 저들을 구원하신 것은 그들이 원수들에 의해 압박을 받고 괴로움을 당하면서 슬피 울며 여호와 하나님께 간절히 부르짖었기 때문이다.

백성들의 간절한 부르짖음을 듣게 된 하나님은 저들을 징계하고자 하셨던 뜻을 돌이키셨다. 그들은 진정으로 죄를 뉘우치고 회개하는 마음을 가짐으로써 하나님의 은혜로 말미암아 이방의 적들로부터 구원을 받을 수 있었다. 그것 이외에는 하나님의 은혜를 입을 수 있는 아무런 방법이 없었다.

그러나 하나님께서 보내신 사사로 말미암아 승리를 거둔 백성들은 그 사사가 죽게 되면 또다시 하나님을 떠나 배도의 길에 빠져 들었다. 그들은 타락하여 이방의 거짓 신들을 따라 섬기기를 좋아했다. 그러므로 어리석은 자들은 더러운 신들을 경배하면서 이방인들의 악행과 패역한 길을 걸어가기를 계속했다.

그렇게 되면 여호와 하나님께서는 또다시 이스라엘 자손들을 향해 크게 진노하셨다. 하나님은 그에 관한 자신의 심판 계획을 모든 백성에게 선포하셨다. 조상들에게 주어진 하나님의 언약을 어기고 그의 목소리를 청종

---

6) 하나님께서는 친히 세우신 사사들을 통해 자기 자녀들과 함께 계셨다. 이는 나중 선지자들이 활동하던 시기에는 선지자들을 통해 자기 백성과 함께 하신 사실과 연관되어 있다. 즉 하나님은 사사나 선지자들의 뜻을 벗어난 상태에 놓인 백성들 가운데 계시지 않는다. 이는 오늘날 우리 시대에도 귀담아 들어야 할 말씀이다. 하나님께서는 공 예배 시간에 설교자를 통해 말씀이 올바르게 선포되고, 성도들이 그 말씀에 온전히 순종하며 참여할 때 비로소 저들과 함께 계신다. 즉 교회의 중심에는 항상 계시된 하나님의 말씀이 올바르게 선포되어 존재해야만 하는 것이다. 이 말은 하나님이 사사들과 선지자들 그리고 신약시대의 사도들을 통해 자기 백성 가운데 계신다는 사실을 의미하고 있다.

하지 않으면 반드시 심판하시겠다는 것이었다. 즉 이스라엘 백성이 하나님을 떠나 배도의 길에 빠졌으므로 하나님도 여호수아가 죽을 때 남은 이방 종족들을 저들 앞에서 완전히 쫓아내지는 않으리라는 것이었다.

6. 이스라엘 백성에 대한 하나님의 시험(삿 2:22,23)

이스라엘 백성은 항상 모세를 통해 주어진 여호와 하나님의 도를 지켜 행해야만 했다(삿 2:22). 하나님께서는 가나안 땅에 들어간 이스라엘 자손들이 조상들처럼 자신의 도를 지켜 행하는지 시험하고자 하셨다. 그것은 언약의 왕국을 굳건하게 세우고자 하는 하나님의 뜻과 경륜에 관련되어 있었다.

그러므로 하나님을 진정으로 경외하는 성도들은 오직 하나님을 바라보며 그의 도를 지켜 행해야 한다. 그렇게 하면 하나님께서 저들이 차지하게 될 모든 영역을 허락하시게 된다. 하지만 하나님의 도를 버리는 자들은 하나님의 무서운 심판을 받을 수밖에 없다. 성경은 그에 대한 언급을 수없이 많이 하고 있다.

> "여호와를 바라고 그 도를 지키라 그리하면 너를 들어 땅을 차지하게 하실 것이라 악인이 끊어질 때에 네가 목도하리로다"(시 37:34); "아들들아 이제 내게 들으라 내 도를 지키는 자가 복이 있느니라"(잠 8:32)

하나님의 도를 순종하여 지키는 것은 교회에 속한 모든 성도들이 마땅히 감당해야만 할 기본적인 삶의 자세이다. 그것은 이 세상의 그 어떤 것보다 소중하다. 하나님을 믿는 성숙한 성도들은 그의 도를 멸시하는 자들이 당할 심판을 목격하게 될 날이 속히 이르리라는 사실을 알고 있다. 따라서 하나님의 도를 올바르게 알고 그것을 지키는 자가 진정으로 복이 있는 사람이다.

그러므로 하나님은 자신의 도를 버리고 배도에 빠진 백성들을 돕기를 거부하셨다. 그로 말미암아 가나안 땅을 지배하고 있던 이방 족속들을 한꺼번에 다 좇아내지 않으셨던 것이다. 그 대신 저들 가운데 일부를 그 지역에 남겨두어 살아가도록 내버려두셨다.

따라서 여호수아가 이스라엘 민족을 시내광야로부터 인도하여 가나안 땅에 들어왔을 때 이방 종족들을 일순간에 물리치지 못했다. 하나님께서 저들을 여호수아의 손에 완전히 넘겨주지 않으셨기 때문이다. 거기에는 전체적인 구속사를 이루어 가시는 하나님의 원대한 뜻에 연관된 경륜이 들어 있었던 것이 분명하다.

제4장

하나님의 특별한 교훈과 사사 옷니엘
(삿 3:1-11)

1. 하나님의 시험과 이스라엘의 배도(삿 3:1-4)

하나님께서 계획하시고 실행하시는 바를 인간들의 일반적인 상식을 통해 모두 알 수는 없다. 구속사 가운데 발생하는 크고 작은 다양한 사건들 가운데는 하나님의 원대한 섭리가 연관되어 있다. 또한 거기에는 현장에서 살아가는 인간들의 눈에 가려진 하나님의 놀라운 경륜이 작용하는 경우가 많다.

배도에 빠진 이스라엘 백성이 가나안 땅의 이방 종족으로부터 전쟁에 패배했을 때도 하나님은 그 가운데 역사하고 계셨다. 하나님께서는 사사기에서 그에 연관된 매우 중요한 말씀을 하셨다. 그것은 이방 족속들을 가나안 땅에서 한꺼번에 쫓아내지 않고 남겨두신 데는 특별한 뜻이 존재한다는 것이었다(삿 3:1,2, 참조). 즉 그것은 이스라엘 자손으로 하여금 거룩한 전쟁(Holy War)의 의미를 알고 그것을 위한 훈련을 시키고자 하는 의도 때문이라는 것이었다.

이 말씀은 전쟁과 갈등을 통해 이스라엘 민족을 강인한 백성으로 훈련시키고자 하는 하나님의 뜻을 보여주고 있다. 이는 물론 육체적인 영역뿐 아니라 신앙적이며 정신적인 면을 포함하고 있다. 나아가 이 말 가운데는 원수들을 대적해 싸워야 할 구속사적인 의의와 더불어 장차 그가 보내시게 될 메시아의 사역과 연관되어 있다.

우리는 여기에 매우 중요한 의미가 내포되어 있다는 사실을 기억해야 한다. 하나님이 갈대아 우르에 살고 있던 아브라함을 불러 그에게 많은 자손을 주신 이유는 악한 세력과 맞서 싸워 이기도록 하시기 위한 것임이 드러나고 있기 때문이다. 이스라엘 백성은 세상에서 만족스럽게 살아가도록 조성된 민족이 아니라 아담을 멸망에 빠뜨린 사탄의 세력에 맞서 전쟁을 수행해야 할 백성이었다.

이에 대해서는 오늘날 우리시대에 하나님의 교회로 부르심을 받은 성도들 역시 마찬가지다. 사도 바울은 에베소 교회에 편지하면서 하나님의 백성들을 원수와 맞서 전투에 임하는 군인에 비유해 말하고 있다. 지상 교회에 속한 성도들은 십자가의 군병으로서 항상 완전무장을 하고 사탄의 세력에 저항해 싸울 준비를 갖추고 있어야만 한다.

> "그러므로 하나님의 전신갑주를 취하라 이는 악한 날에 너희가 능히 대적하고 모든 일을 행한 후에 서기 위함이라 그런즉 서서 진리로 너희 허리띠를 띠고 의의 흉배를 붙이고 평안의 복음의 예비한 것으로 신을 신고 모든 것 위에 믿음의 방패를 가지고 이로써 능히 악한 자의 모든 화전을 소멸하고 구원의 투구와 성령의 검 곧 하나님의 말씀을 가지라" (엡 6:13-17)

지상에 존재하는 참된 교회는 계시된 말씀에 따라 하나님을 경배하는 사명과 더불어 사탄의 세력에 맞서 싸우는 전투하는 공동체이다. 따라서 모든 성도들은 악을 도모하는 자들에 맞서 싸우는 전쟁을 수행하는 방법을 배워 익혀야 한다. 물론 그것은 하나님의 말씀과 성령에 의해 배우게 된다. 그것을 위해서는 가장 먼저 교회가 하나님의 말씀을 올바르게 깨닫지 않으면 안 된다.

하나님의 자녀들은 이 세상에 살아가는 동안 사탄이 통치하는 세력으로부터 완전히 포위된 것과 같은 형국에 놓여 있다. 이는 마치 지뢰밭 가운데 조심스럽게 움직이는 병사와도 같다. 우리의 주변을 둘러보면 오염되고 타락한 세상에 속하지 않은 것들이 없다. 그 모든 것들은 교회에 속한 성도들을 미혹하고 있으며 정신을 바짝 차려 대응하지 않으면 언제 저들의 음흉한 술수에 넘어가게 될지 모른다.

따라서 우리는 지상 교회에 속한 하나님의 자녀들이 항상 전투하는 현장에 살아가고 있다는 사실을 기억하지 않으면 안 된다. 악한 자들은 그럴듯하게 위장된 모습으로 어린 성도들을 호시탐탐 노리고 있다. 잠시만 한눈을 팔면 악한 사탄의 세력이 어린 자들을 미혹하고자 하여 검은 손길을 뻗지게 된다. 그에 대한 인식을 분명히 하고 있지 않으면 원수의 손에 넘어가 이적 행위를 하게 될 우려가 있다.

2. 원수들과 화친하여 즐거움을 누리는 백성들(삿 3:5,6)

가나안 땅에 들어가게 된 이스라엘 자손들은 파괴와 전쟁을 요구하는 하나님의 명령을 따르지 않았다. 그들은 전쟁을 수행하기보다 인간적인 평화로운 삶을 누리고자 했다. 그 백성들은 이방인들과 부딪치며 피 흘리는 전쟁을 해야 하는 상황을 뒤로 하고 저들과 타협하며 인간적인 평화를 추구하기에 급급했다. 그렇게 하는 것이 세상의 풍조에 적응하는 쉽고 만족스러운 삶이라 여겼기 때문이다.

인간적인 관점에서 본다면, 피 흘리며 상처입어 가면서 원수와 싸우는 것은 고통스러운 일이 아닐 수 없다. 그와 달리 평화를 추구하며 그것을 누리는 가운데 살아가는 것이 훨씬 낫다. 언약의 자녀라 할지라도 하나님의 뜻을 온전히 알지 못한다면 이 세상에서 그렇게 살고자 하는 마음을 가지는 것은 지극히 당연하다.

따라서 이스라엘 자손들은 약속의 땅에 들어가 하나님의 명령을 따르는 대신 가나안 족속과 헷 족속과 아모리 족속과 브리스 족속과 히위 족속과 여부스 족속 가운데 거주하면서 저들과 좋은 관계를 가지고 평화를 유지하며 살아가고자 했다. 우상에 연관된 모든 것들을 파괴하며 저들과 피 흘려 싸우기를 원하지 않았던 것이다. 그들은 어리석은 평화를 도모하기 위해 이방인의 딸들을 맞아들여 아내로 삼고 자신의 딸들을 저들의 아들들에게 주고 또 그들의 신들을 섬겼다(삿 3:6).[7]

이스라엘 자손들은 그와 같이 자신의 욕망을 추구함으로써 여호와 하나님 앞에서 악을 행하기를 주저하지 않았다. 그들은 결국 자신을 인도하신 여호와 하나님을 버리고 이방인들의 신인 바알과 아세라를 섬기게 되었다. 물론 그 백성들은 여호와 하나님에 대한 사상과 이방 종교사상을 뒤섞어 받아들였다. 그러면서도 이웃해 살아가고 있던 이방인들을 죽이거나 저들의 소중한 물건들을 파괴하지 않고 평화를 도모하는 것이 가장 인간적인 삶이라 변명했을 것이 틀림없다.

이에 대해서는 오늘날 우리 역시 여간 깊은 주의를 기울이지 않으면 안 된다. 특히 인간적인 잘못된 평화주의를 민감하게 경계해야만 한다. 우리 시대에도 수많은 형태의 이방 종교들이 존재한다. 그것들은 교회와 선線 하나를 둔 채 가까이 인접해 있다. 형식상 기독교에 속한 배도자들은 세상에 존재하는 다양한 이방 종교들에 대해 관대한 자세를 취하면서 저들과 소통하려는 경우가 많다.

물론 이 말은 일상적인 생활을 염두에 두고 하는 말이 아니라 종교적인

---

7) 우리는 여기서 창세기 6장에 기록된, '하나님의 아들들' 이 '사람의 딸들' 의 아름다움을 보고 통혼했던 사실을 기억하게 된다. 그것은 영원한 천국을 바라보며 살아야 할 백성들이 이땅의 번영에 관심을 가지고 그것을 추구했던 사실을 보여주고 있다. 그들은 결국 저들의 의도와는 달리 하나님으로부터 대홍수 심판을 받게 되었을 따름이다.

소통에 연관되는 의미를 지니고 있다. 이는 곧 하나님의 진리와 비 진리를 뒤섞어 동일한 선상에 두려고 하는 어처구니없는 종교적인 행동과 관련되어 있다. 그것은 인간들의 이기적인 욕망을 추구하기 위한 배도 행위에 지나지 않는다. 예수님께서는 그와 같은 행동을 허락하지 않으셨다. 그것은 결국 종교적인 혼합주의를 가져오게 될 따름이기 때문이다.

그렇게 되면 거룩한 하나님의 교회를 어지럽히며 신앙이 어린 성도들에게 상당한 혼란을 부추기는 결과를 가져오게 된다. 따라서 교회와 성숙한 성도들은 그에 대한 분명한 자세를 취해야만 한다. 그것을 위해서는 사람들이 일반적으로 생각하는 화평을 파괴하는 것으로 나타날 수 있다. 따라서 예수님께서는 제자들에게 자신은 사람들의 잘못된 기대와는 달리 이땅에 화평이 아니라 칼을 주러 왔음을 언급하셨다.

> "내가 세상에 화평을 주러 온 줄로 생각지 말라 화평이 아니요 검을 주러 왔노라" (마 10:34)

이에 대해서는 모든 시대에 공히 적용된다. 그런데 오늘날 우리시대 기독교의 동향은 과연 어떤 식으로 전개되어 가고 있는가? 참된 교회는 인간들이 추구하는 대화 방식의 종교적인 평화를 도모하는 것을 허락지 않는다. 무분별한 평화주의나 관용주의 혹은 포용주의는 위험하기 그지없다. 그것은 하나님의 진리에 도전하는 종교다원주의(christ-pluralism)로 이어지게 될 심각한 우려가 따르기 때문이다.

그런 위태로운 사고를 가진 자들은 다른 종교와 종교인들을 신앙적인 차별 없이 존중하는 것이 기독교의 도리라고 주장한다. 물론 우리시대에는 다른 종교인들을 물리적으로 해치거나 인격적으로 폄하할 필요는 없다. 교회에 속한 성숙한 신앙인으로서 다른 종교를 믿는 사람들에게 그런 식으로 대해서는 안 된다.

하지만 저들의 종교와 저들이 믿는 신에 대해 존경하는 마음을 가지는 것은 참된 신앙인의 자세가 아니다. 나아가 참된 하나님의 자녀들은 우상숭배에 빠진 저들의 신앙을 결단코 소중한 것으로 간주하지 않는다. 성도들 사이에는 오직 하나님의 말씀을 통한 영적인 진정한 평화가 존재하게 된다. 그 평화는 세상에서 형성된 것과는 달리 오직 예수 그리스도를 통해 완성될 따름이다.

3. 하나님의 진노(삿 3:7,8)

하나님은 타락한 세상에서 발생하는 모든 것들을 수용하시는 관대한 분이 아니시다. 인간들의 종교적인 열정이나 인위적인 신앙 행위는 항상 계시된 말씀에 의해 검증되지 않으면 안 된다. 하나님께서는 악한 것들을 미워하며 더러운 것들을 역겨워하는 분이기 때문이다. 그는 자기 이외에 다른 신들을 섬기거나 자신의 뜻을 벗어나 종교적인 행동을 하는 것을 경멸하신다.

그럼에도 불구하고 가나안 땅에 들어간 배도에 빠진 이스라엘 백성은 모세를 통해 요구된 하나님의 율법을 온전히 받아들이지 않은 채 멸시했다(신 7:26, 참조). 그것은 이방 종교의 사상을 저들 가운데 가지고 들어왔음을 의미하고 있다. 그와 같은 행위는 하나님의 진노를 유발하게 된다. 그 결과 이스라엘 자손들은 메소포타미아 왕국의 구산 리사다임(Cushan-Rishathaim) 왕을 팔(8) 년 간이나 섬겨야 하는 심판을 받았다(삿 3:8). 세상에 존재하는 종교적인 평화를 도모하다가 도리어 엄청난 고통을 겪어야 했던 것이다.

우리는 여호와 하나님이 '질투하시는 분' 이라는 사실을 항상 기억하고 있어야 한다. 이는 하나님 이외에 다른 신을 섬기지 말아야 하는 것은 물론 그 어떤 것도 하나님과 견주어지는 위치에 두어서는 안 된다는 사실을 말해주고 있다. 즉 인격적인 삼위일체 하나님만 유일한 경배와 섬김의 대상일 뿐 그 이외의 것은 절대로 그 자리에 놓여서는 안 된다. 하나님께서는 모세가 죽기 전 느보산에서, 요단강을 건너 가나안 땅으로 들어가야 할 이스라엘 자손에게 그에 관한 분명한 교훈을 주셨다.

> "너희는 도리어 그들의 단들을 헐고 그들의 주상을 깨뜨리고 그들의 아세라 상을 찍을찌어다 너는 다른 신에게 절하지 말라 여호와는 질투라 이름하는 질투의 하나님임이니라"(출 34:13,14)

구약시대의 이스라엘 백성뿐 아니라 하나님을 경외하는 모든 성도들은 항상 이 말씀을 마음속 깊이 새겨두고 있어야만 한다. 이에서 벗어나게 되면 타락한 인간들의 본성 가운데 우상숭배적인 경향성이 나타나기 마련이다. 이는 세상의 경험과 이성을 근거로 한 모든 것들은 성경에 의해 해석되어야만 한다는 사실을 말해주고 있다.

그러므로 하나님의 자녀가 성경에 기록된 진리만이 참된 진리라는 사실을 마음속 깊이 받아들이는 것은 매우 중요하다. 이는 이방인의 종교성으로부터 생성된 모든 것들과의 타협을 거부하는 배타적인 성격을 지니고 있다. 즉 성경에 기록된 대로 예수 그리스도와 그의 모든 사역이 삶의 중심에 놓여 있어야 하는 것이다. 우리는 그것이 상대적인 개념이 아니라 절대적인 의미를 지닌다는 사실을 기억하지 않으면 안 된다.

따라서 하나님의 자녀들은 이방신과 이방 종교인들을 신앙적으로 가까이 하려고 해서는 안 된다. 저들의 종교적인 가치를 받아들이는 것은 성경에 계시된 하나님을 배도하는 행위가 되기 때문이다. 사도 요한은 자기가 기록한 두 번째 서신에서 그에 연관된 엄격한 교훈을 주고 있다.

> "누구든지 이 교훈을 가지지 않고 너희에게 나아가거든 그를 집에 들이지

도 말고 인사도 말라 그에게 인사하는 자는 그 악한 일에 참예하는 자임이니라" (요이 1:10,11)

이 말은 성도들의 일상적인 생활에 연관된 교제를 의미하지 않는다. 위의 본문에 언급된 '집' 이란 일반적인 가정이라기보다 지상 교회와 연관지어 설명되어야 한다.[8] 이방인들의 잘못된 신앙을 수용하여 저들과 가깝게 지내는 종교적인 평화주의는 하나님의 진노를 불러일으키게 된다. 나아가 그것이 종교와 종교 사이에 집단적으로 연관되어 있을 경우에는 더욱 그렇다.[9]

하지만 우리시대의 어리석은 자들은 오직 성경(Sola Scriptura)과 오직 그리스도(Solus Christus)를 고백하면 그것을 편협한 근본주의자로 몰아세운다. 배도자들은 감히 참된 성도들을 종교적인 관용을 거부하는 독선적인 이기심에 가득 찬 신앙을 가지고 있는 것으로 힐난하기를 주저하지 않는다. 그와 같은 자들은 하나님의 말씀인 성경을 거부하고 예수 그리스도를 비난하는 것과 다르지 않다.

4. 사사 옷니엘(삿 3:9-11)

배도에 빠진 이스라엘 자손은 하나님의 진노로 말미암아 저들이 화친和親

---

8) 이 본문의 '집' 이 가정에 연관되지 않은 것은 분명하다. 만일 그 집이 일반적인 가정이라고 한다면 이해할 수 없는 심각한 문제에 봉착하게 된다. 즉 부모나 자식이 이단 사상에 빠지게 되면 가족이라 할지라도 저들을 집 안에 들이지도 말고 인사조차 나누지 말아야 하기 때문이다. 그러나 설령 가족 가운데 누가 이단에 빠졌다고 할지라도 가족 관계 자체가 소멸되지는 않는다. 따라서 여기서 말하는 '집' 은 교회를 의미하고 있는 것이 분명하다.

9) 우리 시대에는 '종교간 대화' 가 장려되고 있으며 그것은 종교 혼합주의를 불러일으키게 된다. 안타깝게도 그에 앞장서는 자들은 명목상 기독교를 앞세우고 있는 자들이다. 그들은 다른 종교들을 인정하며 저들이 판단하는 바 소위 건전한 모든 종교들과 대화를 추구한다. WCC와 같은 단체는 그런 것을 추구하는 매우 위태로운 집단이 아닐 수 없다.

하고자 했던 이방 왕국을 섬겨야 하는 굴욕을 피할 수 없었다. 그들은 뒤늦게 그 사실을 깨닫고 여호와 하나님께 부르짖었다. 이는 죄에 빠진 저들 자신에게는 아무런 소망이 없다는 사실을 깨닫고 있는 것과 연관되어 있다. 자기 스스로 무엇을 할 수 있다고 생각하는 한 결코 간절히 부르짖지 않을 것이기 때문이다.

하나님께서는 자기에게 부르짖는 이스라엘 백성에게 또다시 긍휼을 베풀고자 하셨다. 자비로운 하나님의 성품으로 말미암아 저들이 긍휼을 입을 수 있게 되었던 것이다. 엄격한 의미에서 볼 때 그것은 당시 이스라엘 백성을 위한 의미에만 국한되는 것이 아니라 전체적인 하나님의 구속 사역에 연관되어 있는 것으로 이해해야 한다.

그리하여 하나님께서는 자신을 대적하는 원수들의 세력과 맞서 싸우기 위해 옷니엘(Othniel)을 사사로 세우셨다(삿 3:9). 이는 하나님께서 그를 앞세워 가나안 땅을 점령하고 있던 이방인들을 대항해 직접 싸우시게 된다는 사실을 보여주고 있다. 하나님은 자신의 사역을 위해 올바른 신앙 없이 지략과 용맹을 자랑하는 유능한 인간을 뽑아 세우시지 않는다. 그런 자들이 전쟁에서 승리하게 되면 그것이 마치 개인의 능력으로 인해 승리한 것처럼 여기게 될 것이다.

이에 대해서는 오늘날 우리시대에도 그와 동일한 원리가 적용된다. 하나님께서는 인간적으로 유능하고 재주 있는 자를 선택해 자기의 사역을 맡기시지 않는다. 도리어 세상에서는 그렇지 못한 자들을 불러 신령한 일을 맡기신다. 이는 어리석은 자를 불러 그에게 하나님의 지혜로 채워주신다는 사실을 의미하고 있다. 따라서 어느 누구도 감히 하나님 앞에서 자랑거리를 내놓을 수 있는 자가 없다.

하지만 죄에 빠진 인간들에게는 자신의 주제를 잊고 오만한 태도를 취하는 경우가 자주 발생하게 된다. 사사시대 가나안 땅에 들어간 이스라엘 자손들 역시 그와 같은 방자한 행동을 서슴지 않았다. 그들은 조금만 느슨

해지는 기회가 주어지면 하나님을 모르는 이방인들의 세계를 기웃거리게 되었다.

그 사람들은 입술로 자신의 신앙을 내세우는 것과 달리 하나님을 배도하기를 밥먹듯이 했다. 자신의 이기적인 목적과 삶의 평화를 추구하면서 하나님의 뜻을 잊어버리거나 멸시하기를 되풀이했던 것이다. 그와 같은 행동은 결코 은혜를 입은 언약의 백성들이 취할 자세가 아니었다. 이스라엘 자손의 그와 같은 배도행위에도 불구하고 하나님께서는 여전히 그들과 세운 언약을 기억하셨다.

하나님께서 때에 따라 자신의 사사를 세우셨던 것은 그 언약에 연관된 자비심으로 말미암는 것이었다. 그리하여 사사로 세워진 옷니엘이 이스라엘 민족 가운데서 활동하던 사십(40) 년 동안에는 저들 가운데 온전한 평화가 임했다. 거기에는 하나님의 놀라운 뜻과 경륜이 담겨 있었다. 하지만 우리가 여기서 분명히 깨달아야 할 점은 그 평화가 일반적인 개념과는 다르다는 사실이다.

즉 이스라엘 백성이 전쟁 없는 평화로운 삶을 누렸다는 말은 사람들이 일반적으로 생각하는 것과 같지 않다. 그것은 원수들을 이기고 저들의 군사력이나 정치력뿐 아니라 일반적이며 종교적인 가치관에 휘둘리지 않고 살았다는 사실을 의미한다. 이스라엘 민족이 평화를 누리던 시기에는 이방인들과 저들의 종교를 멀리하며 하나님의 은혜를 기억하는 가운데 하나님의 능력으로 원수들을 대적할 수 있었던 것이다.

그러나 사사로서 직임을 수행하던 옷니엘이 죽게 되자 상황이 급격하게 변하기 시작했다. 이스라엘 자손들은 또다시 여호와 하나님을 떠나 배도의 길에 들어서기 시작했기 때문이다. 하나님의 말씀을 통한 대언자代言者가 없어지게 되면 저들은 다시금 이방 사상이 난무한 주변 환경에 휩쓸려 그 악한 길을 걸어갔던 것이다.

제5장

사사 에훗과 삼갈

(삿 3:12-31)

1. 이스라엘 자손의 배도와 패배(삿 3:12-14)

사사 옷니엘이 사역을 하다가 죽은 후 이스라엘 자손들은 또다시 하나님의 뜻을 멀리하는 배도의 길에 빠져들게 되었다. 언약의 백성으로 세워진 자들이 다시금 이방인들과 교제하며 혼합된 종교사상을 만들어갔다. 그들은 그렇게 함으로써 저들의 인생을 만족스럽게 만들고자 했던 것이다.

그것은 여호와 하나님의 목전에서 악을 저지르는 배도행위였다. 이는 단순한 불순종을 너머 하나님을 멸시하는 것과 마찬가지라는 의미를 지니고 있다. 하나님의 면전에서 이방종교 사상을 받아들이는 것은 하나님을 마주보며 직접 욕되게 하는 것과 마찬가지이기 때문이다. 그와 같은 사고와 행동은 하나님의 진노를 불러일으키지 않을 수 없었다.

그러므로 하나님은 모압 왕 에글론(Eglon)을 강성케 하셨다. 이는 저로 하여금 배도에 빠진 이스라엘 백성을 징벌하는 도구로 삼고자 하는 목적이 있었던 것이다. 모압은 결국 암몬과 아말렉 군대를 끌어들여 이스라엘을 공격하기 위한 연합군을 결성했다(삿 3:13). 그들은 이스라엘 백성을 쳐서 '종려나무 성읍'을 점령하게 되었다. 여기서 말하는 종려나무 성읍이란 여리고 주변을 지칭하고 있는 것으로 보인다(신 34:3, 참조).

그리하여 이스라엘 자손은 모압 왕국의 공격에 의해 패배를 당하게 되었다. 그 백성들은 또다시 이방 종족의 지배아래 놓여 고통을 당하게 되었던 것이다. 결국 그들은 십팔(18) 년 동안 모압 왕 에글론을 섬길 수밖에 없었다. 이스라엘은 그 기간 동안 하나님을 알지 못하며 모독하는 자리에 있던 모압 왕 에글론에게 공물을 바치며 섬겨야 하는 신세가 되어버린 것이다(삿 3:15).

이는 그들이 단순히 이방인들에게 공물을 바치고 섬겼을 뿐만 아니라 엄청난 수모와 박해를 받았음을 말해준다. 우리는 물론 이와 같은 지배와 통치구조가 당시 이스라엘 열두 지파와 가나안 땅 전체에 미친 것으로 보아야 할지에 대해서는 그리 쉽게 판단할 문제가 아니란 사실을 알고 있다. 하지만 분명한 사실은 그에 대한 크고 작은 여파가 전체적으로 미쳤을 것이란 점이다.

우리가 여기서 보게 되는 것은 하나님께서는 배도에 빠진 이스라엘 백성을 징치하시기 위해 이방 왕국을 강성하게 하여 도구로 사용하시기도 한다는 사실이다. 이에 대해서는 오늘날 우리시대 역시 이와 동일한 관점에서 역사를 받아들여 이해해야 한다. 세속국가가 강성하게 되어 배도에 빠진 교회를 약화시키는 것도 하나님의 심판에 연관된 것일 수 있다는 사실이다.

그러므로 우리는 지역 교회의 성도들이 속한 세속국가가 부유하게 되거나 강성하게 되는 것을 무조건 좋은 것으로 받아들여서는 안 된다. 그것은 교인들의 세속화를 부추기거나 교회를 약화시키는 부정적인 역할을 할 수도 있기 때문이다. 즉 그것은 하나님의 징벌과 연관될 수도 있다. 교회가 악을 행하면 세속국가를 부강하게 함으로써 배도에 빠진 교회를 징치할 수도 있다는 것이다.

2. 백성들의 부르짖음과 사사 에훗(삿 3:15)

이스라엘 자손은 이방 모압 왕국의 압제로 말미암아 심한 고통에 빠져 아무런 소망이 보이지 않았다. 형편이 그렇게 되자 그제야 여호와 하나님께 살려달라고 매달려 부르짖었다. 어리석은 백성들은 그런 일이 있은 후에야 뒤늦게 비로소 자신이 처한 상황을 올바르게 깨달을 수 있었다. 하나님의 적극적인 도우심이 없이는 결코 저들의 압제에서 벗어나지 못하리라는 사실을 알게 되었던 것이다.

하나님은 자비로운 성품을 지닌 언약에 신실하신 분이다. 그는, 배도에 빠져 자신을 욕되게 하는 이스라엘 백성이었지만 이미 세워진 언약으로 인해 저들을 이방인들의 손에서 구출해 내시고자 하셨다. 물론 그것은 장차 언약의 왕국을 세우고자 하는 그의 원대한 뜻에 연관되어 있었다. 그것을 위해 사사로 세워진 에훗(Ehud)은 이스라엘 민족을 이방 종족들의 압제에서 구출하는 구원자가 되었다. 그 사람은 베냐민 지파의 게라의 아들로서 왼손잡이였다(삿 3:15).

3. 사사 에훗의 계략(삿 3:15-20)

에훗은 전투와 지략에 능한 용맹스러운 인물은 아니었던 것 같다. 물론 그는 나중 모압 군대에 대한 전쟁에서 승리를 이끌어내지만 처음부터 전투를 통한 직접적인 싸움을 하지 않았다. 그는 원수들의 군사력에 대항해 칼과 창으로 맞서 싸울 만한 능력을 갖춘 인물로 보이지 않는 것이다.

그러므로 그는 전쟁을 하기에 앞서 상대를 속이는 위장 전술을 폈다. 그것도 부하를 시켜 임무를 완성케 한 것이 아니라 자신이 직접 나섰다. 그는 친히 적진의 왕궁에 들어갔으나 용사로서는 떳떳하지 못한 방법을 사용했다.

당시 이스라엘 민족은 모압왕 에글론에게 정기적으로 공물을 바쳐야만 했다. 왕을 죽이는 사건이 발생할 즈음 모압 왕국에 공물을 바치러 간 사신들의 대표자는 에훗이었다. 그는 에글론에게 들어가면서 길이가 한 규빗[10] 되는 좌우에 날선 특수한 칼을 만들어 오른쪽 허벅지 옷 속에 차고 들어갔다(삿 3:16).

모압 왕 에글론은 살이 많이 찐 자로서 몸이 매우 비둔한 인물이었다. 따라서 그의 몸놀림은 둔할 수밖에 없었다. 에훗은 공물을 가지고 왕궁으로 들어가면서 날렵하지 못한 그를 현장에서 살해할 음모를 세워두고 있었던 것이다.

에훗은 모압 왕에게 공물을 바칠 때 혼자 간 것이 아니라 그 물건을 걸머지거나 가지고 가는 사람들과 함께 모압 땅으로 갔다. 그는 목적지에 도착해 왕이 거주하는 궁전으로 들어갔다. 당시에는 왕궁뿐 아니라 왕의 주변에는 항상 그를 호위하는 신하들이 많이 있었을 것이 틀림없다. 에훗은 왕의 앞으로 나아가 준비해 온 공물을 바치고 나서 왕궁으로부터 나왔다. 그리고는 함께 온 사람들을 돌려보내고 혼자 뒤에 남았다.

그는 길갈(Gilgal) 근처 돌로 만들어진 우상이 세워진 곳까지 나갔다가 다시금 모압 왕궁으로 되돌아왔다. 그가 에글론 왕을 다시 만나고자 했을 때 그 요청은 흔쾌히 받아들여졌다. 이는 에훗이 바쳤던 공물이 왕에게 흡족했음을 의미하고 있다. 그것을 통해 자신에 대한 이스라엘 민족의 충성도를 충분히 확인할 수 있었던 것이다.

하지만 그 이면裏面에는 엄청난 음모와 계략이 숨겨져 있었다. 그럼에도 불구하고 왕과 모든 신하들은 그 사실을 눈치채지 못했다. 에훗은 실상을 전혀 파악하지 못하고 있는 왕에게 은밀히 보고할 내용이 있으니 주변의 사람들을 밖으로 내보내 달라는 요청을 했다. 그때 왕은 그것을 기꺼이 수

---

10) '현대인의 성경' 은 이 본문에 기록된 한 규빗을 45cm 정도 되는 것으로 번역하고 있다.

락했다. 한 나라의 왕과 피지배국의 사신이 단독으로 만나게 된다는 것은 매우 의외의 일이 아닐 수 없었다.

만일 그에게 의심할 만한 요소가 조금이라도 엿보였더라면 신하들이 그를 왕궁 내부로 들이지 않았을 것이 틀림없다. 더군다나 에훗의 허벅지 옷 속에 차고 있던 칼을 모압의 왕궁 호위병들이 알지 못했을 것이라 말할 수 없다. 왕을 대면하는 자의 몸을 수색하는 것은 어느 시대 어느 지역을 막론하고 철칙이기 때문이다.

그러나 왕이 에훗의 말을 전적으로 신뢰했기 때문에 신하들은 그의 칼을 호신용으로만 생각했을 것이 틀림없다. 그리하여 그는 왕실 안으로 쉽게 들어갈 수 있었으며 왕은 아무런 의심 없이 그의 말을 들어보고자 했다. 그는 에훗으로부터 극비極秘의 정보를 듣고자 하는 마음으로 들떠 있었던 것이다.

에훗은 시원한 다락방 왕실에 혼자 머물고 있던 에글론 왕에게 긴히 드릴 말씀이 있다고 했다. 왕은 그 비밀스런 정보를 듣기 위해 자리에서 일어났다. 왕은 그때까지도 에훗의 계략을 전혀 눈치채지 못하고 있었다.

사실 그것은 거사巨事를 치르고자 하는 에훗에게도 매우 위험한 행동이었음이 분명했다. 그와 같은 일은 생명이 걸린 모험일 수밖에 없었다. 하지만 그가 그런 대담한 행동을 취했던 것은 오직 하나님의 뜻과 이스라엘 민족을 저들의 압제로부터 구출하고자 하는 일념 때문이었을 것이 틀림없다. 이제 하나님께서 이스라엘 민족을 모압 왕국의 압제에서 벗어나게 하실 작정을 시행하고 계셨던 것이다.

4. 에훗의 모압 왕 에글론 살해(삿 3:21-25)

왕실로 들어간 에훗은 왕이 자리에서 일어나는 순간을 놓치지 않았다. 그는 오른편 허벅지 옷 속에 차고 있던 칼을 잽싸게 빼내어 왕의 몸을 찔렀다. 그것은 순식간에 벌어진 일이었으므로 왕이 그 위기를 피할 수 있는 방법이 없었다. 왕은 한마디의 비명도 지를 수 없을 만큼 간단하게 살해되었다.

에훗의 공격은, 그가 찌른 칼자루까지도 날을 따라 들어가서 그 끝이 등 뒤까지 나갈 정도로 격했다. 그는 그 칼을 왕의 몸에서 빼내지 않고 내버려 두었으므로 기름이 칼날에 뒤엉기게 되었다. 그럼에도 불구하고 왕궁에 있던 신하들은 그 낌새를 전혀 눈치채지 못했다. 거사를 치른 에훗은 아무런 일이 없었다는 듯 태연하게 걸어나오면서 그 다락문을 뒤에서 닫아걸어 놓았다.

에훗이 밖으로 나간 후에 왕의 신하들은 다락문이 잠겨 있는 것을 보고 안으로 들어가지 않았다. 왕이 서늘한 방에서 '발을 가리우신다' 고 생각했던 것이다(삿 3:24). 여기서 '왕이 발을 가리운다' 는 말은 왕이 용변을 보기 위해 화장실에 앉아 있다는 의미를 지니고 있는 것이 확실하다.[11]

신하들이 단독 면담한 피지배국의 사신이 나간 뒤에 즉시 왕의 방문을 열어보지 않은 것은 상식적이지 않다. 이는 왕이 평상시에 문을 잠그고 있을 때 그곳에 접근하는 것을 엄히 금지했기 때문이었던 것으로 보인다. 그렇지 않았다면 가볍게 문을 두드려 왕의 인기척을 확인하는 것이 당연한 일이었다.

그러나 상당한 시간이 흘러가도 왕은 다락문을 열지 않았다. 한참을 기다려도 왕이 밖으로 나오지 않자 결국은 열쇠를 가지고 문을 열고 방안으로 들어갔다. 그제야 보니 왕은 피범벅이 되어 이미 방바닥에 엎드러져 죽은 상태였다.

---

11) 사무엘상 24:3에는 도망 다니던 다윗을 뒤쫓던 사울 왕이 '발을 가리우기 위해' 굴속으로 들어간 내용이 기록되어 있다. 이는 당시에 사용되던 일종의 관용구로서 '용변을 본다' 는 의미로 우리 언어에서 '볼일 보러 간다' 는 말과 같은 의미이다.

5. 에훗이 이스라엘 백성을 이끌고 모압을 공격(삿 3:26-30)

에훗은 자기와 함께 온 사람들이 멀리서 기다리고 있는 동안, 모압인들의 눈을 피해 '돌로 된 우상들이 세워진 지역'을 지나 스이라(Seirah)로 도망쳤다(삿 3:26). 그는 이스라엘 민족이 있는 에브라임 산지에 도착해 그곳에서 전쟁을 위한 나팔을 불었다. 그것은 출전出戰을 알리는 신호 역할을 했다. 그러자 수많은 이스라엘 백성이 이방인들에 맞서 전쟁을 하기 위해 그곳으로 몰려들어 에훗을 따랐다.

에훗은 앞서 지휘하며 자신을 따르는 백성들을 독려했다. "나를 따르라 여호와께서 너희의 원수들인 모압을 너희의 손에 넘겨주셨느니라"(삿 3:28). 에훗이 모압 왕 에글론을 죽였다는 사실을 밝혔을 때 백성들은 사기충천士氣衝天했을 것이다. 모든 이스라엘 백성은 그 일이 하나님의 도우심으로 말미암은 것이란 사실을 깨달았을 것이 틀림없다.

한편 에글론 왕이 예기치 못한 갑작스런 피살을 당하게 되자 모압 왕국 전체의 군사적 지휘계통에 심각한 문제가 생길 수밖에 없었다. 최고 사령관으로서 전쟁을 지휘해야 할 왕이 갑자기 죽게 되었을 때 백성들은 우왕좌왕했을 것이 분명했다. 이스라엘 자손은 그 틈을 타서 모압 사람들을 공격해야 했다.

에훗은 이스라엘 백성들을 이끌고 모압 맞은편으로 나아가 요단 강 나루를 장악했다. 그리고는 모압 사람들로 하여금 그곳을 건너지 못하도록 가로 막았다. 그곳은 전략적으로 매우 중요한 요충지였던 것이 분명하다.

그러므로 그 전투에서 이스라엘 자손들은 약 일만(10,000) 명의 모압 사람들을 죽이게 되었다. 그들은 일반 백성들이 아니라 무기를 소유한 전투에 능한 용사들이었다. 그 결과 모압은 이스라엘에게 패망당하지 않을 수 없었다. 승리는 하나님의 편에 선 이스라엘 민족으로 기울어지게 되었던 것이다. 따라서 모압은 그동안 지배하며 공물을 받아오던 이스라엘 백성들 앞에 굴복했다.

그리하여 이스라엘 민족에게는 새로운 평화의 시대가 도래했다. 모압 왕국으로터 받아오던 십팔(18) 년 동안의 압제를 벗어나 평화를 회복했던 것이다. 그후 팔십(80) 년 동안 이스라엘 자손은 모압 사람들의 통치를 벗어나 이방인들의 사상과 가치로부터 자유로운 평화의 상태를 유지할 수 있었다.

6. 사사 삼갈(삿 3:31)

성경에는 사사시대에 활동했던 수많은 사사들의 이름이 나온다. 우리가 주의를 기울여야 할 점은 이스라엘 민족 가운데 우리에게 알려진 사사들만 존재했던 것은 아니었을 것이란 사실이다. 즉 이름이 성경에 기록되지 않은 사사들도 상당수 있었을 것으로 이해하는 것이 바람직하다.

또한 성경에는 어떤 사사들의 관련 기사는 엄청나게 길게 기록되어 있다. 한편 다른 어떤 사사들은 이름과 더불어 그저 몇 줄을 소개하고 있을 따름이다. 우리는 긴 사건에 연관된 사사들의 사역에 대해서는 그만큼 많은 정보를 소유하고 있지만 그렇지 않은 경우에는 그와 정반대이다.

하지만 이름이 기록되지 않은 사사들이나 관련된 기사가 짧게 소개된 사사들이, 성경의 많은 분량을 차지하고 있는 사사들보다 중요하지 않다고 이해해서는 곤란하다. 모든 사사들은 하나님에 의해 부르심을 받아 사역을 감당한 자들이었기 때문에 한결같이 중요한 자들이다. 하나님께서는 성경에 기록된 사사들과 저들의 사역을 통해 하나님의 구속사역을 보여주시고자 했으며 그것들로써 충분한 계시를 보여주고 있는 것이다.

사사 삼갈(Shamgar)에 대해서는 성경에 단 한 줄의 기사가 나타나고 있을 따름이다(삿 3:31). 그러나 우리는 그의 사역이 다른 사사들에 비해 덜 중요했다고 말할 수는 없다. 그의 활동은 매우 짧게 소개되어 있지만 이스라엘 민족을 위한 그의 사역은 다른 사사들과 동일하게 중요했기 때문이다.

에훗이 죽고, 이스라엘 민족의 평화시대 팔십(80) 년이 지난 후에 백성들은 또다시 배도의 길에 빠져 들었다. 그러자 하나님께서는 블레셋 사람들을 동원해 이스라엘 민족을 일깨우고자 하셨다. 그것은 저들에게 심각한 고통을 동반하지 않을 수 없었다. 그 고통 가운데 이스라엘 백성들은 또다시 하나님께 부르짖게 되었다.

그때 하나님께서는 아낫(Anath)의 아들 삼갈을 이스라엘 민족의 사사로 세워 백성들을 블레셋으로부터 구원하시고자 했다. 삼갈은 전쟁에 능한 군인이 아니라 목축을 하는 평범한 인물이었다. 물론 당시에는 대다수 사람들이 일상생활을 하는 가운데 전쟁이 일어나면 그에 참여하는 형식이었다.

하지만 하나님께서 세우신 사사들 가운데서는 특별한 지위에 있던 자들이었던 경우가 많았다. 예를 들어 에훗의 경우는 모압 왕에게 조공을 바치는 여러 사신들을 대표할 만큼 높은 지위의 공직자 자리에 있었던 것이다. 즉 그는 처음부터 평범한 시민과는 차이가 났던 것이다.

이에 반해 삼갈의 경우는 소를 몰며 목축하는 일에 종사하고 있었던 것으로 보인다. 그는 칼과 창을 능숙하게 사용하는 인물이 아니었을 것으로 보인다. 그러므로 그는 병기兵器가 아니라 소를 모는 막대기로 블레셋 사람 육백 명을 쳐 죽였다. 그렇게 함으로써 이스라엘 백성을 구원하게 되었던 것이다.

물론 우리는 그에 대한 구체적인 정황에 대해서는 알 수 없다. 즉 전투의 방식이라든지 지휘 체제에 대해서는 구체적으로 알려지지 않았다. 그렇지만 분명한 점은 그가 소를 모는 막대기를 통해 육백 명이나 되는 원수들을 죽였다는 사실이다.

우리는 여기서 사사들은 일반적인 전술로써 원수들과 싸우는 자가 아니었다는 점을 기억해야 한다. 또한 삼갈의 소 모는 막대기는 다윗의 물맷돌을 떠올리게 한다(삼상 17:49,50, 참조). 다윗은 나중 블레셋 군대와 맞서게 되었을 때 물맷돌 하나로 적장敵將 골리앗을 죽임으로써 저들을 제압하고 승리를 거두게 된다. 성경은 그 의미에 관련된 중요한 의미를 설명해 주고 있다.

> "오늘 여호와께서 너를 내 손에 붙이시리니 내가 너를 쳐서 네 머리를 베고 블레셋 군대의 시체로 오늘날 공중의 새와 땅의 들짐승에게 주어 온 땅으로 이스라엘에 하나님이 계신줄 알게 하겠고 또 여호와의 구원하심이 칼과 창에 있지 아니함을 이 무리로 알게 하리라 전쟁은 여호와께 속한 것인즉 그가 너희를 우리 손에 붙이시리라" (삼상 17:46,47)

하나님께서는 다윗으로 하여금 물맷돌로 골리앗을 죽이게 한 사건을 자신이 행하신 일이라는 사실을 사전에 말씀하셨다. 어리석은 사람들은 칼과 창이 승리의 도구인 것처럼 생각한다. 나아가 병사들의 강인한 훈련이나 용맹성이 전쟁을 승리로 이끌 수 있는 것으로 여기는 것이다.

그러나 하나님께서는 그렇지 않다는 사실을 말씀을 통해 계시하셨다. 전쟁에 참여하며 싸운 자들은 이스라엘 백성이었지만 실제로는 하나님께서 저들 앞에서 싸우신다. 따라서 성숙한 성도들은 하나님을 의지하고 순종해야 한다. 하나님을 떠나 인간들의 병기나 전투 능력을 의지한다면 패망을 가져오게 될 따름이다.

우리는 소를 모는 막대기로 블레셋 사람들에게 승리를 거둔 삼갈의 경우도 그와 동일한 맥락에서 이해해야 한다. 하나님께서는 그를 통해 이스라엘 민족으로 하여금 승리를 거두게 하셨다. 즉 그것은 삼갈의 능력이 아니라 하나님의 주도로 말미암은 것이었다. 만일 삼갈이 칼과 창을 도구로 하여 싸웠다면 승리하지 못했을지도 모른다.

이에 대한 원리는 오늘날 우리에게도 그대로 적용되어야 한다. 하나님의 군사가 된 성도들은 자신의 능력으로 싸우는 것이 아니라 하나님께서 앞장서 싸우시는 거룩한 전쟁에 순종함으로써 참여할 따름이다. 즉 우리는 인간의 종교적인 경험과 이성을 통해 배워 익힌 전술로써 싸우는 것이 아니라 하나님의 율법에 순종함으로써 원수들과 맞서 싸워야 한다. 그것이 유일한 승리의 방편이기 때문이다.

제6장
사사 드보라와 가나안 왕국
(삿 4:1-24)

1. 이스라엘의 배도와 가나안의 학정虐政(삿 4:1-3)

욕망에 가득 찬 인간들은 하나님께 저항하는 악행을 저지르면서도 그 실상을 제대로 깨닫지 못하고 있다. 죄에 빠져 타락한 인간의 본성은 항상 자기중심적인 성품을 버리지 못하는 것이다. 하나님의 언약 가운데 살아간다고 하는 인간들조차도 잠시만 틈이 생기면 하나님의 뜻이 아니라 자신의 욕망을 채우기에 급급하다.

사사 에훗이 죽게 되자 이스라엘 자손은 또다시 여호와 하나님의 목전에서 더러운 악행을 저지르게 되었다(삿 4:1). 이번에도 그렇게 되자 하나님께서는 이스라엘 자손을 또다시 이방인들의 손에 넘겨주기로 작정하셨다. 어리석은 백성들은 그런 위급한 상황 가운데서도 아무런 자각이 없었다. 하지만 성숙한 언약의 자손들은 위기에 처할 때마다 저들의 삶이 하나님께 달려 있다는 사실을 깨닫고 있지 않으면 안 되었다.

여호와 하나님을 배반한 이스라엘 백성은 결국 이방인들의 통치 아래로 넘겨졌다. 그들은 결국 하솔(Hazor)에 수도를 정하고 세력을 펼치던 가나안 왕 야빈(Jabin)의 지배를 받게 되었다. 당시 가나안 왕국의 군대를 지휘한 최고 사령관은 하로셋(Harosheth)에 거주지를 둔 시스라(Sisera)였다.

가나안 왕국의 야빈 왕은 막강한 군대와 전투력을 소유하고 있던 인물이었다. 그는 철로 제작된 전차를 구백(900) 대 가량 소유하고 있었다. 따라서 저들의 공격에 대응할 만한 힘이 부족한 이스라엘 자손은 이십(20) 년 동안 가나안 왕국에 의해 심한 박해를 받아야만 했던 것이다(삿 4:3). 거룩한 여호와 하나님을 섬겨야 할 언약의 자손들이 부정한 이방 왕국의 지배를 받는다는 것은 여간 견디기 어려운 일이 아닐 수 없었다.

2. 이스라엘 백성의 부르짖음과 하나님의 응답(삿 4:3-5)

이십 년 동안 이방인들이 세운 가나안 왕국의 학정 아래 신음하던 이스라엘 백성은 또다시 여호와 하나님께 부르짖었다(삿 4:3). 그들은 극심한 괴로움을 당하지 비로소 여호와 하나님만이 그 고통의 자리에서 저들을 구출해 내실 수 있다는 사실을 깨닫게 되었다. 이스라엘 백성 스스로는 그들의 강력한 손아귀로부터 결코 벗어날 수 없다는 사실을 알게 되었던 것이다.

언약에 신실하신 하나님께서는 저들의 부르짖는 소리를 외면하지 않으셨다. 사랑의 하나님께서는 이스라엘 자손이 고통당하는 중에도 그들을 지켜보고 계셨던 것이다. 그리하여 하나님은 랍비돗(Lapidoth)의 아내이자 여선지자였던 드보라(Deborah)[12]를 이스라엘 민족을 구원할 사사로 세우셨다. 하나님께서 많은 남성들을 두고 여사사를 세우셨다는 것은 이스라엘 민족을 부끄럽게 하는 의미를 내포하고 있는 것으로 보인다.[13]

---

12) 드보라(Deborah)는 히브리어로 '꿀벌' 이라는 의미를 지니고 있다.

13) 이에 대해서는 사사기 4:9에서 그 의미가 어느 정도 드러나고 있다. 가나안의 장수 '시스라' 를 한 여인의 손에 의해 죽게 함으로써 이스라엘의 장군 '바락' 이 얻을 영예가 없어졌다는 말은 그와 연관 지어 생각할 수 있는 내용이다. 그리고 사사기 9:53,54에서는 기드온의 아들 아비멜렉이 한 여자가 망대 위에서 던진 맷돌 위짝에 의해 두개골이 깨어져 죽게 되자, 자신의 부관에게 자기를 찔러 죽여 달라고 당부했다. 이는 당시에는 여자의 손에 의해 죽는 것이 부끄러운 일로 여겨졌음을 말해주고 있는 것이다.

그 여인은 에브라임 산지 라마(Ramah)와 벧엘(Bethel) 사이에 있는 '드보라의 종려나무' 라 이름 붙여진 지역에 거주했다. 이스라엘 자손들 사이에 분쟁이 발생하면 새로운 사사가 된 드보라 앞으로 나아가 재판을 받았다(삿 4:5). 드보라가 이스라엘 민족 가운데 사사가 되어 백성들의 지도자가 된 것은 개인의 능력이 아니라 전적으로 하나님의 계획과 뜻에 따른 것이었다.

즉 그와 같은 사실은 드보라가 사사가 되기 위해 군사적인 훈련을 받거나 스스로 자원했기 때문이 아니었으며 백성들의 청원에 의해 이루어진 것도 아니었음을 말해 준다. 이스라엘의 사사들이 감당해야 할 주된 책무는 이방 종족에 대적하면서 이스라엘 자손을 지켜 보호하는 군사적 판단과 행동을 취하는 것이었다. 드보라에게 맡겨진 직무도 바로 그와 같은 사역이었다.

우리는 성경 본문 가운데서 드보라가 백성들의 재판을 담당했음을 기록하고 있는 내용을 보게 된다(삿 4:5). 그 여인은 백성들 가운데 발생하는 갖가지 문제들에 대해 옳고 그름을 판단하고 해결해 주어야 했다. 하지만 그와 같은 일은 모든 사사들에게 맡겨진 보편적인 주된 직무로 보기는 어렵다. 즉 그렇게 한 사사가 있었는가 하면 그렇게 하지 않은 사사도 있었을 것으로 보이는 것이다.[14)]

3. 바락에 대한 드보라의 명령과 출전出戰(삿 4:6-10)

여성으로서 이스라엘 민족의 사사가 된 드보라는 납달리 지역 게데스(Kedesh)에 있던 아비노암의 아들 바락(Barak)을 불렀다. 그에게 이스라엘 민

14) 예를 들어 삼손이 사사의 직무를 감당하던 기간 동안 백성들을 객관적인 관점에서 재판하는 일을 했는지에 대해서는 의문이 든다. 그의 부적절한 많은 행위를 보면 그렇게 하지 않았을 것으로 보이는 것이다.

족을 위한 여호와 하나님의 뜻을 전달했다(삿 4:6). 그것은 가나안 왕국과 맞서 싸워 승리를 쟁취함으로써 이스라엘 백성을 해방시키라는 것이었다.

드보라는 바락에게 이방 왕국에 대항한 전쟁을 요구하는 하나님의 뜻을 전달하면서 구체적인 명령을 내렸다. 그것은 납달리 자손과 스불론 자손 일만(10,000) 명을 이끌고 다볼(Tabor) 산으로 모이라는 요구였다. 따라서 바락은 드보라의 명령에 따라 이스라엘 백성들에게 시스라가 이끄는 가나안 군대와 맞서 싸우게 될 전쟁선포 사실을 알려야만 했다.

드보라가 바락에게 그렇게 명령했던 것은 자의적인 판단에 따른 것이 아니라 하나님으로부터 그와 같은 계시를 받았기 때문이었다. 하나님께서는 야빈(Jabin) 왕의 군대장관인 시스라와 그의 전차들과 그에게 속한 군대를 기손(Kishon) 강으로 이끌어내시겠다는 말씀을 하셨다. 그렇게 하여 시스라의 세력을 바락에게 넘겨주어 이스라엘 백성에게 승리를 안겨주시겠다는 약속을 하신다는 것이었다.

바락은 드보라의 말을 듣고도 그 사실을 기꺼이 받아들이지 못했다. 당시의 상황을 볼 때 그것은 결코 상식적인 판단이 될 수 없었기 때문이다. 이는 가나안 군대가 이스라엘 백성이 상대하기에 어려울 만큼 막강했다는 사실을 말해주고 있다. 따라서 이스라엘 군대를 이끌게 될 바락이 그에 대한 난색을 표했던 것은 어쩌면 당연한 일이었다.

하지만 바락이 가나안 군대와 맞서 싸우는 전쟁 자체를 거부한 것은 아니었다. 그 대신 이스라엘 민족의 사사로 세워진 드보라가 자기와 함께 가기로 약속한다면 전쟁에 임하겠지만 그렇지 않다면 저들과 싸울 수 없다는 말을 했다. 이는 한편 이스라엘 민족을 이끄는 장수로서의 나약한 모습을 그대로 보여주고 있다.

적군을 두려워하는 바락의 나약한 태도를 본 드보라는 자기도 그와 함께 전쟁에 참여하겠다는 약속을 했다. 그러나 이번에 있게 될 가나안 군대와의 전투에서는 바락이 아무런 영예를 얻지 못하리라는 사실을 말했다.

이는 여호와 하나님께서 가나안 왕국의 사령관 시스라를 바락의 칼이 아니라 평범한 어떤 여인의 손에 맡겨 죽게 하리라는 사실과 연관된 것이었다.

드보라는 그 말을 한 후 바락과 함께 게데스(Kedesh)를 향해 나아갔다. 바락은 가나안 군대를 상대로 전쟁을 수행하기 위해 스불론과 납달리 지파 가운데 전쟁에 나갈 만한 자들을 게데스로 불러모았다. 그때 일만(10,000) 명의 병사들이 그를 따라 올라갔으며 드보라도 저들과 함께했다.

4. 이스라엘 민족의 승리(삿 4:11-16)

모세의 장인 호밥(Hobab)의 자손 중 겐 사람[15] 헤벨은 게데스에서 가까운 지역에 있는 사아난님(Zaanaim) 상수리나무 곁에 장막을 치고 정착했다(삿 4:11). 그것은 물론 하나님의 경륜 가운데 진행된 일이었다. 물론 그와 그의 가족은 그에 대한 아무런 인식이 없었을 수 있다. 그런데 여기서 왜 갑자기 모세의 처가에 관한 기록이 나타나는가? 그 사람들은 순수 이스라엘 민족의 혈통을 가진 것이 아니면서 하나님의 선한 도구로 사용되었다.

하나님의 언약을 맡은 이스라엘 자손은 그것을 통해 부끄러운 마음과 겸손한 자세를 가지지 않을 수 없었다. 우리가 여기서 분명히 알 수 있는 점은 거기에 하나님의 구체적인 경륜이 작용하고 있었다는 사실이다. 즉 하나님께서는 헤벨의 가족을 그 지역에 미리 정착시켜 둠으로써 나중 가

15) 모세의 장인은 성경에서 여러 가지 이름으로 불리고 있다. 이드로(Jethro)와 르우엘(Reuel)과 호밥(Hobab)이 그것들이다. 그에 대한 분명한 해석은 쉽지 않은 것이 사실이다. 하지만 가장 근접한 일반적인 해석은 '이드로' 는 제사장 직책을 말하는 것으로 보이며, '르우엘' 은 아마도 그의 실제 이름일 것으로 보인다. 그리고 '호밥' 은 처갓집 사람들의 남자들 즉 장인이나 처남들을 일컫는 용어로 보인다. 또한 모세의 장인은 출애굽기와 민수기에서는 미디안 사람(Midianite)으로 불렸으며 사사기에서는 겐(Kenite)사람으로 일컬어지기도 했다. 겐 족속은 미디안 종족에 속한 작은 부족으로 이해하는 것이 바람직할 것으로 보인다.

나안 왕국의 장군 시스라가 바락의 군대를 피해 도망가는 길목을 지키도록 하셨다.

우리는 이와 같은 전반적인 과정을 통해 하나님의 빈틈없는 계획을 엿볼 수 있다. 하나님께서는 구속사 가운데서 자기가 택하신 이스라엘 자손을 적절하게 인도해 가셨다. 사람들의 일반적인 눈에는 마치 우연인 것처럼 비쳐질 수 있지만 거기에는 사전에 예비된 하나님의 놀라운 계획이 존재하고 있었던 것이다.

이와 같은 하나님의 계획과 인도하심에 대해서는 구약 시대뿐 아니라 오늘날 우리시대에도 그대로 진행되고 있다. 우리의 삶 가운데 특별한 경우에는 하나님의 계획과 작정이 구체적으로 작용하고 있음을 기억하지 않으면 안 된다. 이는 모든 경우에 그렇다는 뜻이 아니라 하나님의 특별한 목적을 위해 그와 같은 하나님의 역사하심이 드러나게 된다는 사실을 의미한다.

하나님의 계획이 사전부터 드러나지 않게 서서히 진행되어 가는 동안 바락은 드보라의 명령을 듣고 다볼(Tabor) 산으로 올라가 진을 쳤다. 그것을 본 가나안 사람들은 저들의 장군 시스라에게 그 사실을 알렸다. 보고를 받은 시스라는 즉시 모든 전차 곧 철로 제작된 전차 구백(900) 대와 자기와 함께 있는 병사들을 이방지역의 하로셋 학고임(Harosheth Haggoyim)으로부터 기손(Kishon) 강에 이르는 지역으로 집결시켰다.

그것을 본 사사 드보라는 바락에게 이스라엘 병사들을 지휘해 적진을 향해 출전하도록 명령을 내렸다. "일어나라 이는 여호와께서 시스라를 네 손에 넘겨 주신 날이라 여호와께서 너에 앞서 나가지 아니하시느냐"(삿 4:14). 드보라의 외침 가운데는 여호와 하나님께서 저들보다 앞서 싸우신다는 강력한 메시지가 들어있다. 그 말을 들은 바락은 일만 명의 군사를 이끌고 다볼산에서 가나안 군대를 향해 쳐내려갔다.

드보라의 예언대로 여호와 하나님께서 바락에 앞서 가나안 왕국의 군사령관 시스라와 그의 모든 전차와 그가 지휘하는 온 군대를 칼날로 쳐 혼란에 빠뜨렸다. 막강한 군사력을 자랑하던 이방 군대가 하나님의 간섭으로 말미암아 맥없이 무너져내렸던 것이다. 그렇게 되자 패배를 감지한 시스라는 전차를 뒤에 버려두고 혼자 걸어서 도망치게 되었다. 그것을 본 바락은 적군의 전차들과 군대를 맹렬하게 공격했다. 이스라엘 군대가 하로셋 학고임에 이르자 시스라의 군대는 이스라엘 군대의 칼날에 엎드려져 전멸하게 되었다.

5. 가나안 장군 시스라의 부끄러운 죽음과 야빈왕의 패망(삿 4:17-24)

이스라엘의 바락이 지휘한 군대가 승기勝機를 잡게 되자 패잔병이 된 시스라는 도망을 칠 수밖에 없었다. 그는 달아나면서 겐 사람 헤벨의 아내 야엘(Jael)의 집으로 피신했다(삿 4:17). 그가 그곳으로 피했던 까닭은 하솔왕 야빈과 헤벨의 집이 서로 좋은 관계를 유지하고 있다는 생각 때문이었다. 만일 아무 집에나 들어갔다가는 그를 알아보는 자들이 즉시 바락에게 신고할 것이 분명했다.

하지만 시스라의 판단은 잘못된 것이었다. 야엘은 자기를 위한 우군友軍의 편에 선 자가 아니라 이스라엘 민족의 편에 서 있었기 때문이다. 시스라가 그에 대한 판단착오를 일으킨 것도 하나님의 간섭에 의한 것으로 보아야 한다. 그 모든 것들은 이미 하나님의 계획 가운데 들어 있었으므로 그에게는 그곳이 결코 안전한 피난처가 되지 못했던 것이다. 그는 도리어 스스로 독안에 들어가 갇히게 되는 생쥐와 같은 신세가 되어 버렸다.

시스라는 죽음의 길에 들어서 있었음에도 불구하고 그에 대한 아무런 인식을 하지 못하고 있었다. 헤벨의 아내 야엘은 가나안 왕국의 장수 시스라가 자기 집으로 피신해 온 것을 알고 속으로 그를 죽일 작정을 하고 있으면서 겉으로는 영접하는 듯한 모습을 보였다. 이제 자기 집으로 피했으니 두려워하지 않아도 좋다는 말을 하면서 안심시켰다. 그리고는 쫓기던 그를 이불로 덮어주며 숨겨주는 것처럼 행동했다.

그러자 시스라는 이제 안전하게 피신한 것으로 여겼을 것이 틀림없다. 급하게 도망을 친 그는 목이 말랐으므로 우선 야엘에게 마실 물을 좀 달라고 요청했다. 야엘은 우유가 든 가죽 부대를 열어 시스라로 하여금 우유를 마시게 한 후(삿 5:25) 다시 이불로 그를 덮었다. 피곤에 지친 시스라는 우유를 마시고 나서 깊은 잠에 빠져 들었다.

그가 깊이 잠든 것을 확인한 헤벨의 아내 야엘은 쇠로 된 뾰족한 말뚝과 방망이를 손에 들고 그에게로 가까이 다가갔다. 그리고는 가지고 있던 예리한 말뚝을 저의 얼굴 관자놀이 위에 두고 방망이로 쳐서 내리박았다. 그러자 그 끝이 관자놀이를 꿰뚫고 방바닥에 박혔다. 삽시간에 그 주변은 피범벅이 되었을 것이 분명하다.

연약한 여인이 방망이로 적군의 장수의 얼굴에 말뚝을 박는 것은 결코 보통 일이라 할 수 없다. 아무리 그가 깊은 잠에 빠져 있었지만 그는 백전노장百戰老將의 장군이었다. 이는 하나님께서 그 여인의 손을 빌어 행하신 일로 이해해야 한다. 그리하여 시스라는 그 자리에서 즉사할 수밖에 없었던 것이다.

그 일이 있은 후 얼마 지나지 않아 바락이 도망치는 시스라의 뒤를 추격하여 야엘의 집 가까이 이르게 되었다. 그 낌새를 알아차리게 된 야엘은 밖으로 나가 뒤따르는 바락 일행을 맞아들였다. 그리고는 그들이 찾는 적장敵將이 어떻게 되었는지 보여주겠다며 자신의 방 안으로 데리고 들어갔다. 바락이 방에 들어갔을 때는 시스라의 관자놀이에 예리한 쇠말뚝이 박혀 피범벅이 된 채 엎드러져 죽어 있었다.

그것은 앞서 드보라가 예언했던 바와 같았다. 가나안의 장수 시스라가 죽게 되자 야빈 왕은 이스라엘 군대 앞에 굴복하지 않을 수 없었다. 이스라엘은 마침내 가나안 왕국의 모든 병사들을 쳐서 진멸하게 되었기 때문이다. 그것은 이스라엘 민족의 병력이나 전술 때문이 아니라 여호와 하나님께서 친히 싸우신 결과로 말미암은 것이었다(삿 4:23).

가나안 왕국을 대항한 이스라엘 민족의 승리의 원동력은 전적으로 여호와 하나님께 달려 있었다. 저들의 수완과 전투력이 원수에 대한 승리를 가져온 것이 아니었다. 이에 대해서는 오늘날 우리시대 역시 그와 동일한 원리 아래 놓여 있다. 교회와 성도들이 타락한 세상 가운데서 궁극적인 승리를 쟁취할 수 있는 것은 인간들의 지혜와 능력 때문이 아니라 오직 하나님의 능력에 달려 있는 것이다.

6. 드보라의 승리의 의미

가나안 왕국에 대한 드보라와 바락의 승리는 사사시대 이스라엘 백성들 가운데 매우 특별한 위치에 놓여 있다. 하나님의 자비와 능력에 의해 이방 세력을 물리친 사실 자체는 다른 사사들의 행적과 비교해 볼 때 크게 다르지 않다. 하지만 그 역사적 의미가 노래로써 이스라엘 민족의 가슴에 새겨지게 된 사실은 특별한 의미를 지니고 있었다.

드보라가 사사 직무를 감당하던 시기는 사사시대 가운데 전반기에 해당된다. 따라서 드보라 시대에 살던 백성들은 그 전에 있었던 하나님의 구원 사역에 대한 내용을 들어서 익히 알고 있었다. 나아가 드보라를 통한 사역은 후세의 이스라엘 자손들의 마음 가운데 새겨져 기억되어야 할 내용이었다.

그러므로 하나님께서는 사사 드보라를 통해 행해진 사역을 노래로 계시하셨다. 이 노래는 사사기 5장에 구체적으로 기록되어 나타난다. 그것은 하나님을 경외하며 의지하는 민중의 마음과 입술을 통해 끊임없이 반복하여 부르도록 주신 것이다. 우리는 그 노래가 드보라 개인의 판단이나 시인으로서의 재능에 의해 지어진 것이 아니라 하나님으로부터 특별히 허락된 계시라는 사실을 깨닫지 않으면 안 된다.

따라서 우리는 막강한 군사력을 갖춘 가나안 왕국을 물리친 사사 드보라와 바락의 사역이 이스라엘 민족의 노래가 되어 사람들의 마음속 깊이 새겨진 사실을 매우 주의깊게 받아들여야 한다. 그 이유는 이 노래가 백성들의 입술을 통해 역사 가운데 흘러 전파됨으로써 영적인 힘을 발휘했으리라는 사실 때문이다.

이는 또한 사사시대의 이스라엘 자손들이 이 노래를 기억하며 여호와 하나님의 최종적인 승리를 바라보았다는 사실을 보여준다. 나아가 구약시대의 모든 성도들이 이 노래를 마음속에 기억하고 있었을 것이 틀림없다. 뿐만 아니라 예수 그리스도가 오신 후 신약 시대에 살고 있는 오늘날 우리도 그 노래와 함께 하나님의 사역을 마음에 새기게 된다.

제7장

드보라와 바락의 노래

(삿 5:1-31)

1. 승리의 노래(삿 5:1)

하나님께서는 드보라와 바락이 승리를 거둔 후 그들의 입술을 통해 특별한 노래를 계시하셨다(삿 5:1). 하지만 그 노래는 개인적인 노래에 그치는 것이 아니었다. 즉 그것은 드보라와 바락의 노래인 동시에 온 이스라엘 민족의 노래로서 가나안 땅을 정복해 가는 이스라엘 민족을 위한 공적인 노래가 되었다. 민간에서 사람들이 그 노래를 부름으로써 하나님께서 행하신 놀라운 사역을 공유하며 기억했던 것이다.

일반적인 경우에도 소설, 수필 등 문학의 다양한 장르 가운데 노래는 여러 사람들이 외워 암송하는 특성을 지니고 있다. 그것을 통해 백성들의 동일한 염원을 드러내기도 했으며 통일성 있는 정체성을 확립해 가기도 했다. 따라서 노래는 개인이 읽는 것에 지나지 않고 강한 공동체적인 성격을 지니게 되는 것이다.

이처럼 이스라엘 백성의 가슴에 새거진 드보라와 바락의 노래는 감사와 소망과 고백을 동반하고 있었다. 그것은 물론 하나님으로부터 약속된 믿음에 기초하고 있다. 하나님께서는 가나안 왕국에 승리를 거둔 드보라와 바락에 연관된 이 노래를 언약의 자손들에게 선물로 주셨다. 이를 통해 이스라엘 왕국에 대한 하나님의 약속을 바라보는 백성들이 승리의 소망과 더불어 힘을 얻게 되었다. 나중 이방인들의 세력에 의해 더 큰 고통을 당할 때도 백성들은 이 노래를 통해 여호와 하나님을 기억할 수 있었던 것이다.

이제 우리는 드보라와 바락의 노래의 내용을 전체적으로 분석해 봄으로써 저들의 마음을 읽어낼 필요가 있다. 그것은 이스라엘 백성의 염원을 확인할 수 있는 소중한 역할을 하게 된다. 즉 드보라와 바락이 전쟁에서 승리를 거둔 후 하나님의 뜻 가운데서 무엇을 읊조리며 왜 함께 그것을 노래 불렀는지 그리고 이스라엘 백성이 그 노래를 받아들여 어떻게 공유하게 되었는지 생각해 볼 수 있는 것이다.

2. 드보라와 바락의 노래

(1) 승리의 왕 여호와 하나님(삿 5:2-5)

가나안 왕국의 세력을 물리치고 전쟁에 승리한 후 하나님으로부터 계시 받은 이 노래는 여호와 하나님을 찬송하는 것으로부터 시작된다(삿 5:2,3). 하나님께서는 이미 오래전부터 이스라엘 민족을 통해 자신을 위한 언약의 왕국을 세우고자 하시는 뜻을 가지고 계셨다. 성숙한 신앙을 소유한 이스라엘 백성이라면 누구나 그에 대한 분명한 깨달음을 소유하고 있어야만 했다.

그와 같은 소망을 가진 이스라엘 민족에 속한 용사들은 여호와 하나님을 의지하고 용감하게 앞으로 나아갔으며 백성들은 기꺼이 그들을 따랐다. 여기서는 하나님께서 세우신 사사를 비롯하여 저와 함께하는 이스라엘의 지도자들이 하나님의 뜻에 온전히 순종했음을 말해주고 있다. 그런 신앙 자세가 이스라엘 민족으로 하여금 승리를 쟁취하도록 했다. 따라서 그 노래를 부르는 자들은 여호와 하나님을 찬양하라고 외쳤던 것이다.

그리고 그 시를 노래한 자들은 세상의 왕들과 통치자들에게 하나님의 위엄에 관한 내용을 노래로써 부르며 선포해 외쳤다. 세상 가운데서 권력을 누리던 어리석은 통치자들에게 그 노래 소리에 저들의 귀를 기울이도록 요구했던 것이다. 그 사람들은 승리를 쟁취한 이스라엘 백성이 여호와 하나님을 향해 노래하며 찬송하는 소리를 귀담아 듣지 않으면 안 된다는 것이었다.

그들은 또한 이스라엘 민족이 쟁취한 승리가 전적으로 여호와 하나님으로부터 온 것이었다는 사실을 노래로 선포하고 있다. 심판의 하나님께서 야곱을 핍박하던 육신의 형제인 에서(Esau)와 연관된 세일과 에돔의 들에서부터 위엄 있게 진행하실 때 땅이 진동하고 하늘의 구름이 비를 쏟았었다. 또한 여러 산들이 여호와 하나님 앞에 떨었으며 시내산도 이스라엘의 여호와 하나님 앞에서 진동했음을 선포했다. 피조물인 자연에 속한 것들 마저도 하나님 앞에서 떨지 않을 수 없었었던 것이다.

(2) 배도로 인해 무력하게 된 백성(삿 5:6-8)

드보라의 시 가운데는 '아낫의 아들 삼갈의 날'이나 '야엘의 날'에는 큰 길이 텅 비어 있었으며 길가는 행인들은 넓은 대로를 피해 작은 오솔길로 다녔음이 언급되고 있다. 나아가 이스라엘 민족의 여러 마을들에는 적막감이 흘렀음이 기록되어 있다(삿 5:6). 이는 이방 종족들의 압제로 인해 심한 고통을 당하는 이스라엘 자손들이 숨을 죽이고 지낼 수밖에 없는 상황에 놓여 있었음을 말해준다.

그와 같은 형편 가운데 하나님에 의해 사사로 세워진 드보라가 일어나 민족을 지도하는 어머니가 되어 원수와 싸우기 전까지는 이스라엘 자손들이 이방신 사상을 받아들여 섬기는 사악한 행위를 했다. 그런 상황에서 전쟁이 일어나게 되어도 사만(40,000) 명이나 되는 이스라엘 병사들 가운데 칼과 창과 방패를 비롯한 무기가 없었다. 그들은 원수의 세력에 맞서 싸울 만한 아무런 능력을 갖추고 있지 못했던 것이다.

(3) 하나님의 은혜와 전쟁 선포 및 참여(삿 5:9-18)

사사가 된 드보라는 이스라엘 민족의 지도자들과 저들 중에서 기꺼이 헌신하는 자들을 기쁜 마음으로 받아들였다(삿 5:9). 그들이 언약의 백성을 진정으로 사랑하는 마음을 소유하고 있었기 때문이다. 사사는 그것으로 인해 이스라엘 자손에게 여호와 하나님을 찬송하라는 요구를 했다. 그에 대하여 온 백성이 기쁨으로 참여해야 할 일이었다.

드보라는 노래 가운데서 흰 나귀를 탄 왕족들과 양탄자에 앉은 귀족들, 그리고 모든 일반 백성들에게 한결같이 하나님의 의로운 사역을 전파하도록 요청하고 있다(삿 5:10,11). 그와 같은 일은 이스라엘 자손들이 거주하는 모든 지역에서 일어나게 되었다. 전쟁이 치러지는 현장으로부터 멀리 떨어진 우물가에 모인 사람들도 여호와 하나님의 의로운 사역을 기뻐하며 노래불렀다. 신음하는 이스라엘을 인도하여 승리로 이끄신 하나님을 찬양하는 소리가 온 백성들 가운데 울려 퍼졌던 것이다.

여호와 하나님께 속한 언약의 백성은 압제자들과 맞서 싸우기 위해 성문 앞으로 내려갔다. 저들의 앞에 설 자는 드보라와 그가 불러 세운 바락이었다. 백성들은 사사와 지도자가 앞장 서 줄 것을 촉구했다. "깰지어다 깰지어다 드보라여 깰지어다 깰지어다 너는 노래할지어다 일어날지어다 바락이여 아비노암의 아들이여 네가 사로잡은 자를 끌고 갈지어다"(삿 5:12).

그때 남은 자들은 백성의 지도자들과 함께 나아왔다. 그리고 주님께서도 사사를 도와 이스라엘의 원수를 심판하시기 위해 천상의 나라로부터 내려오셨다. 우리는 여기서 인간들의 상상을 초월하는 장엄함을 느낄 수 있어야 한다.

또한 수많은 백성들이 원수의 세력과 맞서 싸우기 위해 나아왔다. 에브라임, 베냐민, 스불론, 잇사갈, 르우벤, 단, 아셀, 스불론, 납달리 등 여러 지파에서 사람들이 몰려들었다. 그들은 드보라와 바락의 지도 아래 합세했다. 그들 가운데는 각 지파의 지도자들도 있었으며 피리를 불면서 양떼를 치고 살아가던 사람들과 바닷가에서 안정된 삶을 누리던 백성들도 있었다. 그 모든 사람들이 피를 흘리는 전쟁을 위해 나아왔던 것이다.

(4) 원수들에 대항한 전투(삿 5:19–23)

가나안 왕국에 대항하는 전쟁을 치르기 위해 사사 드보라와 바락에게로 나아온 이스라엘 자손들은 저들의 생명을 조금도 아끼지 않았다. 그들은 죽음을 무릅쓰고 산과 언덕에서 원수들에 맞서 싸우고자 하는 마음을 지니고 있었다. 그들의 관심은 개인의 생명 보존이나 명예 획득에 있지 않았던 것이다. 그 사람들은 오로지 언약의 백성인 이스라엘 민족의 구원에 관심이 있었을 따름이다.

가나안에 속한 왕들이 므깃도(Megiddo) 시냇가에 위치한 다아낙(Taanach)에 나아와서 이스라엘 민족과 맞서 싸웠다. 하지만 그들은 저들로부터 전리품을 탈취해가지 못했다(삿 5:19). 원수들은 전쟁을 벌였으나 이스라엘 백성으로부터 아무것도 약탈할 수 없었던 것이다. 이는 하나님께서 이스라엘을 보호하시며 저들의 편에 서 계셨기 때문이다.

우리는 이스라엘 백성과 가나안 사람들이 맞서 전쟁을 치렀지만 실상은 눈에 보이지 않는 전쟁의 주체가 있었음을 분명히 기억한다. 하나님의 계시를 받은 시인들은 하늘 멀리서부터 별들이 내려와서 직접 싸웠음을 노래하고 있다(삿 5:20). 즉 그 별들이 가나안 왕국의 군사들이 다니는 길에서 시스라와 싸운 사실을 언급했다. 이는 하나님께서 친히 원수들의 세력을 제압하셨다는 사실을 말해 준다.

또한 그 노래 가운데는 전쟁 중에 기손 강의 급류가 흘러 내려 적군들을 표류시켰다는 사실이 언급되어 있다. 그와 같은 자연의 섭리를 통해 하나님으로 인한 사사의 영이 세력 있는 자들을 힘 있게 짓밟았음을 노래했던 것이다. 그때 군마軍馬들이 빨리 달리게 되자 말굽소리가 온 땅에 울려 퍼지게 되었다. 이는 하나님께서 자연을 통해 저항하는 원수들의 기세를 꺾으셨음을 말해주고 있다.

이와 더불어 여호와의 사자는 이스라엘 백성들에게 '메로스(Meroz)를 저주하라' (삿 5:23)고 외쳤다. 그곳에 거주하는 주민들을 저주하되 되풀이해 거듭 저주하라는 요구를 했다. 그렇게 하게 된 것은 저들이 여호와 하나님께서 주도하시는 전쟁에 참여하지 않고 원수들을 치는 일에 가담하지 않았기 때문이었다.

성경에 기록된 문맥에 비추어볼 때 메로스에 거주하던 자들은 아마도 여호와 하나님을 전혀 알지 못하는 이방인들이라기보다 이스라엘과 연관된 배도자들이었을 것으로 보인다. 이와 같이 배도자들은 언약의 주변에 서성거리면서 진리의 편에 서기를 거부한다. 그들은 항상 저급한 이익을 저울질하는 가운데 눈치를 살피며 처세술에 능한 모습을 보이게 되는 것이다.

(5) 승전勝戰에 참여한 야엘(삿 5:24-27)

모세의 처가妻家 계통의 겐 사람 헤벨의 아내 야엘은 가나안 왕국의 사령관 시스라를 죽였다. 그 여인은 이방인의 혈통을 지니고 있었음에도 불구하고 그 놀라운 일을 감행했다. 이는 이스라엘 백성들로 하여금 부끄럽게 하기에 충분하다. 그것은 물론 하나님의 인도와 경륜에 따른 것이었다. 이렇게 하여 시스라는 이스라엘 민족의 용맹스런 군인의 칼에 찔려 죽은 것이 아니라 민간의 한 여인의 손에 의해 살해되었으며 그로 말미암아 실제적인 전쟁 상황이 끝나게 되었다.

사사 드보라는 적장敵將을 죽인 야엘이 다른 장막들에 살고 있던 여러 여인들보다 더욱 큰 복을 받은 자라는 사실을 노래했다(삿 5:24). 가나안 장수 시스라가 야엘에게 물을 좀 달라고 요구했을 때 엉긴 우유를 귀한 그릇에 담아 줌으로써 그로 하여금 안심하고 깊은 잠에 빠지도록 했다. 그후 쇠로 된 예리한 말뚝을 오른손에 들고 있던 방망이로 시스라의 머리 관자놀이에 찔러 박음으로써 살해했던 것이다. 그렇게 하여 시스라가 야엘의 발 앞에 엎드러져 죽게 된 사실이 노래 가운데 표현되어 있다.

(6) 전쟁의 과정과 이스라엘의 승리(삿 5:28-30)

가나안 왕국은 이스라엘과의 싸움에서 대장大將 시스라가 죽고 전쟁에 패배할 것이라는 사실을 미처 생각하지 못하고 있었다. 객관적인 전력을 비교해 볼 때 그것은 상상조차 할 수 없는 일이었다. 따라서 가나안의 사람들은 시스라의 군사들이 개선가를 부르며 돌아올 것으로 믿고 있었다. 그들 가운데 특히 시스라의 모친은 자랑스러운 자기 아들이 이기고 돌아오기를 손꼽아 기다렸다(삿 5:28). 그 여인은 창문 밖을 내다보며 아들이 지휘하는 전차 부대와 가나안 병사들의 늠름한 승리의 개가를 보고자 했던 것이다.

그와 함께 있던 시녀들도 그와 동일한 마음을 가지고 있었다. 시스라와 그의 군대는 이스라엘과의 전쟁에서 많은 노략물을 취해 올 것이라 믿었으며 군인들마다 한두 명의 처녀들을 포로로 잡아 올 것이라 기대했다. 또한 시스라는 안팎에 수놓은 채색옷을 탈취하고 그 전리품을 승리자의 목에 장식하고 개선凱旋할 것이라 믿고 있었던 것이다. 그러나 그 모든 기대는 여호와 하나님의 심판으로 인해 수포로 돌아가고 말았다.

(7) 사사 드보라의 마지막 기도(삿 5:31)

가나안 왕국과의 전쟁에서 승리한 드보라는 여호와 하나님께서 세상의 모든 원수들을 그와 같이 심판해 주시도록 간구했다. 언약의 자손들은 하나님께서 가나안 왕국과 시스라에게 행하셨던 것과 마찬가지로 다른 원수들에게도 그와 같은 심판을 내려주시기를 원했다(삿 5:31). 비단 가나안 왕국뿐 아니라 하나님과 그의 백성들에게 저항하는 모든 세력의 패망을 소망하고 있었던 것이다.

그와는 달리 여호와 하나님을 진정으로 사랑하는 언약의 백성은 하늘의 태양이 힘 있게 돋는 것 같이 승리할 수 있도록 간구했다. 이 말은 당 시대뿐 아니라 사사시대 전체 시기를 포함하고 있다. 나아가 전 구약시대를 포함하는 것으로 이해해야 한다. 이스라엘 자손은 일시적인 승리가 아니라 영원한 소망을 바라보는 자들이어야 했던 것이다.

3. 드보라와 바락의 승리와 노래가 지닌 의미(삿 5:31)

사사 드보라와 바락을 통해 가나안 왕국에 승리를 거둔 이스라엘 자손들은 그후 사십 년 동안 평화를 유지하게 되었다. 그와 더불어 허락된 드보라의 노래는 사사시대와 그후 구약시대 전반에 영향을 끼친 것으로 보아야 한다. 뿐만 아니라 그것은 신약시대 성도들도 기억해야 할 노래라는 사실을 잊어서는 안 된다.

그러므로 드보라의 노래와 그속에 기록된 기도는 오늘날 우리에게도 의미 있는 노래와 기도가 되어야 한다. 모든 시대의 성도들은 하나님의 승리를 바라보고 있으며 하나님께서 자신과 교회에 저항하는 세상의 모든 원수들의 세력을 멸망시켜 주시도록 간구하고 있다. 따라서 하나님을 사랑하는 백성들은 최종적으로 완벽한 승리를 거두게 된다는 사실을 알고 노래하며 기도하게 되는 것이다. 이에 대해서는 신약시대에 살고 있는 우리 역시 그와 동일한 신앙을 소유하고 있다.

제8장

사사 기드온, 여룹바알
(삿 6:1-32)

1. 이스라엘 자손과 미디안 왕국(삿 6:1-6)

이스라엘 백성은 사사 드보라가 죽은 후 또다시 하나님의 뜻을 떠나 더러운 악행을 저질렀다. 하나님의 은혜를 입은 저들이었지만 스스로의 능력으로는 결코 자신을 지켜낼 수 없었다. 죄성을 지닌 인간으로서 올바른 신앙을 지켜나가기 위해서는 항상 하나님을 의지해야만 했다. 우리는 언약의 자녀들이 되풀이 하여 배도의 길에 빠져드는 것을 보며 하나님의 도우심이 절대로 필요하다는 사실을 절실히 깨닫게 된다.

하나님께서는 배도에 빠진 이스라엘 백성을 칠 년 동안 미디안 사람들의 세력에 넘겨주었다(삿 6:1). 미디안이 이스라엘을 지배하게 되자 백성들은 박해를 피하기 위한 어떤 대책을 세우지 않으면 안 되었다. 그들은 결국 산지山地로 피해 굴을 파거나 방어벽을 만들어 박해를 면할 수 있는 방편을 마련해야 했다.

하지만 이스라엘 자손이 양식을 얻기 위하여 곡식의 씨앗을 뿌리면 미디안과 아말렉과 동방 사람들이 진을 치고 공격해 들어왔다. 그 사람들은 가사(Gaza) 지경에까지 이르도록 토지에서 나는 모든 농작물들을 무자비하게 짓밟으며 해쳤다. 그렇게 함으로써 이스라엘 백성이 먹고 살아갈 수 있는 양식을 남겨두지 않으려 했다. 나아가 저들의 양이나 소나 나귀 등 가축들도 모두 약탈해 갔다.

미디안 족속이 여러 이방 족속들의 세력을 규합해 연합군을 구성하자 엄청나게 큰 규모가 되었다. 그 군대의 수는 마치 메뚜기떼를 연상하게 할 정도였다. 그리고 낙타를 비롯한 싸움에 유용한 동물들을 끌고 와서 곳곳에 장막을 쳤다. 그들이 이스라엘 자손이 거하는 지역을 폐허로 만들었지만 저들에게는 그에 저항할 만한 아무런 힘이 없었다.

그렇게 되자 이스라엘 백성은 미디안 사람들로 말미암아 심한 어려움을 겪게 되었다. 그들은 양식이 부족해 궁핍한 생활을 해야 했으며 살아가는 것 자체가 매우 힘들었다. 그렇게 되자 그 백성들은 또다시 여호와 하나님께 간곡히 부르짖었다. 스스로는 삶을 지탱할 수 있는 방도가 없다는 사실을 깨달았기 때문이다.

2. 이스라엘 자손의 부르짖음과 하나님의 응답(삿 6:7-10)

자비로운 하나님께서는 언약의 백성을 외면하지 않으셨다. 그는 미디안 백성의 압제로 인해 신음하는 저들의 목소리를 듣고 돌아보시고자 했다. 그들이 부르짖으며 간구하자 지체하지 않고 저들의 요청에 응답해 주셨던 것이다. 그리하여 여호와 하나님은 기드온을 사사로 불러 세우기에 앞서 저들을 위해 한 선지자(a prophet)를 보내주셨다(삿 6:8).

그 선지자는 배도에 빠진 이스라엘 백성을 향해 하나님의 말씀을 전했다. 그는 먼저 저들의 하나님이 어떤 분인지에 대해 상기시켰다. 여호와 하나님께서는 애굽의 종이 되어 있던 저들의 조상을 홍해를 건너 시내광야로 인도해 내신 분이다. 그리하여 애굽 사람들의 압제와 학정으로부터 해방시키셨던 것이다.

이제 하나님께서는 애굽에서 나온 이스라엘 자손을 사십 년 동안의 시내광야 생활을 거쳐 아브라함에게 약속하신 가나안 땅으로 인도해 들이셨다. 그리고 저들에게 저항하는 이방 족속들을 쫓아내고자 하셨다. 그렇게 함으로써 그 땅을 이스라엘 백성에게 선물로 주시고자 했던 것이다.

그러므로 하나님은 저들에게 "나는 너희의 하나님 여호와이니 너희가 거주하는 아모리 사람의 땅의 신들을 두려워하지 말라"(삿 6:10)고 말씀하셨다. 이는 전능하신 하나님이 항상 저들과 함께 계시리라는 약속이었다. 따라서 이스라엘 백성은 오직 하나님 한 분만을 의지하며 그의 말씀에 순종해야만 했다.

그럼에도 불구하고 이스라엘 자손은 여호와 하나님의 약속을 온전히 귀담아 듣지 않았다. 도리어 그들은 이방인들의 세력을 두려워하며 저들이 섬기는 신들에게 가까이 나아가게 되었다. 배도에 빠진 자들은 이방인들과 타협하며 세속적인 복락을 꿈꾸었던 것이다. 그러므로 그 하나님의 선지자는 배도에 빠지게 되어 이방인들과 저들의 신을 가까이 하는 백성들을 강하게 책망했다.

3. 사사로 부르심을 받은 기드온(삿 6:11-16)

여호와 하나님의 사자(the angel of the Lord)가 아비에셀의 후손 요아스의 땅 오브라(Ophrah)에 도착하여 상수리나무 아래 앉았다. 그때 요아스의 아들 기드온이 포악한 미디안 사람들에게 들키지 않기 위해 몰래 포도주틀에서 밀 이삭을 타작하고 있었다(삿 6:11). 미디안 사람이 그 사실을 알게 되면 그냥 두지 않을 것이었기 때문이다.

그 모든 광경을 지켜보던 여호와의 사자가 기드온에게 가까이 다가가 말했다. "큰 용사여 여호와께서 너와 함께 계시도다"(삿 6:12). 이 말은 기드온에게는 매우 이상하게 들렸을 것이 분명하다. 당시 기드온은 큰 용사는

커녕 군인이 아니었다. 그는 시골에서 살아가는 평범한 농사꾼에 지나지 않았다. 그가 숨어서 몰래 밀 타작을 한 것으로 보아 용맹한 인물이었을 것으로 보이지 않는다.

하나님의 사자는 그런 기드온에게 '큰 용사'라 칭하며 여호와께서 저와 함께 계신다는 말을 전했다. 처음 그와 같은 칭호와 더불어 특별한 말씀을 들은 기드온은 놀라지 않을 수 없었을 것이 분명하다. 하지만 그의 반응을 통해서 볼 때 기드온이 하나님을 경외하는 인물이었다는 사실을 알 수 있다.

기드온은 자기에게 말한 그 사자에게, 만일 여호와 하나님께서 이스라엘 민족과 함께 계신다면 어떻게 해서 지금까지 더러운 이방인들의 압제를 받고 있는지 반문했다. 또한 이스라엘의 조상들을 애굽에서 이끌어낼 때 보여주신 여호와 하나님의 기적들이 이제 어떻게 된 것인지도 물어보았다. 그 모든 형편을 생각해 볼 때 하나님께서 이스라엘 민족을 버려 미디안 자손들의 세력 아래 넘겨주셨음이 분명하다는 사실을 말했다. 더 이상 하나님의 도움을 바랄 만한 소망이 끊어졌다는 것이었다.

그러나 기드온의 말을 들은 하나님의 사자는 자기가 그곳에 온 목적을 말했다. 그에게 이스라엘 민족을 미디안 자손의 압제로부터 구출해내도록 요청하기 위해서 왔다는 것이었다. 즉 하나님이 그 일을 다른 사람이 아닌 기드온에게 맡기셨다는 것이다. 하나님께서는 자신의 사역을 위해 특별히 유능한 인물을 찾으신 것이 아니었다. 거기에는 하나님께서 친히 세우신 사사에게 능력을 허락하실 것이었기 때문에 그가 그 사명을 감당하게 되리라는 의미가 내포되어 있었다.

하지만 기드온은 하나님의 말씀을 액면 그대로 받아들이기 어려웠다. 자기처럼 아무런 능력이 없는 사람이 막강한 미디안 군대로부터 이스라엘 민족을 구출해내는 것은 불가능한 일이었기 때문이다. 그는 민족의 지도자도 아니었으며 용맹한 군인처럼 싸울 수 있는 힘이 있었던 것도 아니다.

기드온은 므낫세 지파에 속한 지극히 연약한 자였으며 자기 가족 중에서도 보잘것없는 인물로서 평범한 농사꾼에 지나지 않았다. 그는 자신의 무능함과 이스라엘 민족이 처한 현실을 잘 알고 있었던 것이다.

그러나 여호와 하나님께서는 그에게 맡기게 될 중대한 사명을 감당하도록 요구하셨다. 동시에 하나님이 반드시 저와 함께 계시겠다는 약속을 주셨다. 하나님의 말씀에 순종하면 그가 거대한 미디안 군대를 마치 한 사람을 상대해 싸우듯이 가볍게 물리치게 되리라는 것이었다. 이는 이스라엘의 승리가 인간의 능력이 아니라 여호와 하나님께 달려 있다는 사실을 말해주고 있는 것이다.

4. 표징을 요구하는 연약한 기드온(삿 6:17-24)

하나님의 분명한 약속에도 불구하고 기드온은 그 사실을 쉽게 받아들이지 못했다. 그 말씀을 받아들이기에는 자기가 너무 부족하다는 사실을 스스로 잘 알고 있었기 때문이다. 그것은 단순한 겸양을 의미하는 것이 아니었다. 따라서 그는 그에 대한 하나님의 표징을 보기를 원했다(삿 6:17).

기드온은 하나님의 사자에게 자기가 진정으로 하나님의 은혜를 입었다면 그것이 하나님의 말씀이라는 표징을 보여달라고 요구했다. 그것은 하나님에 대한 불신앙이라기보다 자신의 능력에 대한 불신으로 이해하는 것이 바람직하다. 그리하여 기드온은 자신이 하나님께 바칠 예물을 가져올 때까지 그곳에 기다려달라는 당부를 했다. 그는 자신의 요구를 말하기 위해서는 하나님께 먼저 제사를 드려야 한다는 사실을 알고 있었다.

그러자 하나님의 사자는 그의 말대로 하겠다는 약속을 했다. 그 말을 들은 기드온은 가서 염소 새끼 한 마리를 잡은 후 가루 한 에바로 만든 누룩을 넣지 않은 무교병을 만들었다. 그는 그 떡과 함께 고기를 소쿠리에 담고 국물은 그릇에 담아 하나님의 사자가 기다리고 있는 상수리나무 아래로 돌아왔다.

하나님의 사자는 기드온에게 그가 가져온 고기와 무교병을 거기 있던 바위 위에 놓고 국물을 그 위에 부으라고 명령했다. 그러자 기드온은 그가 요구한 대로 순종했다. 그것을 본 하나님의 사자가 손에 잡은 지팡이 끝을 내밀어 고기와 무교병에 대자 바위에서 불이 나와 고기와 무교병을 살랐다.

그리고는 하나님의 사자가 그곳을 떠나갔다. 그는 더 이상 기드온과 함께 있지 않았으므로 볼 수 없었다. 그렇게 되자 기드온은 자기를 미디안 군대를 물리치는 용사로 세우겠다는 하나님의 약속을 믿기가 더욱 어렵게 되었다.

우리가 여기서 보게 되는 것은 기드온이 하나님의 사자의 약속을 들은 후 그것을 순순히 믿고 따랐던 것이 아니라 도리어 정반대로 반응했다는 사실이다. 그는 자기 앞에 보였던 이가 여호와의 사자인줄 알고 그로 말미암아 죽게 되었다며 깊은 슬픔에 잠겼다. 더러운 죄로 가득 찬 자기가 감히 거룩한 여호와 하나님의 사자를 직접 대면해 보았으므로 죽을 수밖에 없게 되었다는 것이다.

하지만 여호와 하나님께서는 슬픔에 잠긴 기드온에게 다시 나타나셨다. 그는 기드온을 안심시키면서 두려워하지 말라는 말씀을 하셨다. 그 모든 것이 하나님으로 말미암은 것이기 때문에 결코 죽지 않으리라는 것이었다.

그제야 기드온은 하나님께서 하신 모든 말씀을 믿고 그를 위해 제단을 쌓게 되었다. 그리고 그곳을 '여호와 살롬'(Jehovah-Shalom: The Lord is Peace)이라 칭했다. 그 제단의 흔적은 나중까지 아비에셀의 자손에게 속한 땅인 오브라에 남아 있었다. 우리는 여기서 '여호와 살롬'이 가진 구속사적인 의미를 생각해 보아야 한다.

그 말은 여호와께서 허락하신 '평화'에 연관된 일반적인 의미를 지니고 있다. 하지만 이는 특별히 미디안을 정복하기 위해 세우신 여호와 하나님의 언약에 연관된 구속사적 의미를 지니고 있다. 따라서 우리는 이것을 통해, 자기에게 부르짖는 언약의 백성들을 위해 특별히 허락하신 하나님의 평화를 보여준다. 그것으로 말미암아 이스라엘 백성에게 참된 평화가 주어지게 되었던 것이다.

5. 하나님의 우상파괴 요구와 기드온의 순종(삿 6:25-27)

여호와 하나님께서는 기드온에게 또 다른 중요한 요구를 하셨다. 그것은 크게 보아 두 가지로 나누어 생각할 수 있다. 첫째는 칠 년 된 둘째 수소[16]를 자기에게로 끌고 오라는 것이었다. 그것은 곧 하나님을 위해 하나님의 요구에 따라 제단을 쌓으라는 명령이었다. 우리가 여기서 알 수 있는 것은 수소 가운데 아무 것이나 끌고 와서는 안 되며 하나님의 구체적인 명령에 순종해야 한다는 사실이다.

그리고 둘째는 이스라엘 민족 가운데 있는 바알신의 제단을 헐고 아세라 신상을 찍어내라는 것이었다. 본문 가운데서 '네 아버지에게 있는 이방 신당' 을 헐라는 명령(삿 6:25)은 그에 대해 매우 엄중하고 철저하게 대응하라는 요구였다. 또한 거기 있던 산성山城 꼭대기에 여호와 하나님을 위해 규례에 따른 제단을 쌓고 그 둘째 소를 잡아 그가 찍은 아세라 신상의 나무를 쪼개 태워 번제를 드리라고 했다.

하나님의 말씀을 들은 기드온은 열 명의 하인을 데리고 가서 그 명령대로 실행하고자 했다. 그렇지만 자기 아버지의 가문과 그 성읍에 거주하는 사람들을 두려워하지 않을 수 없었다. 그것은 생명이 걸린 문제라고 해도 과언이 아니었다. 따라서 바알신의 제단을 헐고 아세라 신상을 찍어버리

---

16) '개역한글' 성경에 기록된 '둘째 수소' 가 '현대인의성경' 에는 '제일 좋은 수소' 로 번역되어 있으며, '공동번역' 에는 '살찐 소' 로 번역되어 있다.

는 일을 감히 대낮에 행하지 못하고 밤 시간을 이용해 은밀히 행하게 되었다.

6. 배도자들의 저항과 여룹바알(삿 6:28-32)

그 성읍에 살고 있던 사람들이 아침에 일찍 일어나 보니 바알의 제단이 완전히 파괴되어 있었다. 그리고 혼합 신앙을 소유한 저들이 숭상하던 아세라 상이 찍혀 넘어져 있었다. 또한 새로 쌓은 제단 위에는 수소를 번제로 드린 뚜렷한 흔적이 남아 있었다(삿 6:28).

그 모든 것들을 목격한 주민들은 그로 말미암아 심한 분노가 치밀었다. 또한 누가 감히 그와 같은 소행을 저질렀는지 의아하지 않을 수 없었다. 그것은 저들에게 괘씸한 행동이었을 뿐 아니라 신으로부터 천벌을 받을 행위라는 생각을 하고 있었기 때문이다. 그리하여 누가 그런 끔찍한 행동을 했는지 수소문했다.

그 결과 요아스의 아들 기드온이 그렇게 했다는 사실이 드러나게 되었다. 화가 난 성읍 사람들은 즉시 요아스의 집으로 몰려갔다. 그리고는 그의 아들 기드온을 밖으로 끌어내라고 아우성쳤다. 그가 바알신의 제단을 파괴하고 거기 있던 아세라 신상을 찍어 부수었으므로 당연히 죽여야만 한다는 것이었다.

기드온의 아버지 요아스는 배도에 빠진 그 성읍 백성들의 말을 듣지 않고 자기의 아들 기드온의 편을 들었다. 이는 그에게 아들에 대한 염려와 더불어 하나님에 대한 일말의 신앙 양심이 남아 있었음을 보여준다. 따라서 주민들의 요구를 들은 요아스가 도리어 저들을 향해 경고의 말을 했다.

만일 바알이 참 신이라면 인간들이 그를 위해 대신 싸워야 할 일이 전혀 없으리라는 것이었다. 설령 인간들이 어떻게 한다고 해도 그것을 통해 바알을 구출할 수 있겠느냐고 말했다. 나아가 바알을 위하여 그런 식으로 싸우는 자는 아침이 되기 전에 죽음을 맛보게 되리라는 저주의 말을 덧붙였다.

요아스가 저들에게 하고자 했던 말은, 바알이 정말 살아있는 참 신이라면 자기의 제단을 파괴한 기드온을 직접 징벌하게 되리라는 것이었다. 이는 그에 대한 가능성을 언급한 것이 아니라 그것은 가당찮은 이야기라는 사실을 선포하는 것과 마찬가지였다. 우리는 이를 통해 부지중에 하나님의 경륜적 사역에 참여한 요아스의 역할과 아들을 보호하고자 하는 아버지의 심정을 엿볼 수 있다.

그때부터 사람들은 기드온에게 여룹바알(Jerub-Baal)이라는 별명을 붙여 부르기 시작했다(삿 6:32). 그 말의 의미는 그가 바알신의 제단을 파괴하였기 때문에 바알이 직접 기드온과 맞서 싸울 것이라는 의미를 내포하고 있었다. 우리는 여룹바알이라는 기드온의 별명에서 그가 미디안 족속뿐 아니라 내면적으로는 저들을 조종하는 바알과 싸우게 된다는 사실을 알게 된다. 이는 과거에 농사를 짓고 타작을 하며 살아가던 평범한 기드온과는 전혀 다른 모습을 보여주고 있다.

하지만 이는 한편 이스라엘이 미디안 족속과 전쟁을 시작하기도 전에 적진 앞에서 자중지란自中之亂이 일어나는 형국과도 같았다. 힘을 하나로 뭉쳐 일치단결한다고 해도 저들에게 이길 수 없는 형편에서 적 앞에 분열된 모습을 보이게 되면 승리는 요원해질 수밖에 없다. 그럼에도 불구하고 하나님께서는 기드온에게 먼저 자기 성읍에 있는 우상을 철저히 척결하도록 명령하셨다. 이는 원수와의 싸움을 하기 위한 준비는 전투력을 키우는 것이 아니라 하나님께서 원하시는 '정결의 회복' 이라는 사실을 말해주고 있다.

제9장

사사 기드온과 미디안에 대항한 전쟁
(삿 6:33-40; 7:1-25)

1. 미디안과의 전투에 앞서 표징을 요구하는 기드온(삿 6:33-40)

전운戰雲이 감돌기 시작하자 미디안과 아말렉과 동방 사람들로 구성된 연합군이 요단강을 건너와 이스르엘(Jezreel) 골짜기에 진을 쳤다. 그러자 하나님의 성령이 기드온에게 임하여 전쟁을 준비하도록 지시하셨다. 기드온이 이스라엘 민족 앞에서 나팔을 불어 전쟁을 명하시는 하나님의 뜻을 전하자 아비에셀(Abiezer)과 그 족속이 먼저 부름을 받고 그의 뒤를 따르게 되었다.

또한 기드온은 므낫세 지파 사람들이 살고 있는 여러 지역뿐 아니라 아셀과 스불론과 납달리 자손들의 지역에도 사신들을 보내 전쟁에 관한 사실을 알렸다. 곧 전쟁이 벌어진다는 메시지를 전달받은 많은 이스라엘 백성은 기드온을 따르기 위해 몰려들었다. 그들은 사사가 된 기드온을 앞세워 미디안 세력과 싸우고자 했던 것이다.

기드온은 전쟁을 앞두고 다시금 여호와 하나님께 간구했다. 하나님께서 이미 말씀하신 대로 자신의 손을 통해 이스라엘 민족을 구출하시고자 한다면 또 다른 표징을 보여달라는 것이었다. 자기가 양털 한 뭉치를 타작마당에 두고자 하는데, 아침에 일어나 이슬이 양털에만 있고 주변 땅은 마른 상태로 있으면 하나님이 자기로 하여금 이스라엘을 구출하라는 뜻으로 받아들이겠다고 했다(삿 6:37).

하나님께 자기의 생각을 말씀드린 기드온은 곧장 그대로 실행했다. 그는 밤중에 양털 한 뭉치를 타작마당에 두었다. 그리고는 이튿날 아침 일찍 일어나 확인해 보니 양털 뭉치에는 물이 가득 머금어져 있었지만 주변의 땅은 전혀 젖지 않았다. 그 양털 뭉치를 손으로 짜보니 물이 한 그릇 가득 찰 만큼 되었다.

하지만 기드온은 거기서 그치지 않고 또다시 하나님께 요구했다. 한 번 더 표징을 요구하더라도 하나님께서 진노하지 말고 자기의 요구를 들어달라는 말을 덧붙였다. 이는 그가 하나님이 오해하시면 진노하실 수도 있다는 판단을 하고 있었음을 말해준다. 그럼에도 불구하고 그는 앞선 경우와 정반대로 이번에는 자기가 양털 한 뭉치를 마당에 두게 되면 양털만 마른 상태로 두고 그 주변 땅에는 이슬이 머금어 있게 해달라는 것이었다.

그런데 하나님께서는 기드온의 그 요구를 거절하지 않고 그대로 들어주고자 하셨다. 밤중에 기드온은 앞서와 마찬가지로 양털 한 뭉치를 타작마당에 놓아두었다. 그가 아침 일찍 일어나 그것을 확인해 보았을 때 양털 뭉치는 물이 없이 바짝 마른 상태로 있었다. 그렇지만 그 주변의 땅은 이슬로 말미암아 젖어 있었다.

하나님께서는 기드온의 되풀이 되는 요구에도 불구하고 진노하지 않으셨다. 기드온은 그렇게 하면 하나님이 화를 내실지도 모른다고 생각했음에도 불구하고 그것이 받아들여졌던 까닭은 그가 하나님과 그의 능력을 불신해서 그런 요구를 한 것이 아니었기 때문인 것으로 보인다. 그는 단지 그 전쟁이 과연 하나님께서 원하시는 전쟁인가 아닌가 하는 것을 분명히 확인하고자 했을 따름이다. 그러므로 하나님은 두 번에 걸친 기드온의 표징 요구를 기꺼이 들어주셨던 것이다.

2. 전쟁을 주관하시는 하나님[17]의 요구(삿 7:1-3)

미디안 군대를 대항한 전쟁을 요구하는 하나님의 뜻을 확인한 기드온은 공격할 준비를 갖추었다. 여룹바알이라는 별칭을 가진 기드온과 그를 따르는 이스라엘 백성이 아침 일찍 일어나 하롯(Harod) 샘 부근에 진을 쳤다. 당시 미디안의 진영은 저들의 북쪽 지역인 모레(Moreh) 산 앞 골짜기에 진을 치고 대치하고 있었다.

기드온은 이스라엘 민족 가운데서 많은 병사들을 모집했다. 그러나 하나님께서는 기드온에게 말씀하시기를, 그를 따르는 이스라엘 민족의 병사의 수가 너무 많다고 지적하셨다. 그러므로 미디안 군대를 이스라엘 백성의 손에 넘겨주지 않으리라는 말씀을 하셨다. 이는 많은 군대를 동원하여 전쟁에 나아가 승리를 거두게 되면 저들의 능력으로 이스라엘 백성을 구출한 것이라 생각할까봐 염려된다는 것이었다(삿 7:2).[18] 따라서 이스라엘 병사들의 수를 줄이라고 요구하셨다.

하나님께서는 기드온에게 그 사실을 이스라엘 백성에게 전하도록 명하셨다. 그후 기드온은 거기 모인 병사들에게 누구든지 미디안 군대를 두려워하는 자가 있다면 길르앗 산을 떠나 집으로 돌아가도 좋다는 말을 했다. 그 말을 듣고 집으로 돌아간 병사들의 수는 이만 이천(22,000) 명이 되었으

---

17) 우리는 "전쟁이 하나님께 속했다"(대하 20:15)는 말의 의미를 올바르게 깨달을 수 있어야 한다. 이 말은 이 세상에서 일어나는 모든 전쟁이 하나님께 속했다는 의미가 아니다. 물론 하나님의 언약에 연관된 모든 전쟁은 하나님께 속했음이 분명하다. 그러나 세상에서 발생하는 일반적인 전쟁과 이기고 지는 것은 하나님께 달려 있는 것이라 말해서는 안 된다. 그런 것들은 죄악 세상에서 발생하는 악한 사건들일 따름이기 때문이다. 오늘날 우리 시대에는 그 말이 주님의 교회와 악한 세상에 대한 영적인 전투와 연관 지어 이해해야 한다.

18) 이에 대해서는 우리 시대의 교회들도 잘 생각해 보아야 한다. 교회가 교인들의 수와 재정을 늘려 대형화하려 하고 다양한 방법들을 개발하려는 것은 결코 바람직한 자세가 아니다. 성도들의 수가 많지 않더라도 하나님을 경외하며 그에게 온전히 의존하는 것이 지상교회가 취해야 할 기본적인 자세이다.

며 남은 자가 일만(10,000) 명 가량 되었다.

그것을 지켜보신 하나님께서는 저들의 남은 병사의 수가 아직도 너무 많다고 말씀하셨다. 그러니 그 수를 더 줄여야 한다는 것이었다. 여호와 하나님은 이스라엘 백성들에게 자기는 많은 수의 병사들과 저들의 병력이나 전투력을 중요시하지 않으며 그것을 의지하시는 분이 아니라는 사실을 선포하셨던 것이다.

3. 하나님의 시험과 구별(삿 7:4-8)

하나님의 말씀을 들은 기드온은 전투에 나갈 이스라엘 병사의 수를 더 줄여야만 했다. 하나님께서는 그것을 위한 방편으로 모든 병사들을 물이 흐르는 시냇가로 데리고 내려가도록 명하셨다. 거기서 그들을 시험해 보고 전투에 참가할 자와 떠날 자를 구분하시고자 한다는 것이었다. 하나님은 병사들을 시험하기 전에 기드온에게 먼저 말씀하시기를, 누구든지 자신이 그에게 맡기는 병사들만 이끌고 적군에 맞서 싸우고 나머지는 데려가지 말도록 명령하셨다.

기드온은 하나님의 명령에 따라 모든 병사들을 시냇가로 데리고 갔다. 하나님께서는 기드온에게 병사들이 물을 마시는 모습을 보고 따로 구별해 세우도록 하셨다. 즉 그들 가운데 마치 개가 핥는 것 같이 손에 물을 떠서 입으로 핥아 마시는 자와 무릎을 꿇고 물을 마시는 자들을 구별하라는 것이었다.

하나님께서 명하시는 대로 했을 때 손으로 움켜 입에 대고 핥아 마신 병사의 수는 삼백(300) 명이었으며 나머지는 다 무릎을 꿇고 물을 마셨다. 하나님은 그것을 보고 손으로 물을 떠서 입에 대고 핥아 마신 병사 삼백 명을 전투에 나갈 자로 정하고 나머지는 각각 자신의 처소로 돌려보내도록 했다. 사람들 가운데는 물을 손에 떠서 입으로 핥아 마시는 자는 경계심이 많고 고개를 숙여 엎드려 물을 마시는 자는 그렇지 않다는 식으로 말하는 자들이 있지만 그것은 근거가 없는 주장이다.

하여튼 하나님께서는 그렇게 구별하신 그 삼백 명의 병사들을 통해 미디안 대군을 이스라엘 자손에게 넘겨주시겠다고 하셨다(삿 7:7). 상식적인 관점에서 볼 때 그 정도 소수의 병력으로 막강한 대군을 격파해 승리한다는 것은 불가능한 일이었다. 나아가 그들은 특공무술을 가지고 있기에 선별된 자들도 아니었다. 하지만 하나님께서 친히 그 일을 시행하고자 하셨다.

그리하여 남은 삼백 명의 이스라엘 병사들은 기드온의 명령에 따랐다. 그들은 먹을 양식과 나팔을 준비하고 적진을 향해 나아갈 준비를 갖추었다. 하나님께서는 이스라엘 백성의 많은 군사들을 동원하여 미디안 연합군을 무찌르는 것이 아니라 전지전능하신 하나님께서 저들에게 승리를 안겨주신다는 사실을 보여주고자 하셨던 것이다.

4. 미디안 연합군 가운데 역사하신 하나님(삿 7:9-14)

하나님께서는 그 날 밤 기드온에게 적진을 공격해 승리를 거두라고 말씀하셨다. 그러나 그것이 미덥지 않거든 본격적인 전투가 벌어지기 전에 직접 적군의 진영에 잠입해 들어가 탐지해 보도록 하셨다. 그의 부하 부라(Phurah)를 데리고 미디안의 진영으로 내려가서 상황을 파악하라는 것이었다. 적군을 이스라엘 군대에 내어주셨음을 미리 확인시켜 주시기 위해서였다.

하나님은 그것을 통해 기드온이 두려운 마음을 가진다고 할지라도 책망하지 않으리라는 점을 시사하셨다(삿 7:9,10). 그 대신 다른 확실한 방법을 제시해 주시겠다는 것이었다. 우리는 여기서 하나님의 관대한 사랑을 엿보게 된다. 하나님께서는 당시에 일어나고 있는 모든 정황들을 직접 주관하고 계셨던 것이다.

즉시 공격을 감행하는 것이 부담스러웠던 기드온은 하나님의 말씀에 따라 부라(Purah)와 함께 밤중에 적군이 야영하는 곳으로 잠입해 들어갔다. 그들이 적진 가까이 나아갔을 때 미디안과 아말렉과 동방의 여러 병사들이 골짜기에 누워 쉬고 있었으며 낙타를 비롯하여 전쟁을 위한 동물들도 많이 있었다.

미디안 연합군에 속한 적군의 병사들과 동물의 수는 매우 많아서 마치 메뚜기떼 같았으며 해변의 모래처럼 많게 보였다. 수적으로 볼 때 미디안 군대는 엄청난 병력을 갖추고 있었던 것이다. 그 순간 기드온은 자기에게 남은 병력 삼백 명을 떠올리며 낙심이 되었을지도 모른다.

그런 중에 적군의 병사들이 나누는 대화 소리를 엿듣게 되었다. 그들은 물론 그 대화 내용을 이스라엘 진영의 누군가가 엿듣고 있으리라는 사실을 전혀 눈치챌 수 없었다. 그때 미디안의 병사 가운데 한 사람이 자기 동료에게 자신이 꾸었던 꿈이야기를 했다. 그것은 꿈에 보니 '보리떡 한 덩어리' 가 미디안 진영으로 굴러 들어와 한 장막에 이르더니 장막을 쳐서 뒤엎어 무너뜨리더라는 것이었다.

그 꿈 이야기를 들은 동료는 그에 대한 나름대로의 해몽을 했다. 그것은 이스라엘 군대의 기드온이 공격해 들어오게 된다는 사실을 의미한다는 것이었다. 그가 병사를 이끌고 침략해 들어오면 이스라엘 민족의 하나님이 미디안과 그 모든 진영을 그의 손에 넘겨주게 될 것이라고 말했다.

그 꿈과 그에 대한 해몽은 병사들의 입술을 통해 미디안 군 전체에 삽시간에 퍼져나가게 되었을 것이다. 그렇게 되면 미디안 연합군은 제대로 싸워보기도 전에 이미 사기가 저하될 수밖에 없었다. 하나님께서는 이렇게 하여 이스라엘 군대가 공격을 개시하기에 앞서 적군을 무력화無力化시키셨다. 바로 그 광경을 기드온이 직접 보고 듣게 되었던 것이다.

5. 기드온 군대의 특별한 공격(삿 7:15-23)

미디안 군의 진영에 잠입해 들어가 병사들이 꿈이야기를 주고받는 소리를 들은 기드온은 하나님께서 이스라엘 민족을 위해 그곳에서 먼저 역사하고 계신다는 사실을 깨달을 수 있었다. 그것은 곧 이스라엘의 승리가 확보되었음을 의미하고 있다. 따라서 기드온은 저들의 대화 내용을 들은 후 그 자리에서 여호와 하나님께 경배했다(삿 7:15). 이제는 이스라엘 군대의 칼과 창이 원수들을 무찌르게 되는 것이 아니라 하나님에 대한 순종이 원수들을 물리치게 되리라는 사실을 확신했던 것이다.

어쩌면 기드온은, 그 미디안 군대 내부에서 일어나고 있는 내막을 훤히 들여다보면서 이스라엘 자손이 과거 여리고성을 점령하던 때를 머리에 떠올렸을지도 모른다. 여리고성 전투에서는 이스라엘 군대의 탁월한 전투력이나 성능 좋은 무기가 승리를 거두게 하지 않았다. 하나님께서 먼저 적들의 사기를 완전히 꺾어놓았기 때문에 승리는 선물로 주어졌던 것이다.

이제 또다시 그와 동일한 기회가 이스라엘 민족에게 허락되었다. 사실 그와 같은 상황은 여리고성 전투나 미디안 전투에서만 그랬던 것이 아니라 항상 그래 왔었다. 이에 대해서는 구약과 신약의 전 시대는 물론 오늘날 우리시대 역시 마찬가지다. 문제는 하나님의 말씀에 순종하지 않은 백성들이 자기의 판단을 믿고 제멋대로 행동하다가 패배와 고통을 맛보게 된다는 점이다.

사사가 된 기드온은 그와 같은 하나님의 뜻과 계획을 정확하게 깨달아 알고 있었다. 그는 적진으로부터 이스라엘 진영으로 돌아와서 자기가 직접 보고 들었던 내용을 전달하며 병사들의 사기를 북돋우었다. 그리고는 삼백 명의 병사들에게 하나님의 계획을 전달하며 진군을 명령했다.

기드온은 삼백 명의 이스라엘 용사들을 세 부대로 나누도록 했다. 그리고는 저들의 각 손에 나팔과 빈 항아리를 들게 했다. 그 항아리 안에는 횃

불을 감추어 밖에서 보이지 않도록 하라는 명령을 내렸다. 그들에게는 칼과 창이 일차적인 무기가 아니라 오히려 나팔과 빈 항아리가 주된 무기였던 것이다. 물론 저들의 진정한 무기는 여호와 하나님에 대한 저들의 믿음과 신뢰였다.

적진을 향한 전투 준비를 마친 병사들에게 기드온은 이제 자기가 앞서 가면서 행하는 것을 보고 그대로 따라 하라는 명령을 내렸다. 그것은 적군의 진영 가까이 가서 행하게 될 일에 대한 언급이었다. 그는 자기가 앞장을 서고 자기와 함께 나아가는 부대원들이 다 같이 나팔을 불거든 모든 병사들이 한꺼번에 나팔을 불라는 것이었다. 그때 병사들은 큰 소리로 "여호와를 위하라, 기드온을 위하라"고 외쳐야 했다.

이와 같은 명령을 내린 후 기드온이 이끄는 부대의 백(100) 명의 병사가 한밤중에 미디안 군대의 진영 근처에 도착했다. 그 시간은 보초들이 근무 교대를 한 직후였다. 아마도 앞선 보초는 다음번 보초에게 임무를 교대하면서 아무 이상이 없다는 말을 전했을 것이 틀림없다. 그런데 그때 이스라엘 병사들이 나팔을 불며 손에 들고 있던 항아리를 부수며 앞으로 나아갔다. 세 부대가 거의 동시에 나팔을 불며 항아리를 부수고 횃불을 들고 '여호와와 기드온의 칼이다' 고 외치며 공격을 개시했던 것이다.

세 부대로 나눠진 기드온의 병사들은 적진을 포위하게 되었다. 그렇게 되자 이스라엘 병사들에 의해 완전히 포위된 적군은 깜깜한 밤중이라 상대편의 병력 수가 과연 얼마나 되는지 가늠조차 할 수 없었다. 급작스런 상황에 직면한 미디안 진영에서는 잠을 깬 병사들 사이에 자중지란自中之亂이 일어나게 되었다.

기드온이 이끄는 이스라엘의 대군이 공격해 들어온 것으로 생각한 미디안 병사들은 혼란에 빠져 부르짖으면서 도망치기에 급급했다. 그런 중에도 삼백 명의 기드온 용사들이 계속해서 나팔을 불자 미디안 연합군은 자기들끼리 칼로 치며 죽이는 상황이 벌어졌다. 이는 깜깜한 밤이어서 서로

간 피아彼我를 구분하기 어려웠기 때문이었을 것으로 보인다. 물론 그 배경에는 이스라엘과 함께하시는 여호와 하나님이 계셨다.

그리하여 겁에 질린 미디안 병사들은 스레라 지역에 속한 벧 싯다(Beth Shittah)와 답밧에서 가까운 지역인 아벨므홀라(Abel Meholah)의 경계까지 도망쳤다. 그것을 본 기드온은 납달리와 아셀과 므낫세 등 여러 지파로부터 병사들을 불러 도망하는 미디안 군대의 뒤를 추격하도록 명령했다. 그렇게 되자 이스라엘 자손은 승기를 잡게 되었으며 미디안 군대는 기선을 제압당하게 되었다.

6. 기드온과 이스라엘의 승리(삿 7:24-25)

미디인과의 전투에서 완벽한 승리를 거둔 기드온은 사신들을 에브라임의 온 산지로 보냈다. 그곳에 머물고 있던 이스라엘 백성에게 그에 관한 결과를 알리도록 했던 것이다. 그와 더불어 이제 산지로부터 내려가 미디안 백성을 공격하고 그들이 도망가지 못하도록 벧 바라(Beth Barah)와 요단강에 이르는 나루턱을 점령하라고 했다(삿 7:24).

사사 기드온이 보낸 사신들의 말을 전해들은 에브라임 지파 사람들은 그 명령에 순종하여 집결했다. 그들은 사신들이 지시한 대로 벧 바라와 요단강에 이르는 나루턱을 점령하게 되었다. 그 지역은 매우 중요한 전략적 요충지였다. 그렇게 되자 미디안 군대의 패잔병들은 도망갈 수 있는 퇴로退路가 막혀버렸다.

그리하여 이스라엘 자손들은 미디안의 두 장군 오렙(Oreb)과 스엡(Zeeb)을 체포했다. 그들은 오렙을 '오렙 바위' (the rock of Oreb)에서 죽였으며, 스엡은 '스엡 포도주 틀' (the winepress of Zeeb)에서 죽였다.[19] 이스라엘의 병사

19) 여기서 언급된 '오렙 바위' (the rock of Oreb)와 '스엡 포도주 틀' (the winepress of Zeeb)이라는 말은 그 사건이 있은 후 나중에 붙여진 명칭일 것이다.

들은 거기서 멈추지 않고 미디안의 잔병殘兵들을 추격했으며 오렙과 스엡의 머리를 요단 강 건너편으로부터 기드온에게로 가져왔다. 이렇게 함으로써 미디안 백성에 대한 기드온이 이끄는 이스라엘 민족의 실제적인 전쟁은 끝나게 되었다.

제10장

기드온의 사역과 죽음

(삿 8:1-35)

1. 이스라엘 민족 내부의 갈등과 기드온의 관용(삿 8:1-3)

기드온이 이끄는 삼백 명의 용사들이 미디안 연합군에 대한 승리를 거두게 되자 이스라엘 민족 가운데는 새로운 갈등이 생겨났다. 하나님의 뜻에 관심을 가지지 않던 에브라임 족속들 가운데 공과功過를 논하며 기드온에게 크게 따져드는 자들이 있었기 때문이다(삿 8:1).[20] 기드온이 전쟁을 시작할 때인 초기 단계에 왜 에브라임 지파 사람들을 부르지 않고 아비에셀 자손들을 먼저 불렀느냐는 것이었다.

우리는 여기서 눈치보기에 익숙한 인간들의 사악한 심성을 엿보게 된다. 만일 기드온이 지휘하는 군대가 미디안 군대에 대해 큰 승리를 거두지 못하고 패배했다면 에브라임 지파가 그런 식으로 나서지 않았을 것이 틀림없다. 만일 저들의 말대로 기드온이 그들을 먼저 불렀다면, 앞장서 억지를 부리며 문제를 일으키던 자들은 다른 핑계를 대며 전쟁 자체를 기피했을지도 모른다.

그럼에도 불구하고 그들은 마치 이스라엘 민족을 위해 모든 것을 바칠

20) 이스라엘 여러 지파들 가운데 에브라임 사람들은 항상 이기적인 태도로 문제를 일으켰다. 사사기 12:1-3에는 에브라임 사람들이 사사 입다에게 저항한 내용이 기록되어 있다.

듯이 허세를 부리고 있다. 하지만 그것은 이스라엘 민족을 진정으로 사랑했기 때문에 생겨난 반응이 아니었다. 그들은 전쟁의 공로를 따지면서 더 큰 기득권을 차지하고 싶은 욕심이 있었기에 그와 같은 강한 집착을 보였을 따름이다.

그들의 어처구니없는 태도에 비하면 전쟁을 승리로 이끈 기드온은 저들의 불평하는 말을 듣고 매우 관대한 모습을 보였다. 자기가 미디안 연합군대를 격파한 것이 나중에 전투에 참여한 에브라임 지파가 행한 일에 비하면 아무것도 아니라는 것이었다. 그것을 말하기 위해 '에브라임의 끝물 포도가 아비에셀의 만물 포도보다 낫지 않느냐'(삿 8:2)는 비유를 들어 저들을 구슬리며 달랬다.

기드온은 에브라임 지파 사람들이 승패가 거의 결정 난 후 뒤늦게 전쟁에 참여했으나 실제 역할은 자기보다도 훨씬 컸다는 점을 부각시키려 했다. 미디안의 두 장수 오렙과 스엡을 죽인 일은 자기가 한 일과는 비교할 수 없을 만큼 큰 공적이었다는 것이다. 에브라임 사람들은 그 말을 듣고 나서야 비로소 화를 풀게 되었다.

기드온이 억지 불만을 터뜨리는 에브라임 사람들에게 했던 말은 그의 관대한 모습을 보여주기도 하지만 다분히 정치적이며 외교적인 응대였을 수 있다. 즉 쓸데없이 문제를 제기하며 분란을 일으키고자 하는 자들을 구슬리기 위해 그런 말을 한 것으로 보이기 때문이다. 이스라엘 민족의 사사가 되어 전쟁을 승리로 이끈 기드온은 이스라엘 백성들 가운데 불필요한 갈등이 일어나는 것을 원하지 않았을 것이다.

2. 지원 요청을 외면당한 기드온(삿 8:4-17)

기드온과 함께 미디안 군대에 맞서 전투에 참여한 삼백 명의 용사는 피곤에 지쳐 있었다. 그렇지만 요단강까지 이르러 마지막 남은 적의 병사들을 추격했다. 기드온이 병사들을 이끌고 숙곳(Succoth)에 이르렀을 때 저들에게 남은 식량이 충분하지 않았다. 따라서 그는 그 지역 사람들에게 지금 적장敵將 세바(Zebah)와 살문나(Zalmunna)를 추격하고 있는 중이니 병사들에게 먹을 음식을 좀 주도록 간청했다. 그것은 단순히 식량을 구하는 것을 넘어 병사들의 사기 진작에 연관된 문제였다.

그러나 숙곳 지도자들은 기드온의 지원 요청을 완강하게 거절했다. 그가 지휘하는 군대가 아직 세바와 살문나를 체포하지 못한 상태에서 음식을 주기 어렵다는 것이었다(삿 8:6). 만일 기드온의 군대에게 음식을 제공했다가 저들이 패배하게 되면 도리어 미디안 군대로부터 응징을 당하게 될지 모른다고 생각했던 것이다.

그렇지만 기드온은 자신의 요구를 거부하는 자들에게 당장 공격을 퍼붓지는 않았다. 그렇게 되면 맞서 싸워야 할 적들이 많아질 뿐 아니라 미디안 군대를 추격하는 병력과 전술이 분산될 수도 있다. 따라서 그는 저들에게 경고의 말을 남겼다. 만일 하나님께서 적군의 장수들인 세바와 살문나를 사로잡도록 허락하신다면 나중 돌아오는 길에 들가시와 찔레로 저들의 살을 찢어버릴 것이라고 했던 것이다.

상황이 그렇게 되자 기드온과 그의 군대는 하는 수 없이 앞으로 나아갔다. 그들이 브누엘(Penuel)에 도착했을 때 앞서와 마찬가지로 그곳 주민들에게 식량을 지원해 달라는 부탁을 했다. 그러나 그 지역 사람들도 숙곳 사람들과 동일한 반응을 보였다. 따라서 기드온은 저들에게도 동일한 경고의 말을 남겼다. 원수들에게 승리를 거두고 돌아가는 길에 저들의 망대를 헐어버리리라고 했던 것이다.

기드온이 지휘하는 군대에 협력하기를 거부했던 자들이 거주했던 곳은 먼 이방 지역이 아니라 언약의 민족이 거하는 지역에 근접해 있었다. 아마도 그들은 기드온이 식량 지원을 요청할 때 그것을 거부하지 않고 받아들어야 할 관계에 놓여 있던 자들이었을 것이 분명하다. 만일 그렇지 않고 그 사람들이 적으로 간주되었다면 기드온은 결코 저들의 도움을 요청하지 않았을 것이기 때문이다.

우리는 여기서 하나님을 모독하는 미디안 족속을 대항한 기드온의 전쟁을 위해서는 오직 하나님의 도우심만 필요했을 따름이라는 사실을 깨닫게 된다. 하나님의 심판에 참여하는 군대를 위하여 다른 인간들의 지혜나 능력이 필요하지 않았다. 만일 숙곳과 브누엘에 거주하던 사람들이 기드온의 군대에 도움을 주어 최종적인 승리를 거두었다면 저들에게 승리에 대한 공로가 어느 정도 돌아가야 했을지 모를 일이었다.

여기에는 오늘날 우리도 주의 깊게 받아 들여야 할 교훈이 담겨 있다. 하나님의 교회는 오직 하나님만 의지하고 앞으로 나아가면 된다. 하나님께 저항하는 원수의 세력과 맞서 싸울 때 그의 말씀에 순종하면 그것으로 족하다. 하나님 이외에 세상의 어떤 사람들의 지원도 필요로 하지 않는다. 승리를 거두기 위한 목적으로 세속적인 지원을 받으려 하는 것은 결코 하나님께서 원하시는 방법이 아니다.

한편 기드온의 공격을 받은 미디안 연합군에 속한 동방 사람들의 군대는 패배하여 십이만(120,000) 명의 전사자戰死者를 냈다. 그리고 겨우 일만 오천(15,000) 명만 살아남아 세바와 살문나의 지휘 아래 갈골(Karkor)에 진을 치고 전열을 가다듬고 있었다. 그때 기드온은 노바(Nobah)와 욕브하(Jogbehah) 동편에 난 '대상隊商들의 길' 을 따라 올라가 적진을 기습적으로 공략했다.

그러자 세바와 살문나는 그 공격을 피해 더 멀리 도망치지 않을 수 없었다. 하지만 기드온과 그의 군대는 저들의 뒤를 쫓아가서 미디안 두 장군 세바와 살문나를 포로로 사로잡게 되었다. 이렇게 이스라엘 군대는 미디안 연합 군대를 완전히 섬멸하고 최종적인 승리를 거두었다.

기드온은 전쟁에서 승리를 거둔 후 헤레스(Heres) 언덕으로부터 본 진영으로 돌아오는 길에 숙곳과 브누엘 사람들의 지역에 이르렀다. 그는 지난번 저들에게 경고한대로 자신의 군대를 홀대한 자들을 응징하고자 했다.

그리하여 지나가는 숙곳 청년 하나를 붙잡아 심문하여 저들의 지도자들의 이름을 대도록 요구했다. 그러자 그는 칠십칠(77) 명의 지도자들의 이름을 적어주었다.

기드온은 병사들과 함께 숙곳과 브누엘에 이르러 승전 용사로서 그 지역 백성들 앞으로 나아갔다. 그는 저들에게 전에 자기가 피곤에 지친 이스라엘 병사들에게 먹을 식량을 지원해 줄 것을 요청했을 때 그것을 완강하게 거부하며 조롱했던 상황을 상기시켰다. 그리고는 전쟁에서 승리하여 포로로 잡아온 적장敵將 세바와 셀문나를 저들의 눈으로 직접 목격하게 했다.

그렇게 한 후 기드온의 병사들은 앞서 언급했던 대로 칠십 명이 넘는 그 성읍의 지도자들을 모두 붙잡아 들였다. 그리고 들가시와 찔레로 저들의 살을 찢어 징벌했다. 그리고 브누엘의 망대를 헐고 그 성읍 사람들을 죽였다. 이처럼 하나님의 군대를 홀대忽待하고 그의 편에 서기를 거절한 자들은 무서운 심판을 피할 수 없었다. 언약의 백성들이 살아가는 주변에 거주하고 있으면서 양쪽의 눈치를 보며 살아가던 자들은 하나님으로부터 엄중한 심판을 받게 되었던 것이다.

3. 미디안 족속에 대한 기드온의 최종 응징(삿 8:18-21)

기드온은 사로잡아 온 적군의 장수였던 세바와 살문나에 대한 심문을 시작했다. 그들은 전에 이스라엘 민족을 괴롭히며 많은 사람들을 죽인 인물들이었다. 그래서 기드온은 오래전 저들이 다볼(Tabor)에서 죽였던 사람들이 어떤 모습을 하고 있었는지 물었다. 저들은 심문을 받으면서, 다볼에서 죽인 이스라엘 자손들이 하나같이 기드온처럼 왕자 같은 품위를 지닌 모습을 띠고 있었노라고 말했다.

기드온은 저들에게 그 죽임을 당한 사람들은 자기의 형제들이라는 사실을 밝혔다. 만일 그때 저들이 그 사람들을 살려주었더라면 자기도 저들을 죽이지 않겠지만 이제 사정이 다르다는 점을 언급했다. 즉 여호와 하나님의 이름으로 맹세하건데 저들이 행한 죄악으로 인해 반드시 죽게 되리라고 했던 것이다. 물론 그것은 기드온의 개인적인 사사로운 감정 때문에 그렇게 된 것은 아니다. 그것은 언약의 백성과 전체적으로 연관되어 있었다. 저들을 처형하기로 결심한 기드온은 자기의 장남 여델(Jether)에게 저들을 칼로 쳐 죽이도록 명령했다.[21] 그러나 그는 아직 나이가 어린 소년이었기 때문에 두려움에 빠져 칼을 빼지도 못했다(삿 8:20).[22]

그 광경을 지켜 본 세바와 살문나는 기드온에게 당부했다. 어린 아이의 손에 의해 죽도록 하지 말고 직접 죽여 달라고 말했던 것이다. 죽어가는 마당에서도 장군의 신분으로서 그렇게 죽는 수모를 겪기 싫었던 모양이다. 그 말을 들은 기드온은 저들의 요구를 받아들여 직접 칼로 쳐 죽였다.

그리고 난 후 기드온은 저들이 타던 낙타 목에 걸려 있던 '초승달 장식물'을 떼어 자기가 가졌다. 이는 하나님의 사람 기드온에게 다른 욕심이 생겨났음을 의미한다. 그와 같은 기드온의 행동은 전쟁에서 승리를 거두자 마음이 풀리고 교만해져 원래의 신앙 정신에서 벗어나고 있었음을 보여주고 있다.

4. 전쟁 후 기드온의 자세와 실책(삿 8:22-28)

박해를 받으며 피해 다니던 이스라엘 자손이 막강한 군사력을 지닌 미

---

21) 기드온은 아직 나이가 어려 두려워하는 자기 아들에게 적장(敵將)의 목을 베도록 했다. 그는 어린 아들에게 원수와 싸우는 방법을 알려주고자 했던 것이다. 오늘날 우리 시대의 교회도 언약의 자녀들에게 냉철한 자세로 원수와 영적인 싸움을 싸우는 방법을 올바르게 가르쳐 주어야 한다. 우리는 본문 가운데서 그에 대한 교훈들을 얻을 수 있다.

22) 이를 통해 우리가 알 수 있는 점은 기드온의 삼백 명의 용사가 날렵하게 싸울 수 있는 장정들만 있었던 것이 아니라는 사실이다. 그들 가운데는 전쟁을 치를 만큼 충분한 연령에 이르지 않은 자들도 있었다. 이로써 우리는 여호와 하나님께서 그 전쟁을 주도하셨다는 사실을 깨닫게 된다.

디안 군대에 승리를 거두게 되자 백성들은 축제 분위기에 빠질 만했다. 그러자 기드온에게 저들의 왕적인 통치자가 되어줄 것을 요구했다. 기드온과 그의 아들과 손자들이 대를 이어 백성들을 다스린다면 안전하게 살아갈 수 있을 것이라 생각한 것이다.

그러나 기드온은 저들의 요구를 받아들이지 않고 단호히 거부했다. 자기와 자기 아들과 손자들이 이스라엘 백성을 다스리는 자리에 앉지 않겠노라고 말했다. 이스라엘은 여호와 하나님께 속했으며 그가 친히 저들을 다스리라는 것이었다(삿 8:23). 그와 같은 기드온의 생각은 지극히 온당했다.

그런데 기드온은 또 다른 면에 있어서는 전혀 다른 반응을 보였다. 이스라엘 백성들에게 저들이 전쟁을 통해 적군으로부터 탈취해서 가지고 있던 귀고리들을 가져오라고 요구했기 때문이다. 이스마엘(Ishmael) 족속에 속한 미디안 사람들은 금고리를 좋아했는데 전쟁에 패배하자 그 모든 것들을 빼앗기게 되었다. 따라서 기드온은 이스라엘 병사들이 저들로부터 많은 금귀고리를 탈취한 사실을 알고 있었던 것이다.

기드온의 요구를 들은 이스라엘 자손들은 기꺼이 그에 순종했다. 그들은 겉옷을 펴고 각기 탈취한 금귀고리들을 그 가운데 내다 놓았다. 그때 거둔 금의 무게는 일천칠백(1,700) 세겔[23]이었으며 초승달 장식물[24]과 패물들, 그리고 미디안 통치자들이 입고 있던 자색 의복과 그 외에 낙타 목에 둘렀던 사슬들도 거두어 들였다.

그때 기드온이 그 많은 금을 거두었던 목적은 특별한 의상인 화려한 금 에봇(Ephod)을 제작하기 위해서였다. 그는 금 에봇을 만들어 자기가 속한

23) 현대인의 성경에는 사사기 8:22의 1,700세겔을 '약 19.4킬로그램' 으로 번역하고 있다.

24) '초승달 장식물' 은 당시 미디안 족속의 월신숭배 신앙과 연관되어 있는 것으로 보인다. 이는 고대 근동국가들에서 흔히 있어 왔던 신앙이다. 나중 이슬람교에서 초승달을 종교적 상징물로 사용하게 된 것도 그와 어느 정도 연관되는 것으로 이해할 수 있다.

성읍인 오브라(Ophrah)에 보관해 두었다. 그렇게 되자 많은 백성들이 그것을 종교적으로 음란하게 섬겼다.[25] 그것이 미디안과의 전쟁에서 승리한 가시적인 결과물이자 중요한 상징물로 이해되었기 때문이다.

어리석은 백성들은 율법을 떠나 그 금 에봇을 섬기면서도 여호와 하나님에 대한 충성심 때문에 그렇게 하는 것으로 착각했을 것이 분명하다. 결국 그것으로 말미암아 기드온과 그의 집은 교만에 빠지게 되었다. 그리고 금 에봇은 이스라엘 자손들에게 올무가 될 수밖에 없었다. 나아가 그것은 이스라엘 백성들로 하여금 하나님과 그의 뜻을 벗어나게 하는 역기능을 했다. 미디안 군대를 물리친 승리에 대한 가시적인 상징이자 징표를 저들 가운데 둠으로써 어리석은 자들이 그것에 의존하게 되었던 것이다.

이스라엘 백성이 그와 같은 삶을 살아가는 가운데 미디안 자손들은 저들에게 순순히 복종하지 않을 수 없었다. 그들은 전쟁에서 승리한 상징물을 두고 그것을 기념하며 자고한 태도를 보이는 백성들 앞에서 위축되었다. 미디안 자손들은 이스라엘 백성들에게 감히 머리를 쳐들어 저항하지 못했다. 그리하여 기드온이 생존해 있던 사십(40) 년 동안 그 땅에는 전쟁이 없이 평화로운 상태를 유지하게 되었다.

우리가 여기서 생각해 볼 수 있는 것은 하나님으로 말미암아 전쟁에 승리한 기드온의 온당치 못한 태도에 관한 문제이다. 그리고 그가 미디안 백성들에게서 탈취한 금붙이들을 모아 에봇을 만든 것이 자기와 자기 집안뿐 아니라 온 이스라엘 백성에게 올무가 되게 했다는 사실이다. 그런데 기드온이 그와 같은 행동을 했던 근본적인 이유가 과연 무엇이었을지 생각해 볼 필요가 있다.

기드온은 그 금 에봇을 만들어 둠으로써 그것을 통해 자기가 이끈 군대

25) 우리는 그때 이스라엘 자손들이 행한 행동을 보며, 과거 저들의 조상이 시내산 부근에 머물면서 금송아지를 만들어 섬기던 것을 기억하게 된다(출 32:2-6, 참조). 그들은 금으로 만든 우상을 섬기면서 그것이 여호와 하나님을 섬기는 방편으로 생각하고 있었다.

의 승리를 기념하고 싶었을 것으로 보인다. 그는 그 승리가 하나님이 아니라 자기로 말미암은 것으로 인정받고 싶었을지도 모른다. 즉 기드온은 적군을 섬멸한 자신의 업적을 남겨두고 자랑스럽게 여겼을 것이 틀림없다. 그러나 그와 같은 행동은 도리어 기드온과 이스라엘 자손이 여호와 하나님의 뜻을 떠나도록 만들어 버리고 말았다.

이와 같은 유사한 일은 지나간 기독교 역사의 모든 시대에 끊임없이 발생했던 일이다. 이는 오늘날 우리시대에도 여전히 일어나고 있다. 인간들이 타락한 세상에 살아가면서 개인의 종교적인 업적을 남기려하는 만큼 어리석은 일은 없다. 하나님의 자녀들은 오직 하나님께서 맡기신 직분을 성실하게 감당할 수 있을 따름이며 어떠한 업적도 남기려 해서는 안 된다. 그것은 결국 하나님의 뜻을 떠나 인간들의 바벨탑을 쌓는 어리석은 행위에 지나지 않기 때문이다.

5. 기드온의 죽음과 이스라엘의 배도(삿 8:29-35)

여룹바알인 기드온은 나중에 자신의 고향 집으로 돌아가 거주했다. 그런데 그는 아내와 첩을 비롯한 많은 여자들을 가까이 두고 있었다.[26] 그리

---

26) 기드온의 본 아내는 한 사람 밖에 없었다. 물론 원래의 아내가 죽은 다음에 재혼을 했다면 아내가 둘이 될 수도 있다. 그러나 아내가 있는 상태에서 다른 여자들을 두었다면 그 여자들은 아내가 아니라 첩에 지나지 않는다. 따라서 그가 아내 이외에 여러 명의 첩을 둔 것은 정당성을 띨 수 없다. 성경은 일부일처제를 요구하고 있기 때문이다. 종종 야곱의 두 명 혹은 네 명의 아내들을 둔 것으로 오해하는 자들이 있다. 어떤 사람들은 레아와 라헬이 아내이고 나머지 여종이었던 여자들은 첩으로 생각하는 자들이 있는가 하면 네 명 모두가 그의 아내라 여기는 자들도 있다. 하지만 야곱의 본 아내는 레아 한 사람이다. 나머지 세 여인들은 그의 첩이다. 헤브론에 있는 막벨라 굴에는 아브라함 부부, 이삭 부부, 야곱 부부가 묻혔는데 야곱의 아내로서 레아가 거기 함께 묻힌 것은 그에 대한 중요한 증거가 된다. 하나님께서는 야곱이 레아 이외에 세 명의 첩들을 둔 것을 정당한 것으로 인정한 것으로 볼 수 없다. 단지 하나님께서는 야곱의 건전하지 못한 삶 가운데서도 자신의 놀라우신 경륜을 드러내셨다.

고 다른 지역에 첩을 두고 있었다. 그것은 하나님을 경외하는 자로서 결코 바람직한 일이 아니었다. 우리는 그와 같은 것을 더러운 악행으로 보지 않고 당시의 시대적 관행으로 보는 입장을 취해서는 안 된다.

인간적인 욕망에 사로잡혀 많은 여자들을 가까이 두고 있던 기드온은 저들로부터 칠십(70) 명의 아들을 두었다. 그 첩들 가운데는 세겜에 살고 있는 여자도 있었다. 그 여자가 기드온의 아들 하나를 낳았는데 그의 이름은 아비멜렉이었다. 그는 나중에 반란을 일으켜 스스로 왕위를 차지하게 될 인물이었다(삿 9:6).

세월이 흘러 기드온이 나이가 많아 죽음을 맞이하게 되었다. 그가 죽자 사람들은 그의 시신을 오브라에 있는 저의 아버지 요아스의 묘실에 장사 지냈다. 그 사사가 죽은 후 이스라엘 자손들은 하나님을 떠나 바알신을 추종하며 영적인 음행을 일삼았다. 그리고 많은 사람들이 바알브릿(Baal-Berith)을 저들의 신으로 삼기도 했다. 사사 기드온이 연약하여 상당한 실책을 범했음에도 불구하고 그의 생전에는 다수의 백성들이 그의 지도를 받으며 살아갔던 것과 대조적이다.

기드온이 죽은 다음에는 이스라엘 자손이 주위의 모든 원수들의 손에서 저들을 건져내신 여호와 하나님의 은혜를 잊어버리고 도리어 그를 배반하는 자리에 앉기를 되풀이했다. 또한 하나님께서 저들을 위해 행하신 모든 일들에 대해 관심을 두지 않았다. 나아가 점차 포악하게 되어 여룹바알이라는 별명을 가진 사사 기드온이 저들에게 베푼 모든 은혜를 잊어버리고 그의 자손들의 집을 후대하지도 않게 되었다.

제11장

아비멜렉 왕위와 요담

(삿 9:1-57)

1. 아비멜렉의 반란(삿 9:1-6)

기드온이 죽은 후 그의 아들 아비멜렉은 아버지의 첩이었던 어머니와 함께 살던 고향 세겜(Shechem)으로 갔다. 이번에 그가 고향 땅으로 내려가게 된 이유는 일반적인 방문이 아니라 특별한 의도가 있었기 때문이다. 그에게는 백성들 위에 군림하는 왕위를 쟁취하려는 정치적인 야욕野慾이 있었던 것이다.

아비멜렉은 자기 어머니의 형제 곧 외삼촌들과 외조부의 온 가족에게 말했다. 자기 아버지 여룹바알 곧 기드온의 칠십(70) 명의 아들들이 저들을 다스리는 것과 그들 가운데 한 사람인 자신이 다스리는 것 가운데 어느 쪽이 낫겠느냐는 것이었다. 그는 기드온의 아들들 중에 자기가 유일하게 저들의 혈육이라는 사실을 기억하라고 했다. 이 말은 자기가 왕위에 오를 수 있도록 도움을 요청하는 의미를 지니고 있었다.

아비멜렉의 외가 식구들은 그의 말을 듣고 그가 왕위에 오르는 것을 돕기로 했다. 그리하여 세겜의 모든 주민들에게 자기 집안의 혈통을 지닌 아비멜렉이 저들의 통치자가 되어야 한다는 사실을 홍보하게 되었다. 당시 그들은 이미 여호와 하나님을 믿는 신앙으로부터 멀리 떨어져 있는 상황이었다.

따라서 그 사람들은 저들의 중심에 모셔두고 있던 바알브릿(Baal-Berith)의 신전에서 은 칠십(70) 개를 꺼내 아비멜렉에게 주었다(삿 9:4). 그 가치는 아마도 상당한 액수가 되었을 것이 틀림없다. 그 돈은 권력 획득을 위한 일종의 부당한 정치자금과 같은 성격을 지니고 있었다. 아비멜렉은 그 돈을 가지고 하나님을 경외하지 않고 방탕한 생활에 빠진 경박한 자들을 사병私兵으로 모집하는 데 사용했다. 그렇게 해서 그는 자기를 위한 군사적인 세력을 형성하게 되었다.

아비멜렉은 돈을 주고 산 자들을 데리고 자기 아버지 기드온의 집이 있던 오브라(Ophrah)로 갔다. 그는 거기서 자기의 형제 칠십 명을 한자리에 불러 모아 부근에 있던 바위 위에서 잔인하게 살해했다. 그러나 기드온의 막내아들인 요담(Jotham)은 다행히 숨어 있었으므로 죽음을 면할 수 있었다.

아비멜렉은 자기와 이복형제들인 기드온의 모든 아들들을 한꺼번에 죽임으로써 단독으로 세력을 장악하게 되었다. 그렇게 되자 세겜의 모든 거민들과 밀로(Millo)의 모든 족속이 모여 아비멜렉을 왕으로 추대했다. 이로써 세겜에 있는 상수리나무 기둥 곁에서 아비멜렉이 왕위에 즉위하게 되었던 것이다.

그러나 우리는 아비멜렉이 왕위에 오른 것이 하나님에 대한 저항 행위였다는 사실을 분명히 기억하지 않으면 안 된다. 여호와 하나님만이 이스라엘 민족의 유일한 왕일 따름인데 자기가 저들의 통치자가 되어 언약의 백성들을 다스리려 했기 때문이다. 이는 하나님의 권한을 탈취하는 무서운 악행이 된다.

이점에 대해서는 구약 시대뿐 아니라 오늘날 우리시대에도 매우 주의 깊게 생각하지 않으면 안 된다. 여호와 하나님 한 분만이 교회와 성도들을 다스리는 왕이시자 유일한 머리가 되시기 때문이다. 그럼에도 불구하고 악한 종교 지도자들은 지상 교회 가운데서 기득권을 가짐으로써 자기가 통치자 노릇을 하려고 한다. 이는 하나님에 대한 저항 행위라는 사실을 분명히 기억해야만 한다.

2. 요담의 '각종 나무 비유'를 통한 연설(삿 9:7-15)

아비멜렉이 기드온의 아들들이자 자신의 이복형제 칠십 명을 잔인하게 살해하고 왕위에 오르게 된 사실로 인해 불만을 가진 사람들이 상당수 있었다. 그들은 간신히 목숨을 건지고 피신한 기드온의 막내아들 요담에게 아비멜렉이 왕위에 올랐다는 사실을 통지했다. 그에 관한 모든 정황을 파악하게 된 요담은 분개하지 않을 수 없었다.

그리하여 요담은 그리심 산(Mount Gerizim) 정상으로 올라가 백성들을 불러모았다. 그리고 목소리를 높여 사람들에게 외쳤다. 그는 세겜 사람들이 자신의 말을 귀담아 듣지 않으면 안 된다는 사실을 강조했다. 저들이 자기의 말을 들어야만 여호와 하나님께서 저들을 돌아보시리라는 것이었다(삿 9:7).

요담은 백성들에게 여러 나무들에 관련된 내용을 배경 삼아 비유로 설명했다. 그 비유 가운데는 감람나무, 무화과나무, 포도나무, 가시나무가 등장하고 있다. 감람나무는 기름을 내고, 무화과나무는 사람들이 좋아하는 열매를 맺는다. 그리고 포도나무는 맛있는 포도와 포도주를 내어 사람들을 기쁘게 한다.

따라서 그와 같은 나무들은 제각각 인간들에게 유용한 나무들이다. 그에 반해 가시나무는 인간들에게 아무런 유익을 끼치지 않는다. 요담은 이에 관한 사실을 잘 알고 있는 백성들에게 비유를 베풀어 말하면서 아비멜렉이 얼마나 사악한 행위를 하고 있는가 하는 점을 고발하며 설명하고자 했던 것이다.

요담이 베푼 비유의 구체적인 내용은 다음과 같다 : 하루는 여러 종류의 나무들이 모여 한 나무를 선정해 자신들을 다스리는 왕으로 삼고자 했다. 그래서 나무들은 먼저 감람나무에게 가서 기름을 부어 저들의 왕이 되어 주도록 간청했다. 그러나 감람나무는 그 청을 거절했다. 자기는 기름을 내어 하나님을 영화롭게 하고 사람들에게 유익이 되게 하는 것이 의무인데 여러 나무들 위에 군림하는 것이 바람직하지 않다는 것이었다.

그러나 감람나무를 설득하는데 실패한 여러 나무들이 이번에는 무화과나무를 찾아갔다. 그에게 저들을 다스리는 왕이 되어달라고 요청했던 것이다. 하지만 무화과나무는 여러 나무들의 청을 완강하게 거절했다. 자신에게 열리는 달고 아름다운 열매를 버리고 가서 어떻게 나무들 위에 군림하겠느냐는 것이다.

그렇게 되자 나무들은 이제 포도나무에게로 갔다. 그에게 저들의 왕이 되어 주도록 부탁하기 위해서였다. 포도나무는 저들의 청을 전해 들었지만 받아들이지 않았다. 자기는 하나님과 사람을 기쁘게 하는 포도와 포도주를 내야하는데 그것을 버리고 나무들 위에 군림하여 으스댈 수 없다는 것이었다.

그러자 이번에는 여러 나무들이 가시나무에게 가서 저들의 왕이 되어 달라고 했다. 가시나무는 그 청을 듣고 나서 마치 기다렸다는 듯이 재빨리 반응했다. 자기에게 기름을 부어 왕으로 삼으려면 이제 자기의 그늘 아래 와서 피하라고 말했다. 자기에게 피하지 않으면 뜨거운 불을 내어 레바논의 백향목마저 살라버리리라는 것이었다. 특별히 유용한 것이 없는 가시나무는 여러 나무들 위에 군림하고자 했다.

우리는 이 비유를 보면서, 하나님과 사람들에게 유익을 끼치는 나무들은 자신에게 맡겨진 일에 충실한 자세를 견지하고 있었음을 보게 된다. 저들은 남들 위에 군림하고자 하는 특별한 욕심을 가지고 있지 않았다. 그에 반해 아무런 유익이 되지 않는 가시나무는 특별히 할 일이 없으니 다른 나무들 위에 군림하고자 하는 태도를 지니고 있었다.

인간들의 세계 가운데서도 이와 같은 양상은 끊임없이 일어난다. 제대로 된 사람들은 욕망에 연관된 것들을 사양하고 자기에게 맡겨진 일에 성실한 반면 못된 이기주의자들이 분주하게 나서서 자신의 욕망을 쟁취하려는 것을 보게 된다. 이처럼 타락한 시대에 처한 기독교에서는 자신에게 맡겨진 은사를 멀리하고 사람들 위에 군림하면서 종교적인 세력을 펼치려는 잘못된 자들이 많이 생겨난다.

3. '각종 나무비유'에 대한 해석과 그것이 주는 의미(삿 9:16-21)

요담은 자기 앞에 모여든 백성들에게 그 비유를 말한 다음 아비멜렉을 왕으로 세운 것이 정당한 것이냐며 되물었다. 과연 그렇게 한 것이 진실하고 의로운 판단과 행동이라고 말할 수 있겠느냐는 것이었다. 그와 같은 반역은 미디안 군대를 물리치고 저들에게 평안을 끼친 기드온 즉 여룹바알의 집을 후대한 것이 아니라는 사실을 지적했다.

여룹바알이 된 기드온은 자신의 생명을 아끼지 않고 죽음을 무릅쓴 채 미디안 군대와 싸워 저들의 손아귀에서부터 이스라엘 민족을 구출해냈었다. 요담은 성실한 책무를 감당한 자기 아버지의 과거 행적을 강조해 말했다. 그것이 사실이라면 백성들이 그와 그의 집을 후대하는 것이 기본적인 도리일 수밖에 없었다.

그럼에도 불구하고 어리석은 백성들은 기드온의 집안과 그 자손들에게 선한 마음으로 대하지 않았다. 도리어 악의에 가득 찬 사람들은 칠십(70)명이나 되는 기드온의 다른 아들들을 한 바위 위에서 잔인하게 살해한 아비멜렉을 추종하며 그를 왕으로 옹립했었다. 그들이 그렇게 했던 까닭은 단지 그와 그의 생모生母가 저들의 인척 관계에 있다는 이유 때문이었다(삿 9:18). 즉 그가 왕이 될 만한 능력을 가졌거나 인품이 훌륭해서가 아니었다.

그것은 결코 하나님과 사람들 보기에 떳떳한 행동이라 말할 수 없다.

요담은 바로 그점을 분명히 지적하면서 백성들의 숨겨진 내면의 양심에 호소했다. 만일 저들이 아비멜렉을 왕으로 세운 것이 여룹바알인 기드온의 집안을 후대한 결과로서 진실하고 의로운 행위였다면 모두가 기뻐해야 할 일이다. 하지만 그렇지 않다면 저들이 세운 아비멜렉으로부터 뜨거운 불이 나와 세겜과 밀로의 집을 완전히 불살라 버리게 되리라는 것이었다.

그렇게 되면 세겜과 밀로의 집에서도 뜨거운 불이 나와 아비멜렉을 불사르게 된다. 이는 아비멜렉과 백성들 사이에 엄청난 갈등과 싸움이 시작되리라는 사실을 말해주고 있다. 요담은 백성들에게 예언적인 그 말을 전하고는 다시금 아비멜렉의 눈길을 피해 브엘(Beer)로 도망가서 거기서 거주하게 되었다.

요담이 비유에서 언급했던 나무인 감람나무, 무화과나무, 포도나무, 가시나무 가운데 아비멜렉은 아무런 쓸데없는 가시나무와 같은 존재에 지나지 않았다. 왕의 자리에 앉을 만한 자질이 전혀 없는 자가 그 지위를 강탈했다는 것이다. 따라서 가시나무가 불을 뿜어 아름다운 백향목을 사르듯이 아비멜렉이 이스라엘 백성을 사르게 되리라는 것이었다. 그에게는 백성들을 아끼거나 사랑하는 마음이 전혀 없었기 때문이다.

우리가 여기서 얻게 되는 중요한 교훈 가운데 하나는 인척 관계에 놓여 있다는 이유만으로 악한 아비멜렉을 왕으로 옹립한 자들의 어리석은 태도를 통한 교훈이다. 그들은 여호와 하나님의 뜻을 전혀 염두에 두지 않았으며 진실하지도 않았다. 그것은 단순히 이기적인 욕망의 결과였을 따름이다. 우리는 그 결과가 도리어 저들을 위협하는 역할을 하게 된다는 사실을 기억하지 않으면 안 된다. 오늘날 우리는 그와 같이 어리석은 처신을 하고 있지는 않은지 냉철하게 반성해 보아야 한다.

4. 아비멜렉에 대한 민심이반民心離叛(삿 9:22-29)

불법적인 포학한 방법을 동원해 왕위를 차지하게 된 아비멜렉은 삼(3)년 동안 백성들 위에서 군림하며 강압적인 통치권을 행사했다. 하지만 그의 권력은 그리 오래갈 수 없었다. 하나님께서 그것을 용납하지 않으셨기 때문이다. 하나님께서는 심판을 하시기 위해 아비멜렉과 세겜 사람들 사이에 악한 영을 보내셨다(삿 9:23).

그렇게 되자 세겜에 살고 있던 주민들이 아비멜렉을 배반하고 저항하기 시작했다. 이는 그의 왕권에 손상이 가게 되었다는 사실을 말해주고 있다. 그와 같은 현상이 일어나게 하신 하나님의 뜻은 여룹바알인 기드온의 아들 칠십(70) 명을 잔인하게 살해한 아비멜렉과 그를 도와준 세겜 사람들의 피흘린 죄를 심판하시기 위한 것이었다.

아비멜렉에게 반기를 든 지도자들은 산꼭대기 부근에 사람들을 매복시켜 두는 전략을 펼쳤다. 그들은 그곳에서 아비멜렉의 동향을 살폈다. 그리고 그 길을 오가는 모든 사람들을 강탈하도록 했다. 그와 같은 사실이 아비멜렉의 귀에 들어가도록 하기 위해 그렇게 했던 것이다. 즉 그것은 일종의 작전이었던 셈이다.

그것을 목격하게 된 어떤 사람이 왕의 명령과 질서를 거부하는 자들의 무자비한 행동을 아비멜렉에게 알려 신고했다. 그러자 아비멜렉은 당시 일어나고 있던 모든 상황을 파악하게 되었다. 그는 그 사태를 보며 감히 자기의 통치 영역을 어지럽히는 자들을 응징해야겠다는 마음을 먹었을 것이 틀림없다.

세겜 인근 지역의 상황이 그런 식으로 돌아갈 때 마침 에벳의 아들 가알(Gaal)이 그의 형제들과 더불어 세겜 지역으로 이주해왔다. 그는 평범한 보통 사람이 아니라 지도계층의 유력한 인물이었던 것으로 보인다. 그러므로 당시 세겜에 거주하던 상당수 사람들이 그를 따르며 의지하고자 하는 마음을 가지게 되었던 것이다.

그때는 밭에서 포도를 따서 밟아 포도주를 짜는 계절이었다. 따라서 사람들은 수확한 포도를 가지고 포도주를 만들어 마시며 연회를 베풀었다. 그리고 저들이 섬기는 신전에 들어가 먹고 마시면서 취하게 되자 부당하게 권력을 장악한 후 저들에게 별 혜택을 주지 않는 아비멜렉을 향해 저주의 말들을 쏟아내기 시작했다.

그런 중에 가알이 모든 사람들 앞에서 큰 소리로 외쳤다. 세겜의 피를 이어받았다고 주장하는 아비멜렉이 과연 누구이기에 백성들이 그의 종이 되어 섬겨야 하는지 이해할 수 없다고 말했다. 아비멜렉과 그의 심복인 스불(Zebul)은 과거에 세겜의 조상인 하몰(Hamor) 집안사람들을 섬기던 자들이었으므로 세겜 사람들이 그들을 섬길 것이 아니라 도리어 저들이 세겜 집안을 섬겨야 한다는 것이었다.

그럼에도 불구하고 지금 그들이 아비멜렉의 종이 되어 있는 것은 도저히 받아들일 수 없다고 열변을 토해냈다. 그러면서 가알은 자기에게 백성을 거느릴 수 있는 권한이 주어진다면 아비멜렉을 물리치고 저를 몰아내겠다는 말을 했다. 백성들의 호응하는 분위기를 확인한 가알은 곧장 사람들을 모으고 아비멜렉을 향해 선전포고를 하게 되었다.

5. 반란을 통한 내부 전쟁과 아비멜렉의 승리(삿 9:30-49)

세겜의 지배자 스불은 에벳의 아들 가알이 주장하는 말을 듣고 나서 속으로 매우 분개했다. 따라서 그는 아비멜렉에게 몰래 사신들을 보냈다. 이쪽에서 일어나고 있는 모든 상황을 설명하고 정보를 주어 가알에게 선제공격을 가하게 함으로써 그의 세력을 조기에 진압하고자 하는 목적 때문이었다.

스불은 사신을 통해 가알과 그의 형제들이 세겜에 와서 그 성읍 사람들을 부추겨 아비멜렉에게 대적하도록 획책하고 있다는 사실을 알렸다(삿 9:31). 그러니 속히 그에 대한 적절한 대책을 강구하지 않으면 안 된다고 했다. 그렇게 하기 위한 가장 적절한 방법은 아비멜렉의 군사들을 밤중에 성읍 외곽에 매복시켰다가 아침 일찍 해뜰 무렵에 일어나 그 성읍을 먼저 기습하여 가알을 비롯한 그와 함께 있는 자들이 성 밖으로 나가 대적하도록 유인하라고 했다. 그러면 자기가 뒤에서 저들을 치겠다는 것이었다.

아비멜렉은 그의 전략을 받아들여 즉시 실행에 옮겼다. 아비멜렉과 그와 함께 있는 병사들은 밤에 일어나 네 부대로 나누어 세겜에서 마주보는 장소에 매복했다. 밤새껏 기다리다가 아침 일찍 가알이 성읍 문 입구로 나올 때 즈음 아비멜렉과 그의 병사들이 매복한 곳에서 일어났다. 그것을 본 가알이 아무것도 알지 못한 채 성읍 지배자인 스불에게 산 꼭대기에서부터 한 무리의 사람들이 내려오고 있다는 말을 전했다.

아마도 당시 스불은 실제로는 아비멜렉의 편에 서있으면서 겉보기에는 세겜 사람들과 함께 가알을 지지하는 것으로 행세했던 것으로 보인다. 민심을 잃지 않기 위해서는 그렇게 하지 않을 수 없었을 것이다. 그러므로 가알의 말을 들은 스불은 그에게 산 그림자를 보고 착각한 것일 뿐 사람들이 아닐 것이라고 둘러댔다. 잠시 후 가알은 다시금 스불에게 군사들이 평지 가운데로 내려오고 있으며 또 한 무리는 므오느님(Meonenim) 상수리나무길을 따라 온다는 사실을 말했다.

그제서야 스불은 숨겨진 본색을 드러냈다. 그는 가알에게 얼마 전의 과거를 들추면서 아비멜렉을 섬기는 것을 수치로 여기며 백성들에게 외치던 그 기상이 어디 갔느냐며 비아냥거렸다. 이제 그가 업신여기던 아비멜렉의 군대가 가까이 왔으니 나가서 맞서 싸우라는 것이었다. 그가 보기에는 싸워봐야 아무런 승산이 없었다. 스불이 그런 태도를 취했던 것은 세겜 주민들이 자기보다 가알을 더 따르게 되면 자기의 자리가 위태로워질 것이라는 걱정 때문이었을 것이다.

가알은 기습적으로 자기를 공격한 아비멜렉 군대에 그냥 항복할 수 없었으므로 결국 나가 싸울 수밖에 달리 도리가 없었다. 그러나 힘이 역부족이었던 가알은 거기서 도망치게 되었다. 그것을 본 아비멜렉이 그를 뒤따라가 추격했고 가알의 지휘를 받던 많은 병사들은 부상을 당하거나 죽게 되었다. 아비멜렉의 군대가 승리를 거두게 된 셈이었다. 그리하여 아비멜렉은 아루마(Arumah)에 자리를 잡게 되었으며, 스불은 가알과 그의 형제들을 세겜으로부터 쫓아냈다.

하지만 아비멜렉은 그 이튿날 가알을 추종하던 남은 세겜 사람들이 싸우기 위해 성 밖으로 나오리라는 정보를 입수하게 되었다. 따라서 그는 자기의 군대를 세 부대로 나누어 성읍 외곽의 여러 곳에 매복시켜 두었다. 그리하여 아침이 되어 가알의 추종자들이 성 밖으로 나오는 것을 보고 즉시 일어나 공격했다.

아비멜렉이 이끄는 군대는 성문 입구를 담당하고 나머지 두 부대는 바깥으로 나온 자들을 공격하여 많은 사람들을 죽이게 되었다. 아비멜렉은 그날 종일토록 공략한 결과 마침내 그 성을 점령하고 가알에게 속한 많은 사람들을 죽인 후 성을 헐고 그 위에 소금을 뿌렸다(삿 9:45). 그가 소금을 뿌린 것은 이방 종교의 관습 때문이었을 것이 분명하다.

가알의 군대가 아비멜렉의 군대에 패배했다는 소식을 접한 세겜 요새에 있던 백성들은 엘브릿(El-berith) 신전에 딸린 별도 공간으로 들어가 피신했다. 그 사실은 금방 아비멜렉의 귀에 들어가게 되었다. 그 사실을 정확하게 파악한 아비멜렉은 자기를 따르는 백성들을 살몬(Zalmon) 산으로 불러 모았다. 그는 손에 들고 있던 도끼로 나뭇가지를 찍어 어깨에 메고는 다른 사람들에게도 빨리 그와 같이 행하도록 명령했다.

그가 행하는 모든 것을 목격하고 그로부터 명령을 들은 백성들은 각각 도끼로 나뭇가지를 찍어서 어깨에 걸머지고 아비멜렉에게 저항하며 가알을 따르는 자들이 모여 있던 신전의 별도 공간의 대피소로 몰려갔다. 그리고는 산에서 베어온 나뭇가지를 그 위에 가득 올려놓고 불을 질렀다. 그것으로 인해 세겜 망대의 신전 안에 피신해 있던 천(1,000) 명가량 되는 사람들이 불에 타죽게 되었다.

6. 아비멜렉의 죽음과 패배(삿 9:50-57)

승리를 이끌어낸 아비멜렉은 거기서 그치지 않고 데베스(Thebez)에 가서 진을 치고 그 성읍마저도 점령하려고 했다. 위기에 봉착한 그곳 사람들은 성읍 안에 있는 견고한 망대의 문을 걸어 잠그고 망대 꼭대기로 올라가서 피신했다. 그렇지만 가알의 남은 군대는 막강한 아비멜렉의 군대에 완전히 포위되어 패색이 짙어지게 되었다.

아비멜렉은 망대 앞에까지 이르러 군사들을 지휘하며 격렬한 공격을 퍼부었다. 그리고 망대의 문을 불사르려고 했다. 그때 한 여인이 망대 위에서 맷돌 위짝을 아비멜렉의 머리 위에 내려 던졌다. 그것으로 말미암아 그의 두개골이 깨어져 죽을 수밖에 없는 처지에 놓이게 되었다.

그 순간에도 아비멜렉은 여인의 손에 의해 죽는 것이 남자로서 부끄러운 일로 여겼다. 그리하여 무기를 든 자기의 부관副官을 급히 불러 칼을 빼서 자기를 죽여 달라고 당부했다. 나중에라도 여자의 손에 죽었다는 소리를 듣게 될까봐 두렵다는 것이었다. 상황을 파악한 그 병사는 자기 칼로 아비멜렉을 찔러 죽여주었다.

아비멜렉이 갑자기 전사하게 되자 전황戰況은 급변하게 되었다. 그를 따르던 모든 백성들은 왕이 전사한 사실을 알고 제각기 자기 처소로 돌아갔다. 최고 사령관이 죽게 되자 병사들의 사기는 급격하게 떨어질 수밖에 없었다. 그리고 지휘 체제가 완전히 무너진 상태에서는 전쟁을 지속하기 어려웠던 것이다.

우리는 아비멜렉이 죽는 과정을 통해 하나님의 엄중한 심판을 보게 된다. 즉 그 모든 일은 하나님께서 자신의 경륜 가운데 행하신 일이었다. 만일 가알과 그의 군대가 전투 중에 아비멜렉을 죽였다면 사람들은 저들의 탁월한 전술로 인해 그렇게 된 것으로 여겼을지 모른다. 그러나 아비멜렉이 승승장구乘勝長驅하던 중에 한 여자의 손에 의해 죽게 된 것은 하나님의 손길이 작용하고 있었음을 말해주고 있다.

하나님께서는 기드온의 아들이자 자기의 형제 칠십(70) 명을 잔인하게 살해하고 왕위에 오른 아비멜렉을 엄중하게 심판하셨다. 그리고 그 사악한 자를 왕으로 옹립하고 추종하던 백성들도 그와 동일한 형편에 처해지게 되었다. 이는 여룹바알 즉 기드온의 남은 아들 요담의 예언적인 저주가 저들의 머리 위에 임했음을 보여주고 있는 것이다.

제12장

사사 돌라, 야일, 그리고 이스라엘 백성의 배도

(삿 10:1-18)

1. 사사 돌라(삿 10:1,2)

기드온의 집안 내부에서 반란을 일으켜 부당하게 왕권을 취했던 아비멜렉이 죽은 후에는 권력 공백으로 인해 상당한 혼란이 일어났을 것으로 보인다. 자기 아버지의 집안을 송두리째 파괴해버린 권력자가 죽게 되자 대신 그에 저항하던 가알(Gaal)이 잠시 세력을 잡게 되었다.[27) 하지만 가알과 그를 추종하던 자들은 온전한 신앙을 가진 사람들이 아니었다. 예기치 못한 방법을 통한 저들의 승리가 그와 그를 따르던 자들의 정당성을 보증하지는 못했던 것이다.

하나님께서 행악자 아비멜렉을 심판하는 도구로써 가알을 사용하셨지만 그것은 이방인들의 세력을 자신의 도구로 사용하신 것과 크게 다르지 않았다. 결국 그 결과 이스라엘 백성은 또다시 매우 어려운 지경에 처하게

---

27) 사사기 9장에서, 아비멜렉이 세겜을 정복한 후 15km 가량 떨어진 데베스로 간 이유는 거기에 저항군이 있었기 때문이다. 저들의 대장은 가알(Gaal)이었을 가능성이 크다. 따라서 아비멜렉은 저항군의 중심 세력이 있는 그 성읍 망대를 불사르려고 했던 것이다. 그러나 한 여인이 위에서 던진 맷돌 윗 짝에 아비멜렉이 머리를 맞아 죽게 되자 그의 세력은 완전히 분산되었다. 그때 망대 안에 있던 군대가 의외의 승리를 거둠으로써 가알이 일시적으로 세력을 장악했던 것으로 보인다. 10장 1절에서 돌라가 아비멜렉이 죽은 후 사사직분을 수행한 것은 어느 정도의 시간이 지난 후였을 것으로 이해해야 한다.

되었다. 그렇게 되자 저들은 여호와 하나님께 부르짖지 않을 수 없었다.

그때 하나님께서는 잇사갈 지파에 속한 부아(Puah)의 아들인 돌라(Tola)를 사사로 세우셨다. 그것은 하나님께서 이스라엘 자손들에게 베푸신 특별한 은혜였다. 하나님의 각별한 도우심이 없는 상태에서는 그들이 이방인들의 압제로부터 빠져 나올 수 있는 방법이 없었다. 따라서 하나님께서 친히 고통에 빠져 신음하는 언약의 백성들을 구출해 내시게 되었다.

돌라는 주로 에브라임 산지 사밀(Shamir) 지역에 거주하면서 하나님의 사사로서 활동했다. 그는 사사가 되어 이십삼(23) 년 동안 이스라엘 백성들 가운데 사역하면서 하나님의 뜻을 전하며 이방인들의 공격을 방어하다가 생명을 마감했다. 그는 결국 나이가 많아 죽어 자기가 살던 사밀 지역에 장사되어 묻혔다.

2. 사사 야일(삿 10:3-5)

이스라엘 민족을 인도하던 사사 돌라가 죽은 다음에는 길르앗 출신 야일(Jair)이 등장하게 되었다. 하나님께서 그를 언약의 백성들을 위한 사사로 세우셨던 것이다. 그는 이십이(22) 년 동안 이스라엘의 사사가 되어 백성들 가운데 거하면서 저들을 보호하며 다스리는 사역을 감당하게 되었다.

야일에게는 서른 명이나 되는 많은 아들들이 있었다. 그들은 모두 유능한 인물들이어서 제각기 길르앗 지역의 서른 개의 성읍을 다스리는 두령들이 되어 활동했다. 따라서 각각 자기의 나귀를 타고 위엄을 나타내며 백성들을 다스렸던 것이다.

야일의 자식들이 통치하던 여러 성읍들은 사사시대 말기까지 존속했다. 후대의 사람들은 그 지역을 하봇 야일(Havvoth-Jair)이라는 이름을 붙여 불렀다(삿 10:4). 그 말이 가지는 의미는 '야일의 장막' 즉 '야일의 주거지'라는 뜻을 지니고 있었다. 이스라엘 백성은 나중까지 그 장소들과 이름을 통해 과거에 있었던 사사를 통한 구출 사건들을 기억하며 하나님의 교훈을 배울 수 있게 되었다.

하지만 야일에게 서른 명의 아들들이 있었다는 사실은 그가 온당한 가정생활을 한 것이 아니었음을 말해주고 있다. 상식적으로 볼 때 한 사람의 아내에게서 그 많은 자식을 낳을 수는 없다. 이는 그가 원래의 본처本妻 이외에 여러 명의 첩을 두고 있었다는 것을 의미한다. 이 말은 사사였던 그도 자기의 욕망에서 자유롭지 못한 연약한 인간에 지나지 않았다는 사실을 보여주고 있다. 비록 하나님께서 택하신 사사 직분을 감당한 인물이라 할지라도 여전히 나약한 면모를 지니고 있었던 것이다.

그렇다고 해서 그의 연약함이 오늘날 우리의 악하고 연약한 모습을 정당화하거나 합리화시킬 수 있는 근거가 될 수는 없다. 우리가 분명히 깨달아야 할 사실은 하나님께서는 개별적인 영웅이 아니라 자기 백성들을 위해 친히 일하셨다는 사실이다. 이와 같은 일들은 오늘날 우리시대에도 그대로 진행되고 있다.

하나님의 특별한 부르심을 받고 이스라엘 민족을 위해 사역하던 야일도 나이가 많아 죽을 수밖에 없었다. 그가 사망하게 되자 가몬(Kamon) 지역에 장사를 지냈다. 우리는 여기서 모든 사사들 역시 하나님의 사역을 성실하게 감당하다가 때가 이르면 죽는다는 사실을 보게 된다. 이 세상에 살아가는 인간들은 어느 누구라도 이땅에서 영원히 살아갈 수 있는 존재가 아니다.

그러나 세상의 역사 가운데 살아가는 인간들은 끊임없이 교체되지만 하나님께서는 계속해서 자신의 구원 사역을 구체적으로 이어가고 계신다. 이는 하나님께서 자신의 거룩한 목적을 이루시기 위해 친히 역사하시는 모습을 보여주고 있다. 사사시대의 이스라엘 백성들은 상이한 시대 다양한 지역에서 태어났다가 죽기를 반복했지만 적절한 때가 되면 그 가운데서 하나님의 보내심을 받은 여러 사사들이 나타나 이스라엘 민족을 위한 사역을 감당하게 되었다.

하지만 우리가 기억해야 할 사실은, 이스라엘이 가나안 땅에 진입하자마자 여호수아에게 나타나셨던 '여호와의 군대장관'(수 5:13-15)은 인간들의 눈에 보이지 않았을지라도 잠시도 쉬지 않고 백성들 가운데서 그 사역을 지속하고 계셨다는 사실이다. 이는 그리스도께서 항상 언약의 자손들과 함께 계신다는 사실을 말해준다. 지혜로운 사람이라면 그것을 분명히 깨닫고 있어야만 했다.

이에 대해서는 오늘날 우리시대 역시 마찬가지다. 역사적 교회 가운데는 하나님으로부터 직분을 맡은 많은 사역자들이 등장해서 하나님의 복음을 선포하다가 때가 되면 죽게 된다. 그 일은 지금도 변함없이 그대로 되풀이 되고 있다. 그러나 성령 하나님께서는 저들의 배후에서 지속적으로 교회를 보호하며 그 놀라운 사역을 감당하고 계신다.

3. 이스라엘 민족의 배도

(1) 블레셋과 암몬 자손들의 신을 섬기는 백성들(삿 10:6-9)

이스라엘 자손들은 또다시 여호와 하나님의 목전에서 악을 행했다. 인간들은 조금이라도 틈이 생기면 저들을 구원해주신 하나님을 버리고 이기적인 판단에 따라 사고하고 행동하기를 좋아한다. 이번에도 그들은 바알들과 아스다롯과 아람의 신들과 시돈의 신들과 모압의 신들과 암몬 자손의 신들과 블레셋 사람들의 신들을 섬겼다(삿 10:6).

이는 모든 이스라엘 백성들이 개인적인 취향에 맞는 이방신들을 제각기 하나씩 선택해 따로 섬겼다는 것이라기보다 위에 언급된 다양한 종족들의 종교와 신들을 혼합해서 받아들였다는 의미로 보아야 한다. 즉 그들은 각 종교마다 제 눈에 좋아 보이는 것들을 주관적인 입장에서 선택해 취하고자 했던 것이다. 물론 그들 스스로는 이방신들만을 섬긴다고 주장하지 않았을 것이며, 말과 생각으로는 종교심의 한 모퉁이에 여호와 하나님을 두고 있었을 것이 분명하다.

그러므로 그들은 다양한 이방신들의 사상과 혼합된 양상의 기복적인 신앙을 가지고 있으면서도 마치 여호와 하나님을 섬기는 것으로 착각하고 있었을 것이다.[28] 어쩌면 그들은 이스라엘을 인도하시는 여호와 하나님도 열심히 섬기고 다른 종족들의 신들에 대해서도 존경하는 마음을 가진다고 주장했을지 모른다. 그들은 그것이 여호와 하나님에 대한 배도의 길이라는 사실을 미처 깨닫지 못했을 수도 있는 것이다.

하지만 그와 같은 혼합주의 종교를 받아들이는 태도는 하나님을 크게 진노케 하는 악행이었다. 그것은 하나님의 진노를 유발하지 않을 수 없었다. 따라서 하나님께서는 그들을 블레셋과 암몬 사람들의 압제 아래 넘겨주시고자 했다. 그리하여 그 이방 종족들이 그 해에 요단강 동쪽 길르앗의 아모리 족속의 땅에 있던 이스라엘 자손을 침공해 들어왔다. 결국 이스라엘 자손은 이방인들에 의해 크게 패배당하게 되었다. 그렇게 해서 십팔(18)년 동안 저들로부터 학대를 당하면서 심한 억압을 받았다.

또한 그와 더불어 암몬 자손이 요단강을 건너와 유다와 베냐민과 에브라임 족속을 공격해 왔다. 이스라엘 자손은 저들의 막강한 세력을 물리치지 못하고 패배함으로써 매우 심한 고통을 당하지 않으면 안 되었다. 여호와 하나님을 의지하지 않고 자신의 종교적인 욕망을 따라가는 인간들은 결국 패망의 길을 걸어갈 수밖에 없었던 것이다.

(2) 이스라엘 민족의 부르짖음과 하나님의 은혜(삿 10:10-16)

어리석은 이스라엘 자손은 저들에게 은혜를 베풀어 주신 여호와 하나님

28) 예수님 당시의 배도에 빠진 바리새인들을 비롯한 이스라엘 민족 지도자들 역시 그와 같았다. 그들은 열성적으로 종교생활을 했지만 실상은 여호와 하나님이 아니라 이방 종교 사상을 받아들이고 있었다. 그러므로 그 사람들은 하나님의 아들이신 예수님을 십자가에 못 박아 죽이는 행위를 하면서도 종교적인 자부심을 버리지 않았던 것이다.

을 버리고 이방인들의 다양한 종교 사상을 받아들였다. 그리하여 혼합된 신을 조작하여 섬김으로써 하나님을 진노케 했다. 그렇게 함으로써 저들은 하나님의 도움을 입지 못한 채 또다시 이방인들의 압제를 받게 되었다.

언약의 백성들로서 이방인들의 통치 아래 놓이게 되었다는 사실 자체가 치욕적인 일이었다. 그들은 결국 그 고통을 견디지 못해 다시금 여호와 하나님께 부르짖지 않을 수 없었다. 그들은 하나님을 버리고 이방의 신들을 섬긴 것에 대한 죄악을 깨닫고 뉘우치게 되었던 것이다.

그 백성은 견디기 힘든 고통의 과정을 거치고 나서야 뒤늦게 하나님께 범죄한 사실을 깨닫게 되었다. 하지만 이번에는 하나님께서 저들을 쉽게 용서해 주실 것 같지 않았다(삿 10:13). 하나님께서는 그들에게 지금까지 이스라엘 백성이 자기에게 부르짖을 때마다 저들의 간구에 기꺼이 응답해 들어주셨음을 언급하셨다. 애굽, 아모리, 암몬, 블레셋, 시돈, 아말렉, 마온 사람들로부터 심한 압제를 받을 때 이스라엘 백성을 긍휼히 여겨 구출해 주셨음을 상기시키셨던 것이다.

이스라엘 자손들은 하나님의 은혜에도 불구하고 기회가 되면 또 다시 구원을 베풀어 주신 여호와 하나님을 버리고 배도의 길에 빠져들었다. 그리고는 다른 이방 신들을 섬기는 더러운 악행을 되풀이 했다. 하나님께서는 동일한 악행에 빠지기를 되풀이 하는 그 백성들을 이제는 구원해 주시지 않으리라는 생각을 하시기에 이르렀다.

그리하여 하나님은 이스라엘 백성들에게 이제 더 이상 자기를 찾지 말라고 말씀하셨다. 즉 저들이 호감을 가지고 택하여 섬기는 그 이방인의 신들에게 구출해 달라고 요청하라는 것이었다. 그만큼 모든 열정을 다해 음란하게 이방종교를 따르고 섬겼으면 그 신들이 저들을 구해주는 것이 당연하지 않느냐고 말씀하셨던 것이다. 우리는 이를 통해 여호와 하나님께서 저들에게 얼마나 크게 진노하셨는가 하는 점을 알 수 있다.

이스라엘 자손은 저들이 처한 형편과 하나님께서 하시는 말씀을 듣고 나서야 비로소 저들이 얼마나 큰 죄를 저질렀는지 깨닫게 되었다. 그 깨달음 역시 하나님께서 베푸신 은혜로 말미암은 것이었다. 따라서 백성들은 그 모든 정황을 파악하고 하나님께 간절히 부르짖으며 매달렸다. 주께서 저들의 악행에 대해 직접 벌을 내리실지라도 그 모든 것을 달게 받을 터이니 이방인의 압제로부터 구출해달라는 것이었다.

그리고는 저들 가운데 있는 이방 신들에 연관된 모든 것들을 제거했다. 그 백성들은 다시금 여호와 하나님 한 분만을 섬기기로 작정했다. 그들은 여호와 하나님께서 구원해주지 않겠다고 말씀하셨지만 결코 포기하지 않고 그 하나님을 바라보면서 간구했다. 저들이 저지른 악행에 대해 하나님으로부터 심한 징계를 받는다고 할지라도 이방인들의 종교적인 그늘에서 벗어나겠다는 것이었다. 그에 대한 실제적인 믿음의 표시로써 저들 가운데 두었던 눈에 보이는 모든 신상들과 저들의 삶 가운데 스며있던 악한 사상들을 전부 제거하게 되었던 것이다.

그와 같이 행하는 이스라엘 자손의 겸허한 자세와 행동을 보고 하나님께서는 저들이 당하는 압제와 고통을 기억하셨다. 언약에 신실하신 하나님은 이방인으로부터 어려움을 당하는 이스라엘 백성을 보며 긍휼한 마음을 가지시게 되었던 것이다. 이는 하나님께서 자신의 자비하신 성품으로 인해 저들을 불쌍히 여기신 사실을 보여주고 있다.

우리는 여기서 현실적인 몇가지 교훈을 배우게 된다 : 첫째는, 인간들이 동일한 악행을 되풀이하여 저지르는 문제에 관한 것이다. 그것은 개별 인간들에게도 해당되며 집단적으로도 적용될 수 있다. 지혜로운 자들은 하나님 앞에서 동일한 악행을 저지르지 않기 위해 항상 깨어있기를 애쓴다. 하지만 미련한 자들은 자신의 욕망에 이끌려 같은 악을 끊임없이 되풀이하게 된다.

둘째는, 하나님께서 기도에 대한 응답을 들어주지 않으신다고 여겨질 때도 하나님 앞에서 회개를 지속하며 하나님을 의지해야 한다는 것이다.

하나님의 즉각적인 응답이 없다고 해서 회개를 그만두고 원래대로 돌아간다면 그보다 어리석은 행동은 없다. 그것은 곧 되돌릴 수 없는 끔찍한 파멸을 예고하고 있기 때문이다.

셋째는, 세상에서 당하는 것보다 견디기 힘든 어떤 고통이 따른다고 할지라도 하나님으로부터 주어진 그 징계를 달게 받을 수 있어야 한다. 성숙한 성도들은 그 모든 것들을 견뎌내고자 최선의 노력을 기울인다. 그것은 물론 성령 하나님의 도우심 없이는 가능하지 않다. 성도들이 그와 같은 자세를 가질 수 있는 것은 오직 천상의 소망을 바라보기 때문이다. 따라서 진정으로 하나님의 은혜를 입은 성도들이라면 그가 주시는 사랑의 채찍을 감사하게 받지 않으면 안 된다.

(3) 전투 준비(삿 10:17-18)

암몬 자손들은 이스라엘 백성들을 공격하기 위해 길르앗 지역에 진을 치고 마지막 전열을 가다듬고 있었다. 한편 이스라엘 백성은 전투 준비에 미진했을지라도 그냥 가만히 앉아서 당할 수는 없었다. 따라서 저들에 맞서 대응하고자 하여 미스바에 진을 치고 사태를 주시했다. 이리하여 양쪽 진영이 전투를 앞두고 일촉즉발一觸卽發의 긴박한 상황에 직면하게 되었던 것이다.

그때 길르앗 지역에 살고 있던 여러 주민들과 지도자들은 당면한 문제를 두고 그에 대한 대책을 논의하지 않을 수 없었다. 그 결과 누가 과연 먼저 나가 막강한 암몬 자손의 군대에 맞서 전투를 시작하겠느냐는 것에 대해 중지衆智를 모았다. 누구든지 암몬 군대와 싸우기 위해 병사들을 지휘하여 앞으로 나아가는 자는 그가 길르앗 모든 주민들의 최고 두령이 되리라는 것이었다(삿 10:18). 이는 저들과 맞서 싸울 만한 마땅한 용사가 없었다는 사실을 반증해주고 있다.

사사 야일이 죽은 후였던 당시는 이스라엘 민족 가운데 하나님의 사사가 없던 시기였다. 하나님께서 특별히 지명해 보내주시는 사사가 없는 상황에서 이스라엘 백성들의 민의民意를 배경으로 하여 내세운 자가 전쟁을 승리로 이끌 수 없었다. 그렇지만 저들은 달리 어떻게 할 방도가 없었으므로 그렇게나마 하려고 했던 것이다.

그러나 하나님께서는 자기 백성들이 전혀 인식하지 못하는 사이에 저들을 위한 사사를 예비해 두고 계셨다. 아직 때가 이르지 않아 사람들 앞에 공적으로 드러나지 않고 있었지만 이미 예비되어 있었던 것이다. 하지만 대다수 일반 백성들은 그에 대한 사실을 전혀 감지할 수 없었다. 우리는 여기서 하나님의 계획과 그것을 알지 못한 채 인간들이 겪고 있는 현실 사이에 상당한 차이가 난다는 사실을 알게 된다. 지혜로운 사람들은 어떤 힘든 역경에서라도 하나님의 놀라운 섭리와 경륜을 믿고 그것을 기대하게 된다.

제13장

사사 입다와 그의 딸

(삿 11:1-40)

1. 버림받은 입다(삿 11:1-3)

길르앗 출신인 입다(Jephthah)는 불행한 가운데 태어난 인물이었다. 그를 낳은 어머니는 몸을 파는 창녀(harlot)였으며 그의 아버지는 길르앗(Gilead)이었다. 물론 그 여자는 그의 원래 부인이 아니었다. 당시에는 그런 비정상적인 환경 가운데 출생한 아들이 훌륭한 인물로 자라나기를 기대하기 어려운 상황이었다.

길르앗의 아내 또한 여러 명의 자식들을 낳았다. 길르앗은 자신의 본처에게서 난 아들들뿐 아니라 바깥에서 난 자식도 함께 키웠다. 하지만 그 아들들이 성장하게 되자 저들의 아버지 길르앗이 창녀로부터 낳은 아들이자 이복형제인 입다를 달갑게 여기지 않아 집에서 쫓아내게 되었다. 그들은 그가 부정한 여자의 자식이기 때문에 저들의 아버지의 집으로부터 상속을 잇지 못하도록 했던 것이다.

결국 입다는 자기 이복형제들의 눈을 피하여 돕(Tob) 땅으로 도망가서 거주하게 되었다. 그러자 그의 주변에는 불량한 무리들이 몰려들었다(삿 11:3). 그때 입다는 좋지 않은 친구들을 사귀며 자기의 세력을 펼쳤던 것으로 보인다. 그에 대한 소문이 사방에 퍼진 것으로 보아 그 사실을 쉽게 짐작할 수 있다.

2. 암몬 자손의 위협과 최고 지휘관으로 추대되는 '입다' (삿 11:4-11)

입다가 불량배와 같은 잡된 무리들과 어울리며 두령이 되어 있을 때 암몬 자손이 이스라엘을 침략해 왔다. 이는 이스라엘 자손에게 적잖은 위기가 닥쳤음을 의미하고 있다. 그들은 이제 그에 맞설 만한 특단의 대책을 강구하지 않으면 안 되었다. 하지만 그들에게는 뾰족한 묘수가 없었다.

그러므로 이스라엘 백성의 지도자들은 하는 수 없이 다른 지역으로 쫓겨나 살고 있던 입다를 기억하고 그를 데려오기로 결의했다. 그는 태생적으로 볼 때 일반 백성들이 좋아할 만한 인물이 아니었다. 나아가 불량한 사람들과 어울리는 그를 존경하거나 흠모할 대상으로 여기지 않았을 것이 분명하다. 그러나 저들에게는 입다를 지휘관으로 청해 앞세우는 것 이외에는 달리 방법이 없다고 판단했다.

이는 교만에 빠진 이스라엘 민족을 부끄럽게 만드는 일이었다.[29] 언약의 자손임을 자랑으로 여기던 자들 가운데 지도자가 될 만한 사람이 아무도 없었기 때문이다. 백성의 지도자들은 가장 천박한 자로 여기던 입다를 민족의 지도자로 세우기를 요청함으로써 이스라엘 모든 사람을 그보다도 못한 자들로 만들어 버리게 된 것이다.

그럼에도 불구하고 그들은 돕 땅으로 장로들을 보내 그를 데려오고자 했다(삿 11:5). 암몬 자손과 싸우기 위해 이스라엘의 지휘관이 되어 달라고 요청하려는 것이었다. 저들의 요청을 들은 입다는 그 전에 자기가 미움을

29) 우리는 앞서 하나님께서 여성인 드보라를 사사로 세우시면서 이스라엘을 부끄럽게 하신 것을 보았다. 이처럼 창녀의 몸에서 출생했을 뿐 아니라 불량배들과 어울리는 입다를 사사로 부르심으로써 이스라엘을 부끄럽게 하시는 하나님을 보게 된다.

당해 아버지 집에서 쫓겨났던 사실을 언급하며 서운한 마음을 감추지 않았다. 과거에는 그렇게 멸시했으면서 이제 와서 원수로부터 환난을 당한다고 자기를 찾아와 도움을 요청하는 것이 못마땅하다는 것이었다.

입다의 반응을 본 길르앗 장로들은 그에게 송구한 자세를 취하면서, 지금 저들이 그를 찾은 것은 암몬 족속에 저항해 싸우는 일에 앞장서 달라는 부탁을 하기 위한 것이란 사실을 강조했다. 그 방법 이외에는 달리 어떻게 할 만한 대안이 저들에게 없었던 것이다. 암몬 자손은 입다에게도 원수와 같은 존재였던 것이 분명하다. 입다가 저들의 요청을 받아들이게 된다면 길르앗 모든 거민의 최고 지휘관이 되리라는 사실이 장로들이 임석한 그 자리에서 약속되었다.

장로들이 제시한 모든 말을 듣고 난 입다는 저들이 언급한 내용을 다시금 확인했다. 자기가 저들의 말대로 고향으로 돌아가 암몬 자손과 맞서 싸우고, 만일 여호와 하나님께서 이스라엘 민족으로 하여금 승리케 하시면 자기를 최고 지도자로 삼고자 하는 약속에 대해 이의를 달지 않겠느냐는 것이었다(삿 11:9). 여기서 우리는 입다가 여호와를 언급한 것으로 보아 그동안 하나님을 경외하며 의지하는 자가 되어 있었다는 사실을 보게 된다.

그는 몸을 파는 창녀인 어머니에게서 태어난 자였으며 아무에게도 호감은커녕 제대로 된 인정을 받을 수 없는 인물이었다. 나아가 아버지의 집과 고향으로부터 쫓겨나 멀리 다른 지역으로 가서 불량배들과 어울려 지내며 살아 왔었다. 그런 그가 여호와 하나님을 의지하고 믿는 인물로 변화되어 있었던 것이다.

우리는 여기서 사람의 외모를 보고 판단해서는 안 된다는 사실을 기억하게 된다. 좋은 가정의 훌륭한 부모 아래서 자라났다고 해서 그것만으로 건전한 의미를 발생시키지 않는다. 나아가 불량한 자들과 뒤섞여 험난한 인생을 살지 않고 윤리적으로 성실한 삶을 산 사람이라 할지라도 그것 자체로서 여호와 하나님을 경외하는 것이라 말할 수 없다.

입다가 자신의 장래 지위에 연관된 문제에 대해 그와 같은 반응을 보이자 길르앗 장로들은, 여호와 하나님이 입다와 저들 사이에 증인이 될 것이며 그가 한 말대로 이행하리라고 약속했다. 그렇게 하여 장로들은 그를 백성의 지도자와 지휘관으로 삼았다. 입다는 이스라엘 민족 가운데 최고의 지위를 얻은 다음 미스바(Mizpah)에서 자기의 모든 말을 여호와 하나님 앞에 아뢰게 되었다. 이는 입다가 새로운 임무를 맡게 된 것을 백성들에게 선포하는 의미를 지니고 있었다.

3. 입다와 암몬 자손의 왕 사이의 설전舌戰(삿 11:12-28)

이스라엘 민족의 지도자가 된 입다는 암몬의 왕에게 사신들을 보냈다. 무슨 까닭으로 가만히 있는 이스라엘 사람들의 지경을 침범하려느냐는 것이었다. 이는 침공 계획을 즉시 멈추라는 경고성 의미를 담고 있었다.

입다의 말을 들은 암몬의 왕은 이스라엘 사신들에게 그에 대한 답변을 했다. 암몬 자손이 이스라엘을 그냥 두지 못할 만한 충분한 역사적인 근거와 이유가 있다는 것이었다(삿 11:13). 이스라엘 자손이 출애굽한 후 가나안 땅으로 올라오면서 아르논(Arnon)에서부터 얍복(Jabbok)과 요단(Jordan)까지 저들의 땅을 점령한 것은 부당한 행위였다고 말했다. 따라서 피 흘리는 전쟁 없이 그 땅을 되돌려 달라는 요구를 했다.

암몬 왕이 사신들을 통해 전달한 말을 듣게 된 입다는 이스라엘 민족이 과거에 모압 땅과 암몬 자손의 땅을 점령한 적이 없었다는 사실을 말했다. 이스라엘이 이집트를 탈출해 나올 때 광야를 거쳐 홍해를 건너 가데스(Kadesh)에 이르렀을 때 에돔 왕에게 사신을 보내 그 지역을 통과할 수 있도록 허락해 달라고 요청한 일이 있었다. 그런데 에돔 왕은 그것을 거절하고 허락해주지 않았다.

이스라엘은 당시 모압 왕에게도 사신을 보내 동일한 요구를 했지만 그도 거절했다. 그렇게 되자 이스라엘 민족은 하는 수 없이 가데스에 머물러 있다가 광야를 지나 에돔과 모압 지경을 돌아서 모압 땅 동편 지역으로 갈 수밖에 없었다. 하지만 아르논 개울이 그 국경을 이루고 있었기 때문에 아르논 개울 건너편에 진을 치고 있으면서 모압 국경에는 발을 들여놓지 않았다.

그리하여 이스라엘 민족은 헤스본(Heshbon)에서 통치하던 아모리 족의 시혼(Sihon) 왕에게 사신을 보냈다. 그가 다스리는 영역을 지나가게 해달라는 요청을 하기 위해서였다. 하지만 시혼 왕은 이스라엘 백성이 자신의 영토를 지나가는 것을 허락하지 않았다. 그는 도리어 군대를 동원해 야하스(Jahaz)에 진을 치고 이스라엘 백성에게 침공해 왔기 때문에 맞서 싸우게 되었을 따름이다.

그러나 여호와 하나님께서 시혼 왕과 그의 군대를 이스라엘의 손에 부치셨으므로 그들을 타파해 물리쳤다. 승리를 거두게 된 이스라엘 백성은 아모리 사람들을 몰아내고 그 땅을 정복했다. 이렇게 하여 이스라엘은 아르논 개울과 얍복 강 사이에 있는 광야로부터 요단강에 이르는 저들의 땅을 차지하게 되었다.

이처럼 여호와 하나님께서 오래전 아모리 사람들을 몰아내고 그곳을 이스라엘 민족에게 주셨다. 그러므로 입다는 이제 와서 암몬 족속이 이스라엘 민족을 그곳에서 나가라고 하는 것은 말이 되지 않는다고 항변했다. 그러면서 암몬 자손들도 저들의 신 그모스(Chemosh)가 빼앗은 땅을 차지하고 있지 않느냐는 언급을 했다. 그렇다면 이스라엘 민족이 여호와 하나님께서 자기 백성을 위해 빼앗아 주신 땅을 차지하고 있는 것은 아무런 문제가 될 것이 없다는 것이었다.

입다는 저들에게 여호와 하나님께서 인도하시는 이스라엘 민족을 가볍게 보지 말라고 경고했다. 또한 그전에 모압 왕 십볼의 아들 발락도 이스라엘 백성에게 대항할 엄두를 내지 못했다는 사실을 언급했다. 그러할진

대 암몬 족속이 감히 여호와 하나님이 도우시는 이스라엘 백성에게 덤비려고 하느냐는 것이었다.

이스라엘 민족이 헤스본(Heshbon)과 거기 딸린 촌락 아로엘(Aroer)과 요단강을 끼고 있는 마을들에 자리잡고 살게 된 지가 벌써 삼백(300) 년[30]이나 되어 가는데 왜 이제 와서 문제를 삼느냐고 이야기했다. 입다는 자기가 암몬 자손에게 잘못한 것이 없는 상태에서 악의를 품고 전쟁을 걸어오는 것은 결코 용납할 수 없다는 사실을 분명히 했다.

그러므로 심판자이신 여호와 하나님께서 이스라엘 백성과 암몬 족속 사이를 판가름해 주시기를 원한다고 말했다. 그러니 지금이라도 이스라엘을 공격하려는 행동을 멈추라는 것이었다. 그러나 암몬 족속의 왕은 입다가 사신을 통해 전하는 말을 듣고도 그것을 받아들이지 않고 완전히 무시해 버렸다.

4. 사사 입다의 출전과 서원(삿 11:29-33)

암몬의 왕이 입다가 보낸 사신의 말을 거절하게 되자 전쟁이 발발하게 될 위기에 처했다. 외견상 드러나는 전력戰力으로 따진다면 이스라엘 백성이 암몬 족속에게 승리할 가능성은 거의 없어보였다. 그렇다고 해서 입다에게는 그 전쟁을 중단시킬 만한 모든 명분이 이제 사라져 버렸다.

그때 입다에게 하나님의 성령께서 임하시게 되었다. 그것은 전적인 하나님의 사역이었다. 그러자 입다는 이스라엘 군대를 이끌고 암몬 족속의 진지를 향해 나아갔다. 그들은 길르앗과 므낫세의 지역을 지나 길르앗의 미스베(Mizpeh)를 거쳐 암몬 자손들의 진영이 있는 곳으로 진격해 들어갔던 것이다.

---

30) 이는 햇수로 정확하게 삼백 년이라기보다, 사사시대의 전체 기간을 감안해 볼 때, 이백년이 훨씬 넘는 오랜 기간이라는 의미로 사용된 것으로 이해하는 것이 자연스럽다.

물론 당시 입다도 자신과 이스라엘 백성의 군사적 능력으로는 그 전쟁에서 승리할 수 없다는 사실을 잘 알고 있었다. 따라서 긴박한 상황에 처한 가운데서 여호와 하나님께 매우 중요한 서원을 했다. 그것은 하나님께서 이스라엘 자손에게 암몬 족속에 대한 승리를 허락하신다면 저들을 진멸하고 평안히 집으로 돌아올 때 가장 먼저 자기 집 문앞에 나와 자기를 영접하는 자를 여호와 하나님께 번제물로 바치겠다는 것이었다.

우리는 먼저 여기서 입다의 서원이 과연 온당한 것이었는가에 대한 점을 생각해 보아야 한다. 분명한 점은 그가 하나님께서 요구하시지 않은 것을 자기 스스로 그렇게 서원했다는 사실이다. 하나님께서는 입다가 그렇게 하기를 원하지 않으셨을 것이 틀림없다. 이를 통해 우리가 알 수 있는 것은, 당시 입다는 이스라엘의 승리 이외에 아무것에도 관심을 두고 있지 않았다는 점이다.

입다는 결국 자기 스스로 하나님 앞에서 맹목적인 서원을 하고는 암몬 족속과 전투를 벌였다. 죽기를 각오한 전쟁의 결과 이스라엘 백성은 암몬 자손을 물리칠 수 있었다. 아로엘(Aroer)에서부터 민닛(Minnith)에 이르기까지 스무 개의 성읍을 공격하고 또 아벨 그라밈(Abel Keramim)까지 크게 무찌르게 되었다.

그렇게 되자 암몬 족속은 이스라엘 백성 앞에 항복하지 않을 수 없었다. 암몬에 대한 이스라엘의 승리는 전적으로 여호와 하나님의 도우심으로 말미암은 것이었다. 하지만 그것이 입다의 맹목적인 서원으로 인한 결과가 아니었음을 깨닫는 것은 매우 중요하다.

5. 입다의 외동딸(삿 11:34-40)

암몬 자손에게 최종적인 승리를 거둔 입다는 개선장군이 되어 승리의 기쁨을 안고 미스바에 있는 집으로 돌아왔다. 그러나 그 기쁨은 집에 도착한 순간 삽시간에 산산조각 나버렸다. 자기의 사랑하는 무남독녀無男獨女인 외동딸이 전쟁에서 승리하고 돌아오는 아버지를 환영하기 위해 맨먼저 소고小鼓를 잡고 춤추며 나왔기 때문이다. 물론 그 딸은 자기 아버지가 전쟁을 앞두고 여호와 하나님 앞에서 무슨 서원을 했는지 알 턱이 없었다.

입다에게는 자기의 사랑하는 딸이 가장 먼저 집 밖으로 나온 것이 청천벽력青天霹靂 같은 일이었다. 입다는 그 광경을 보고 자기 옷을 찢으며 깊은 슬픔에 잠겼다.[31] 자기 딸이 집으로부터 밖으로 나와 소고를 잡고 춤을 추며 환영한 것이 참담한 상황을 만들었으며 그에게는 엄청난 괴로움을 가져오게 되었다.

입다는 여호와 하나님께 특별한 서원을 했으므로 그것을 갚지 않을 수 없다는 사실을 딸에게 말했다. 전쟁에서 승리를 거둔 자기를 환영하며 기뻐하는 그 딸을 하나님 앞에 번제로 바쳐야 한다는 것이었다. 그는 자기가 한 서원에 대한 정당성이나 부당성을 생각하지 않고 서원했다는 사실 자체에만 의미를 두고 있었던 것이다.

상상치도 못했던 그 놀라운 사실을 듣게 된 입다의 딸은 자기 아버지가 하나님 앞에서 서원한 대로 자신에게 행하라고 말했다. 그녀는 아버지가 그렇게 해야 하는 이유가 하나님께서 그를 통해 적군인 암몬 족속에게 원수를 갚도록 해주셨기 때문이라는 것이었다(삿 11:36). 이는 은연중 입다가 그와 같은 서원을 했기 때문에 하나님으로부터 승리를 보장받게 된 것인양 비쳐지고 있다. 즉 입다의 딸도 자기 아버지의 서원을 마땅히 지켜야 하는 것으로 받아들였던 것이다.

전후 사정을 파악하게 된 입다의 딸은 아버지에게 간청할 것이 있다고 말했다. 그녀는 자기는 이제 곧 죽어 하나님 앞에 번제물로 바쳐질 몸이니

---

31) 만일 그때 자기의 외동딸이 아니라 다른 어떤 사람이 먼저 집으로부터 나와 번제로 태워져 죽게 되었다면 입다는 여전히 전승의 기쁨에 취해 있었을 것이다. 그러나 그와 같은 태도는 결코 하나님의 사람으로서 가질 수 있는 올바른 신앙 자세라 말할 수 없다.

두 달간의 기한을 정해 자기 여자 친구들과 함께 산에 올라가 죽음을 준비할 수 있도록 허락해 달라고 당부했다. 그곳에 가서 자기가 혼인하지 않은 채 처녀의 몸으로 죽게 된 사실로 인해 애곡하도록 해 달라는 것이었다(삿 11:37).

그런데 그녀는 왜 혼자 산에 올라가지 않고 자기 친구들과 함께 가려고 했을까? 그리고 혼인하지 않은 처녀로 죽는 것에 대해 굳이 애곡하기를 원했을까? 그녀가 친구들과 함께 산으로 올라 간 것은 모든 백성들에게 알려지는 공개적인 의미를 지니게 된다. 그리고 그녀가 애곡한 것은 죽음에 놓인 자기 자신의 신세에 대한 슬픔 때문이 아니라 무남독녀를 둔 자기 아버지 입다의 집안과 그 혈통에 대한 상속 문제와 밀접하게 연관되어 있었던 것으로 이해해야 한다.

그러므로 딸의 간청을 들은 입다는 자기 딸의 요청을 허락했다. 입다는 자기 딸을 굳게 믿고 있었다. 집을 떠나 두 달을 산 위에 머물러 있다는 것은 매우 긴 기간이다. 만일 그 딸의 마음이 변한다면 도피할 수도 있는 문제였다. 그렇게 되면 자기가 하나님 앞에 서원한 내용을 어기게 되는 심각한 문제를 안고 있다.

당시에도 여호와 하나님을 전혀 경외하지 않는 불량한 사람들이 많이 있었다. 그에 대해서는 과거에 못된 불량배들과 함께 어울려 지낸 경험이 있던 입다 자신이 누구보다 잘 알고 있었다. 그의 딸도 이기적인 마음이 생기고 죽음이 두렵게 여겨지면 얼마든지 아버지를 떠날 수 있는 문제였다. 더구나 그것은 자기가 서원한 것이 아니라 아버지 입다가 일방적으로 한 서원이었으므로 엄격하게 말하자면 설령 그녀가 도망친다 하더라도 그녀에게 직접적인 잘못이 있다고 말할 수 없다.

그럼에도 불구하고 입다는 죽음을 앞 둔 자기 딸의 요청을 기꺼이 받아들여 응했다. 산 위에 올라가 두 달 동안 자신에게 일어난 모든 형편을 두고 애곡하도록 허락했던 것이다. 그리하여 입다의 딸은 자기의 친구들과 함께 산 위로 올라가서 두 달 동안 애곡한 후 아버지 집으로 다시 돌아왔다.

입다는 여호와 하나님께 서원한 대로 산 위에서 돌아온 자기 딸을 죽여 번제로 바쳤다. 이 일은 모든 이스라엘 백성에게 큰 슬픔이 되었다. 이는 또한 이스라엘 자손에게 규례가 되어 백성의 딸들이 해마다 입다의 딸을 위해 나흘씩 애곡했다. 입다의 딸이 죽기 전에 자기 여자 친구들을 데리고 산 위로 올라갔던 것은 나중에 있을 그 규례에 연관되어 있었다. 우리는 그 관습이 얼마나 오래 진행되었는지 모르지만 이스라엘 역사 가운데 상당 기간 동안 이어졌으리라는 사실을 쉽게 알 수 있다.

그런데 우리는 여기서 몇가지 중요한 문제를 생각해보지 않을 수 없다. 첫째, 입다의 서원은 부당한 것이었다는 점이다. 하나님께서 사람의 몸을 태워 제물로 바치겠다는 서원을 적법한 것으로 인정하실 리 없다. 자기 딸을 번제로 바치겠다고 한 입다의 서원은 올바른 서원이 아니었던 것이 분명하다.[32] 우리는 여기서 부당한 서원도 반드시 지켜야 하는지 생각해 볼 수 있다. 물론 잘못된 서원이라면 지키지 않아도 되며, 그것이 악한 것이라면 지키지 말아야 한다. 하지만 그에 대한 철저한 회개와 뉘우침은 반드시 따라야 한다.

둘째, 입다의 딸은 직접 잘못한 것이 없다. 그녀는 자기도 모르는 사이 자기 아버지가 자신의 생명을 두고 서원했으리라고는 상상조차 하지 못했다. 그럼에도 불구하고 그녀는 자기의 의사와 아무런 상관없이 이루어진 아버지의 서원 때문에 불에 타 죽어야 했다. 정당한 서원이 아닌 것으로 인해 무자비하게 그런 식으로 죽는 것은 그야말로 억울한 일이 아닐 수 없었다.

---

32) 아브라함에게 이삭을 바치도록 요구한 것은 특별한 구속사적인 의미를 지닌다. 그리고 그를 진짜 죽이지는 않으셨다. 하나님께서는 그것을 통해 나중 오시게 될 예수 그리스도에 관한 예언적 메시지를 주시고자 했던 것이다.

셋째, 혼인하지 않은 처녀로 죽는 것에 대한 입다의 딸의 애곡 문제를 어떻게 이해해야 할 것인가? 그녀는 처녀로 죽는 것이 마음에 매우 걸렸다. 오히려 만일 그녀가 혼인을 했다면 남게 될 가족 때문에 더욱 마음이 아팠을지 모른다. 하지만 그녀는 혼인하지 않은 처녀로 죽는 것을 크게 마음 아파했다. 이는 자신이 출산한 자녀를 통해 아버지 집안의 상속을 잇지 못하는 것에 대한 안타까움 때문이었을 것으로 보인다.

넷째, 입다는 결국 자기의 무남독녀 외동딸을 번제로 바쳤다. 그는 자기의 서원 때문에 사랑하는 딸을 하나님 앞에 태워서 바치게 된 것이다. 그의 행동은 결코 올바른 것이라 말할 수 없다. 나아가 입다와 그의 딸의 엄청난 희생과 심적인 고통에도 불구하고 하나님께서는 그것을 기쁘게 받지 않았을 것이 분명하다.

그렇다면 입다의 서원과 그의 딸이 번제로 바쳐진 사건을 어떻게 이해해야 할까? 우리는 입다의 서원과 그에 대한 행위가 가지는 실제적인 현실과 그것이 소유한 의미를 신중하게 생각해 보아야 한다. 하나님께서는 저들의 잘못된 서원과 행동을 통해서도 이스라엘 민족 가운데 소중한 교훈을 남기셨기 때문이다. 입다의 서원과 행동을 통해 우리가 얻을 수 있는 가장 중요한 교훈은 과연 무엇일까?

우리가 분명히 기억해야 할 바는 입다의 서원 자체가 의미 있다거나 그의 딸이 번제로 바쳐진 사건 자체가 훌륭한 것이라 말할 수 없다는 사실이다. 오히려 우리가 얻게 되는 교훈의 중심에는 입다의 딸이 혼인하지 않아 자식이 없는 상태에서 처녀로 죽게 된 것에 대한 애통과 연관된 문제가 놓여 있다. 이는 곧 혈통적인 상속에 연관된 것이었다.[33)]

---

33) 우리는 이스라엘 민족이 집안 상속을 얼마나 중요하게 여기는가 하는 것을 잘 알고 있다. 그것은 민족적인 상속에 연관되어 있지만 개인에게서부터 시작된다. 그러므로 형이 자식이 없이 먼저 죽게 될 경우 그 동생이 형수로 하여금 자녀를 갖게 하여 형의 상속을 잇게 하는 형사취수제도(兄死娶嫂制度)는 그것을 여실히 보여주고 있다.

이 교훈은 물론 입다의 개인 집안에 연관된 것일 뿐 아니라 이스라엘 민족의 상속에 연관된 보편적인 문제로 받아들이는 것이 자연스럽다. 따라서 이스라엘의 여성들이 해마다 입다의 딸의 죽음을 기억하며 나흘 동안 애곡하는 규례가 생겨나게 되었다. 그것을 통해 그들은 입다와 연관된 지나간 역사와 더불어 이스라엘 민족 가운데 시행되는 하나님의 사역을 돌아볼 수 있었던 것이다.

제14장

입다와 에브라임 사람들, 그리고 입산과 엘론, 압돈
(삿 12:1-15)

1. 민족 내부 갈등과 자중지란

(1) 에브라임 사람들의 불만과 분노(삿 12:1)

암몬과의 전쟁이 끝난 후 에브라임 사람들이 문제를 일으켰다. 스스로 소외되었다고 판단하여 심한 불만을 가진 그들이 사사 입다에게로 몰려갔다. 암몬 자손과 싸우러 나아갈 때 왜 자기들을 먼저 부르지 않았느냐는 것이었다(삿 12:1). 전쟁이 승리로 끝나게 되자 처음부터 싸움에 참가하지 않은 저들에게 전공戰功이 적게 돌아온 것으로 여겼던 것이다.

그와 같은 반응을 보이는 자들은 대개 기회주의적인 태도를 소유하고 있는 것이 일반적이다. 그 사람들은 마음에서 우러나온 진심이나 원리에 따라 문제를 해결하려 하지 않는다. 그들은 도리어 자신의 이해득실을 따져 눈치껏 행동하게 되는 것이다. 입다에게 저항한 에브라임 사람들도 그러했을 것이 틀림없다.

입다에 대한 에브라임 사람들의 행동은 억지를 부리는 것에 지나지 않았다. 그럼에도 불구하고 그들은 사사에게 분노에 가득 찬 태도를 보였다. 마치 저들이 모든 위험을 무릅쓰고 이방인들에 대항하는 전투에 임할 수 있었는데 입다가 저들을 먼저 부르지 않음으로써 전공을 다른 자들에게 빼앗긴 것처럼 생각했다. 그들은 하나님께서 이스라엘 민족을 위해 친히 역사하셨다는 사실에 대해서는 아무런 관심이 없었다.

그러므로 분노의 분위기를 조장한 그들은 하나님께서 세우신 사사 입다를 적대시하며 그와 그의 집을 불살라버리겠다고 엄포를 놓았다. 그와 같은 태도는 매우 공격적이었다. 그것은 실상 입다에 대한 분노가 아니라 여호와 하나님에 대한 분노였다. 에브라임 사람들은 하나님을 대적하는 그런 끔찍한 배도에 빠져 있으면서도 그것을 전혀 깨닫지 못했다. 오히려 그들은 마치 정당한 행동을 하고 있는 양 분노를 일으키고 있었다.

상식을 벗어난 그와 같은 현상은 우리시대의 교인들 가운데서도 얼마든지 발생할 수 있다. 이기적인 욕망으로 말미암아 자신의 의를 세우기 위해 애쓰다가 보면 자칫 다른 조건들을 앞세워 하나님께 정면으로 도전할 우려가 생기게 된다. 그러면서도 하나님과 사람들 앞에서 공로를 세울 만한 기회를 찾고자 어리석은 계획을 세운다. 그러다가 자신이 원하는 바가 어긋나게 되면 스스로 분노를 견디지 못한다.

그런 초보적인 사고를 버리지 못하면 신앙에 대한 깊은 혼선에 빠질 우려가 있다. 만일 특정인이 자기에게 원하는 봉사의 기회를 주지 않았다고 판단하면 그를 원망하는 자리에 앉게 되는 것이다. 우리는, 하나님의 전체적인 사역을 기억하지 않을 경우 그것이 하나님을 대적하는 악행이 될 수 있다는 사실을 분명히 기억해야만 한다.

(2) 입다의 해명(삿 12:2,3)

에브라임 사람들로부터 어처구니없는 항의와 더불어 위협을 받게 된 입다는 우선 저들에게 모든 상황을 해명했다. 원래부터 그 사람들에게는 입다를 지원하여 암몬 자손과 싸우고자 하는 마음이 있지 않았다. 그전에 입다는 저들에게 전쟁을 위한 원조를 요청한 일이 있었다. 하지만 그들은 그 요청을 받아들이지 않고 거부했었다(삿 12:2).

입다는 자신의 생명을 아끼지 않고 모든 힘을 다해 암몬 족속의 세력에 맞서 싸웠다. 막강한 병력을 소유한 이방인들의 공격을 방어하며 저들과 싸운다는 것은 결코 쉬운 일이 아니었다. 그것은 생명을 내어놓지 않으면 안 되는 상황이었다.

우리가 알고 있는 것처럼 이스라엘 자손은 인간들의 능력이 아니라 여호와 하나님의 능력에 의존해 싸워야 하는 자들이었다. 하나님께서는 원수들과 싸우는 사사 입다와 언약의 백성들을 보시고 저들에게 승리를 안겨 주셨다. 이방인들에 맞서 싸우는 일에 소극적이던 에브라임 사람들은 입다가 전쟁에 승리하게 되자 이제 와서 입다를 원망하며 도리어 그의 세력에 맞서 문제를 일으키고자 했다. 그것은 어처구니없는 일이 아닐 수 없었다.

어쩌면 에브라임 사람들은 정상적이지 않은 입다의 태생과 과거의 행적으로 인해 그의 말을 들으려하지 않았을지도 모른다. 그 사람들은 이스라엘 민족을 이방인들의 압제로부터 구출해 내시고자 하는 하나님의 뜻과 명령보다 저들의 사사로운 감정과 이기적인 판단을 앞세웠다. 그것은 결국 더러운 배도행위가 되었으며 하나님의 사역을 방해하는 것에 지나지 않았다.

(3) 길르앗과 에브라임의 싸움(삿 12:4-6)

길르앗과 에브라임 사이에는 그전부터 좋지 않은 감정이 존재하고 있었다. 그것은 에브라임 사람들이 길르앗 사람들을 멸시하며 원래 에브라임과 므낫세로부터 도망간 자들이라고 조롱했기 때문이다(삿 12:4). 이는 에브라임의 태도가 매우 오만했다는 사실을 말해준다. 그와 같은 형편에서 길르앗 사람들이 원수들을 물리치고 승리를 거두게 되자 문제가 발생했던 것이다.

양쪽 사람들의 주장은 서로 좁혀질 기미가 보이지 않았다. 그렇게 되자 입다가 이끄는 길르앗 세력과 에브라임 사람들은 상호 평화를 유지할 수 없게 되었다. 길르앗의 입장에서 볼 때 그것이 비록 방어적인 자구책이라 할지라도 어처구니없는 동족상잔同族相殘이 일어났다. 그 싸움은 이스라엘 민족 가운데서 발생한 백성들의 추한 욕망으로 말미암은 의미 없는 사건에 지나지 않았다.

위협을 당하던 길르앗 사람들이 에브라임 진영을 선제공격하게 되었다. 그렇게 함으로써 길르앗 사람들은 에브라임 사람들에 앞서 전략적인 요충지인 요단강 나루턱을 장악했다. 그리고는 에브라임 사람들이 그곳을 빠져나가지 못하도록 했다.

길르앗과 에브라임 사람들은 당연히 동일한 언어를 사용하고 있었다. 하지만 각기 살고 있는 지방과 지역 종족에 따라 서로 다른 사투리를 사용하거나 발음과 억양에 상당한 차이가 날 수 있었다. 즉 그들은 외모로 보아서는 길르앗 사람인지 에브라임 사람인지 쉽게 구분하기 어려웠지만 저들의 말씨를 통해서는 구별하는 것이 가능했다.

따라서 길르앗 사람들은 에브라임 사람들이 요단강 나루턱을 건너려고 할 때 저들의 발음을 들어보고 어느 종족에 속한 사람인지 확인하게 되었다. 즉 그들은 나루턱을 지나가려는 사람들을 붙들어 세우고 '쉽볼렛'(Shibboleth)이라 발음해 보도록 요구했다(삿 12:6). 만일 그렇게 따라하지 못하고 '십볼렛'(Sibboleth)이라고 발음하면 그는 길르앗이 아니라 에브라임 사람인 것이 확실했던 것이다.

그리하여 길르앗 사람들은 에브라임 사람들을 구별하여 요단강 나루턱에서 죽였다. 동일한 언약의 백성들 사이에 그와 같은 끔찍한 일이 벌어진 것은 안타까운 일이 아닐 수 없었다. 그때 에브라임의 죽은 사람이 사만 이천(42,000) 명이나 되었다.

우리는 여기서 입다와 길르앗 사람들의 행동이 과연 정당했는가 하는 문제를 생각해 볼 필요가 있다. 성경에는 그에 대한 명백한 언급이 없다. 물론 그 원인은 길르앗이 아니라 에브라임 쪽에 있었던 것으로 말할 수 있다. 하지만 그것은 이스라엘 종족들 사이에서 발생한 사건이었기 때문에 입다가 무조건 잘한 것으로 평가하기는 쉽지 않다.

그럼에도 불구하고 하나님께서 입다를 통해 배도자들을 응징한 것이 아닌지 짐작해 볼 수도 있다. 입다가 암몬 자손을 물리치고 승리를 거둘 수 있었던 것은 전적인 하나님의 관여에 의한 것이었다. 따라서 그것을 받아들이지 않는 에브라임 사람들에게 하나님의 심판이 임한 것으로 볼 여지가 어느 정도 남아 있는 것이다.

(4) 입다의 죽음(삿 12:7)

입다는 처음부터 정상적이지 않은 관계에 의한 출생으로 인해 쉽지 않은 삶을 살 수밖에 없었다. 어느 정도 성장한 후에는 이복형제들에 의해 집으로부터 쫓겨나 불량배들과 어울리는 생활을 했다. 그러다가 이스라엘이 이방 종족들에 의한 위기를 맞게 되자 최고 지휘관의 지위에 오르게 되었다. 길르앗의 장로들이 그를 찾아와 최고의 자리에 앉아주기를 간청했기 때문이다.

하나님께서는 명예로운 행적을 가지지 않은 입다를 사사로 세워 이스라엘 민족을 구출하는 사역을 시행하셨다. 사사로 세움을 받은 그가 하나님의 도우심을 힘입어 이방인들과의 전쟁에서 승리를 거두게 되었다. 하지만 자기의 잘못된 서원으로 인해 무남독녀인 사랑하는 딸[34]을 불에 태워

34) 사사들 가운데는 많은 수의 자녀들을 둔 경우가 많다. 기드온은 70명 이상의 아들을 두었으며(삿 9:2) 야일은 아들 30명을 두었다(삿 10:4). 그리고 입산은 아들 30명과 딸 30명을 두었고(삿 12:9) 압돈은 아들 40명을 두었다(삿 12:14). 자녀들을 많이 둔 사사들은 성경에 계수된 자녀들보다 실제로는 더 많은 수를 두었을 것으로 보인다. 이에 반해 사사 입다가 아들 없이 무남독녀 외동딸을 두었다는 것은 매우 특이한 경우이다. 우리는 이를 통해, 입다가 열악한 환경적인 배경을 가지고 있었음에도 불구하고 가정에 충실했을 것이란 사실을 짐작해 볼 수 있다.

죽이는 가슴 아픈 일을 겪어야 했다.

그럼에도 불구하고 그는 사사로서 하나님의 말씀에 순종하기 위해 많은 애를 썼을 것이 틀림없다. 하지만 에브라임 사람들의 불만으로 인해 내란의 아픔을 겪어야 하는 안타까운 상황에 처하기도 했다. 동일한 언약의 백성들 사이에 전쟁이 벌어져 서로간 죽이는 안타까운 일이 발생했던 것이다. 입다는 민족 내부의 전쟁에서도 형식상 사사의 입장에서 모든 것을 처리해야 하는 자리에 있었다.

이와 같이 파란만장한 삶을 살았던 입다도 나이가 들어 죽게 되었다. 그가 사사로 세워진 지 육(6) 년이 되었을 때였다. 그의 생애에서 가장 소중했던 것은 하나님의 명령에 따라 사사가 되어 이방인들과 싸우는 일이었다. 그것은 언약의 자손을 약속의 땅 가운데 보존 보호하는 일에 연관되어 있었다. 그들 가운데 장차 메시아가 오시게 되는 것이 이스라엘 자손뿐 아니라 모든 언약의 자손에게 진정한 소망이 되었기 때문이다.

2. 사사 입산(삿 12:8-10)

입다가 죽고 난 후에는 입산(Ibzan)이 그의 뒤를 이어 이스라엘의 사사가 되었다. 그는 베들레헴 출신 사람이었다. 이스라엘 민족 가운데 하나님께서 세우신 사사들이 있다는 것은 하나님의 은혜가 임하여 존재한다는 사실을 말해주고 있다.

입산에게는 아들 삼십 명과 딸 삼십 명이 있었다(삿 12:9). 그것은 결코 한 아내로부터 그 많은 자녀들을 낳은 것이 아니었을 것이 틀림없다. 그는 아마도 하나님으로부터 사사로 부르심을 받기 전에 여러 첩들을 통해 자식들을 낳았을 것이다. 이는 그의 가정생활이 온당하지 않았음을 말해주고 있다.

그럼에도 불구하고 여호와 하나님께서는 그와 같은 입산을 사사로 부르셨다. 우리는 이를 통해 하나님이 훌륭하고 윤리적인 덕목을 갖춘 인물들을 선택해 사사로 부르신 것이 아니란 사실을 알게 된다. 물론 하나님께서는 자신의 전체적인 계획과 경륜 가운데서 사사들을 특별히 부르신 것으로 이해해야 한다.

사사 입산은 칠(7) 년 동안 이스라엘의 민족 가운데 사사로 활동했다. 그가 구체적으로 어떤 사역을 감당했는가 하는 점은 성경에 상세하게 기록되어 있지 않다. 하지만 분명한 사실은 그가 이방인들의 위협적인 영향으로부터 이스라엘 민족을 보호하는 역할을 감당했다는 사실이다.

그도 나이가 많게 되어 죽을 수밖에 없었다. 그는 죽어서 자신의 고향인 베들레헴에 장사되었다. 신앙이 성숙한 이스라엘 백성은 살아서 활동하는 사사들뿐 아니라 하나님의 뜻에 따라 사사의 직분을 감당하다가 죽은 사사들의 사역을 기억하고 있었을 것이 틀림없다. 이스라엘 민족의 과거 모든 행적은 항상 후대 언약의 자손들에게 소중한 교훈을 남겼기 때문이다.

3. 사사 엘론(삿 12:11,12)

입산이 사사의 직무를 감당하다가 죽고 난 후 하나님께서는 스불론 사람 엘론(Elon)을 사사로 불러 세우셨다. 그가 이스라엘의 사사가 되어 활동했던 것이다. 엘론은 십(10) 년 동안 이스라엘 백성 가운데 있으면서 사사로서 맡겨진 직무를 감당했다. 그도 나이가 들어 죽게 되자 사람들은 그 시신을 스불론 땅 아얄론(Aijalon)에 장사지냈다.

우리는 그가 살아있을 때 행한 사역에 대해 구체적으로 알지 못한다. 성경에 그에 관한 내용이 기록되어 있지 않기 때문이다. 그렇지만 하나님께서 필요에 따라 그를 사사로 세우심으로써 이스라엘 민족을 보호하셨다는 점은 분명하다. 이와 같은 사실 자체가 모든 하나님의 자녀들이 기억해야만 할 역사적 내용이다.

4. 사사 압돈(삿 12:13-15)

하나님께서는 엘론이 죽은 후에 압돈(Abdon)을 이스라엘 민족의 사사로 세우셨다. 그는 비라돈(Pirathon) 출신 힐렐의 아들이었다. 압돈에게는 아들 사십(40) 명과 손자 삼십(30) 명이 있었다. 그는 아들과 손자 이외에도 딸과 손녀들을 많이 두고 있었을 것이 틀림없다. 그의 아들과 손자들 칠십(70) 명은 어린 나귀를 타고 활동하는 사회적으로 높은 지위를 차지한 인물들이 되었다.

우리는 여기서 압돈 역시 자신의 본처 이외에 여러 여인들을 첩으로 두었던 순결하지 못한 연약한 인간이었다는 사실을 알 수 있다. 그와 같은 그가 팔(8) 년 동안 하나님께서 보내신 사사로서 사역을 감당했다. 그러다가 나이가 들어 죽음을 맞이하게 되었다. 그가 죽었을 때 사람들은 그의 시체를 에브라임 지역에 있는 아말렉 사람의 산지山地인 비라돈에 장사지냈다.

제15장

나실인 삼손의 출생
(삿 13:1-25)

1. '삼손의 출생' 에 관한 특별한 계시(삿 13:1-7)

하나님께서 베푸신 은혜를 잊어버리고 그의 목전에서 행하는 이스라엘 자손의 패역은 되풀이 되었다. 그들은 여호와 하나님을 전적으로 의지하기보다 인간적인 욕망에 이끌려 살아가기를 좋아했다. 어리석은 백성들은 영원한 하나님을 버린 채 눈앞에 펼쳐진 일시적인 이득을 따라갔던 것이다.

결국 하나님께서는 배도에 빠진 이스라엘 백성을 블레셋 사람들의 통치 아래 넘겨주었다. 하나님 한 분 만을 섬기며 살아가야 할 그들이 사십(40)년 동안 이방인들의 압제를 받으며 그들을 섬겨야 하는 신세가 되었다. 이는 저들에게 엄청나게 자존심 상하는 일이었지만 달리 어떻게 할 방법이 없었다.

그러나 하나님은 그 언약의 백성을 영원토록 이방인들의 수하手下에 두고자 하신 것은 아니었다. 이스라엘의 배도에도 불구하고 하나님께서는 저들의 조상들과 맺으신 약속을 기억하시고 그 모든 상황을 장차 언약의 왕국을 건립하기 위한 훈련의 방편으로 사용하셨다. 물론 당시의 백성들은 그에 대한 사실을 분명히 깨닫고 있지 못했다.

하나님께서는 그런 형편 가운데서 사람들이 전혀 짐작할 수 없는 특별한 계획을 세우셨다. 그는 자신의 구속사적인 목적을 이루어 가시기 위해 소라(Zorah) 땅의 단 지파에 속한 마노아(Manoah)의 집안을 지목하셨다. 이스라엘 백성이 블레셋으로 인해 고통중에 신음하고 있을 때 하나님께서 거룩한 작정과 더불어 그것을 실행에 옮기셨던 것이다. 이스라엘 자손들은 그에 대한 사실을 전혀 인식하지 못했지만 하나님께서는 저들에 대한 자신의 약속을 기억하고 계셨던 것이다.

마노아의 아내는 원래부터 임신을 할 수 없는 불임여성이었다. 그것은 이미 가족들과 주변의 이웃 사람들에게는 공공연하게 알려진 사실이었다. 하나님께서는 주변의 많은 사람들이 임신할 수 없는 것으로 알고 있는 그 여인을 통해 이스라엘 민족을 구출하는 사사를 잉태케 하고자 하셨다.

우리는 장차 그녀가 출산하게 될 아기는 태중에 조성되기 전부터 이미 하나님의 사역을 위해 지명된 인물이었다는 사실을 잘 이해해야 한다.[35] 그것은 개인을 위한 임신과 출산이 아니라 이스라엘 민족과 연관되어 있었기 때문이다. 따라서 마노아의 아내의 임신은 개인의 가정을 기쁘고 만족스럽게 하는 것이 목적이 될 수 없었다.

때가 이르러 여호와 하나님의 사자가 그 여인에게 나타났다. 그는 원래 임신할 수 없는 그 여성에게 이제 곧 임신하여 특별한 아들을 낳게 되리라는 사실을 일러주었다. 그러므로 임신 기간 중에는 포도주와 독주를 삼가 마시지 말고 어떤 부정한 음식도 먹어서는 안 된다는 사실을 전했다. 그것은 그 여인을 위해서라기보다 태중에서 자라나는 아기를 위한 것이었다.

---

35) 삼손이 태중에 잉태되기 전에 나실인이 되어 블레셋으로부터 이스라엘 민족을 구출하도록 하나님으로부터 지명된 것은 매우 특이한 사건이었다. 신약시대에 살고 있는 우리는 이 세상에 살고 있는 자신의 존재 의미에 대해 생각해 볼 필요가 있다. 실상은 모든 하나님의 자녀들은 창세전에 선택을 받아 이 세상에 살아가도록 되어 있었다. 따라서 모든 성도들은 이 세상에서 감당해야 할 나름대로의 사명을 가지고 태어난 것으로 볼 수 있다. 사사 삼손의 잉태와 출생과 사명을 통해 우리 자신을 비추어 생각해 볼 수 있는 것이다.

그리고 아들을 출산하게 되면 그의 머리에 삭도를 대지 말도록 명령했다. 그 아기는 태중에서 나옴으로부터 하나님께 바쳐진 나실인(Nazirite)이 될 것이었기 때문이었다(삿 13:5). 이는 그녀를 통해 태어나게 될 아이가 보통 사람이 아니라 하나님의 사역을 이루어 갈 인물이라는 사실을 말해주고 있다. 그가 장차 블레셋 사람들의 압제로부터 고통당하는 이스라엘 민족을 구출해 내게 된다.

그 여인은 하나님의 사자로부터 그 놀라운 말을 듣고 나서 곧바로 자기 남편에게 그 사실을 알렸다. 하나님의 사람이 자기에게 오셨는데 그의 모습이 마치 하나님의 거룩한 사자(angel)의 용모 같아서 무엇이든지 물어보기에 매우 두려웠다고 말했다. 따라서 그가 어디서부터 오게 되었는지 감히 물어볼 용기를 낼 수 없었다는 것이다.

그리고 그 사람은 스스로 자신의 이름을 알려주지 않았음을 이야기했다. 그는 단지 자기가 임신하여 아들을 낳을 것이니 포도주와 독주를 입에 대지 말고 어떤 부정한 음식도 먹지 말라고 명했을 따름이었다는 것이다. 또한 장차 저들 부부를 통해 태어날 아기는 태중에서부터 죽는 날까지 여호와 하나님께 특별히 바쳐진 '평생 나실인' 이 될 것이라고 말한 사실을 전했다(삿 13:7).

마노아와 그의 아내를 통해 출생하게 될 아기는 보통 사람들과 달리 나실인이 될 것으로 작정된 상태였다. 우리는 여기서 나실인의 근본 의미에 대해 구체적으로 이해하지 않으면 안 된다.[36] 이스라엘 민족에게 있어서

---

36) 나실인이란 이스라엘 백성 가운데 일정 기간 하나님께 헌신하기로 서원한 사람을 일컫는다. 히브리어로 나실인은 '거룩하게 구별된 사람' 을 의미한다. 자신의 서원이나 부모의 서원에 의해 나실인이 될 수 있으며 때로는 하나님께서 직접 특정 인물을 나실인으로 지목하는 경우도 있다. 삼손이 곧 그런 경우에 해당된다. 또한 한나는 자기 아들 사무엘을 나실인으로 드리겠다는 서원을 했다(삼상 1:11). 나실인의 서원 기간은 짧게는 30일부터 몇 년간 길게는 일평생이 되기도 한다. 나실인으로서 거룩하게 구별된 기간 동안에는 포도나무 소산 및 독주를 금해야 하며 삭도로 머리를 깎지 말아야 한다. 그리고 죽은 사람의 시체를 가까이 함으로써 몸을 더럽혀서도 안 된다.

나실인은 매우 중요한 구속사적 위치를 차지하고 있기 때문이다.

그러므로 구약성경에는 나실인에 관한 분명한 기록을 남기고 있다. 나실인은 하나님에 의해 구별된 사람으로서 특별히 거룩함을 유지해야 한다. 그것은 단순히 개인적인 문제에 그치는 것이 아니라 이스라엘 민족 전체와 연관되어 있다. 따라서 나실인들은 이스라엘 민족의 정결을 이끌어 가는 상징적인 의미를 지니고 있는 것이다.

2. 마노아의 재확인(삿 13:8-14)

아내로부터 전혀 예기치 못한 말을 전해 듣게 된 마노아는 여호와 하나님께 기도했다. 그는 자기 아내를 통해 더 많은 것을 알아내려고 하지 않고 하나님으로부터 직접 모든 것을 들어보고자 했던 것이다(삿 13:8). 우리는 그와 같은 마노아의 자세를 통해 그가 가졌던 성숙한 신앙을 어느 정도 가늠해 볼 수 있다.

마노아는 하나님께 기도하면서 앞서 자기 아내에게 보내셨던 그 사람을 다시 보내주시기를 간청했다. 뿐만 아니라 앞으로 자기 아내를 통해 태어나게 될 그 아기를 어떻게 양육해야 할지에 대해서도 좀 더 가르쳐 주시기를 바란다고 했다. 하나님께서는 그의 기도를 들으시고 기꺼이 응답해 주셨다.

그러므로 마노아의 아내가 밭에 나가서 일하고 있을 때 하나님의 사자가 다시금 그녀에게 나타났다. 하지만 그때 마노아는 그 자리에 함께 있지 않았다. 그리하여 여인은 자기 남편에게 급히 달려가 전에 보았던 그 하나님의 사람이 다시 자기에게 나타난 사실을 기별하게 되었다.

마노아는 아내의 말을 듣고 즉시 하나님의 사람이 있는 곳으로 달려갔다. 그는 그 사람을 보자 그가 앞서 자기 아내에게 말씀한 사람과 동일한 인물인지 확인하고자 했다. 그러자 그는 자기가 곧 그 사람이라는 답변을 해주었다. 그 말을 들은 마노아는 자기도 그가 앞서 말씀한 대로 이루어지기를 원한다는 말을 하면서 그 아기가 태어나면 어떻게 양육해야 할지 물어보았다. 이는 나실인에 연관된 질문으로 보인다.

여호와의 사자는 마노아에게 이르기를 자기가 그전에 그의 아내에게 말한 내용을 그대로 지켜야만 한다는 사실을 다시금 말했다. 그것은 포도나무에서 난 소산을 먹지 말고 포도주와 독주를 마시지 말며 어떤 부정한 음식도 입에 대지 말고 자기가 명령한 모든 것을 다 지켜 행해야 한다는 것이었다. 그것은 항상 그녀와 가까이 있게 될 남편이 적극적으로 감독하며 도와주어야 할 일이기도 했다.

3. 마노아의 제사와 '여호와의 사자' 의 승천(삿 3:15-20)

여호와 하나님이 보내신 사람으로부터 모든 말씀을 듣게 된 마노아는 특별히 좋은 음식을 마련해 그를 대접해야겠다는 마음을 먹었다. 따라서 소중한 손님인 그에게 염소새끼를 잡아 대접하는 것이 좋겠다는 생각을 했다. 그리하여 자신의 마음을 그에게 전하면서 잠시 그곳에 머물러 있으면 곧바로 집에 가서 염소를 잡아 음식을 장만해 올 터이니 그렇게 하도록 허락해달라고 했다.

그는 자신을 찾아와 하나님의 놀라운 뜻을 전해준 그 사람에게 좋은 음식을 대접하는 것이 당연한 도리라고 생각했을 것이 틀림없다. 그렇지만 하나님의 사자는 마노아에게 전혀 의외의 반응을 했다. 자신이 비록 그곳에 머물러 있다고 할지라도 그가 준비하는 음식을 먹지 않겠노라는 것이었다.

그 대신 만일 음식을 장만하려거든 자신을 위해서가 아니라 여호와 하나님께 번제로 드리는 것이 마땅하다는 조언을 했다(삿 13:16). 당시는 마노아가 자기 앞에 나타나 말하는 그 사람이 하나님께서 보내신 인물일 뿐이라는 생각을 하고 있었다. 즉 그가 단순한 인간이 아니라 '여호와 하나님의 특별한 사자' 라는 사실을 인식하지 못하고 있었던 것이다.

그 사자의 말을 듣고 나서 심상찮은 분위기를 파악한 마노아는 그 사람의 이름이 무엇인지 물어보았다. 장차 그가 말한 모든 내용이 이루어질 때 그를 높이 받들기 위해서는 이름을 알 필요가 있다는 것이었다. 즉 그의 이름이라도 알아야 나중에 그에게 감사의 마음을 표시할 수 있을 것이기 때문이었다.

그런데 여호와의 사자는 마노아에게 어찌하여 자신의 이름을 묻느냐고 반문했다. 그러면서 그는 자기의 이름이 '기묘자' (wonderful)라고 밝혔다(삿 13:18). 그것은 일반적으로 이해할 수 없는 비밀에 가려진 이름이라는 의미를 지니고 있다. 또한 그 이름은 인간의 몸을 입은 하나님 곧 성자이신 그리스도께 사용되는 특별한 이름이었다. 이사야 선지자는 그에 관한 사실을 남기고 있다.

> "이는 한 아기가 우리에게 났고 한 아들을 우리에게 주신 바 되었는데 그의 어깨에는 정사를 메었고 그의 이름은 기묘자라, 모사라, 전능하신 하나님이라, 영존하시는 아버지라, 평강의 왕이라 할 것임이라" (사 9:6)

이사야서에는 장차 인간의 몸을 입고 이 세상에 태어날 전능하신 하나님 곧 예수 그리스도가 '기묘자' 라는 이름으로 불리게 되리라는 사실이 기록되어 있다. 마노아와 그의 아내에게 나타나 보이셨던 기묘자는 영원히 존재하시는 바로 그 전능자 하나님이었던 것이다. 그 사람의 이름이 '기묘자' 란 말을 들은 마노아는 염소새끼를 잡고 소제물을 준비해 가지고 와서는 그가 먹도록 식탁을 마련해 드리지 않았다.

그 대신 바위 위에서 여호와 하나님께 번제로 바쳐드렸다. 그때 마노아와 그의 아내가 지켜보는 가운데 놀라운 기적이 일어났다. 불꽃이 제단에서부터 나와 하늘로 올라갈 때 그와 동시에 저들과 함께 있던 여호와 하나님의 사자가 제단 불꽃에 휩싸여 하늘 위로 올라갔기 때문이다.

그것은 일상적이지 않은 특이한 일이었음에 틀림없다. 그와 같은 과정을 통해 불꽃 가운데 계시는 분은 보통 사람이 아니라 여호와 하나님이라는 사실이 선포되었다. 그와 유사한 사건은 출애굽기에도 언급되어 있다. 모세는 호렙산의 떨기나무 불꽃 가운데 계신 하나님의 모습을 보았던 것이다.

> "모세가 그의 장인 미디안 제사장 이드로의 양 떼를 치더니 그 떼를 광야 서쪽으로 인도하여 하나님의 산 호렙에 이르매 여호와의 사자가 떨기나무 가운데로부터 나오는 불꽃 안에서 그에게 나타나시니라 그가 보니 떨기나무에 불이 붙었으나 그 떨기나무가 사라지지 아니하는지라 ... 또 이르시되 나는 네 조상의 하나님이니 아브라함의 하나님, 이삭의 하나님, 야곱의 하나님이니라" (출 3:2-6)

불꽃 가운데 계시는 '여호와의 사자' 란 그가 곧 경배를 받으시기에 합당한 하나님이란 사실을 보여주고 있다. 마노아 부부에게 나타나 말씀하신 후 제단의 불꽃 가운데서 천상의 나라로 올라가신 그분 역시 하나님의 아들이신 성자 하나님 곧 그리스도였다. 따라서 마노아와 그의 아내는 그 놀라운 광경을 지켜보면서 저들의 얼굴을 땅에 대고 엎드렸다. 이는 저들이 하나님에 대한 강한 경외감을 가지는 것과 동시에 즉시 그에게 경배하는 자세를 취했음을 말해준다.

4. 삼손의 출생(삿 13:21-25)

여호와 하나님의 사자가 제단의 불꽃에 휩싸여 천상의 나라로 올라간 후에는 다시금 마노아와 그의 아내에게 나타나지 않았다. 그제서야 그들은 저들에게 말씀하신 이가 여호와의 사자(angel)인줄 알게 되었다. 이는 그가 단순한 사자일 뿐 아니라 하나님 자신이라는 사실을 깨닫게 된 것을 의미한다.

그러므로 마노아는 자기 아내에게, "우리가 하나님을 보았으니 반드시 죽으리로다"(삿 13:22)고 말했다. 그는 죄에 빠진 더러운 인간으로서 거룩한 하나님을 직접 대면해 보았기 때문에 죽음을 피할 수 없을 것이라 여겼던 것이다. 그것은 저에게 여간 불안한 일이 아니었을 것이 틀림없다.

하지만 마노아의 아내는 남편에게 여호와가 저들을 죽이지 않을 것이라고 말했다. 그가 만일 저들을 죽이고자 했더라면 앞서 바친 번제와 소제를 기쁘게 받으실 리 없다는 것이었다. 나아가 앞으로 저들의 몸에서 출생하게 될 아기에 관한 모든 내용을 말해주지 않았으리라는 사실을 언급했다. 물론 그의 아내의 말이 옳았다.

하나님의 예언이 있은 후 시간이 흘러 마노아의 아내는 약속대로 아들을 낳게 되었다. 그들은 저의 이름을 '삼손'(Samson)이라 지어 불렀다. 그 아이가 성장하는 가운데 하나님께서는 그에게 복을 부어주셨다. 이는 그를 특별한 사명을 감당하게 될 인물로 인정하신 것과 연관되어 있다.

삼손은 성장하여 소라와 에스다올 사이의 마하네단(Mahaneh-dan)에 거주하게 되었다. 그때 하나님의 성령께서 그의 마음 가운데 역사하셨다(삿 13:25). 그것은 블레셋의 압제로부터 이스라엘 민족을 구출하시고자 하는 하나님의 뜻이 그를 통해 실행되어가고 있음을 보여주고 있다. 이제 나실인으로 출생한 사사 삼손으로 말미암는 구체적인 사건들이 벌어지게 되는 것이다.

제16장

삼손의 결혼과 파경 :
이스라엘 민족과 블레셋 민족

(삿 14:1-20)

1. 삼손이 블레셋 처녀를 연모함(삿 14:1,2)

삼손은 어느 날 블레셋 사람들의 지역인 딤나(Timnah)로 내려갔다. 그는 거기서 블레셋 사람의 딸들 가운데 한 처녀를 보고 연모하는 마음을 가지게 되었다.[37] 그리하여 자기 집으로 돌아와 부모에게 그에 관한 자신의 심정을 토로했다. 자기가 원하는 블레셋 여자와 혼인을 시켜 달라는 것이었다.

그러나 블레셋 자손은 이스라엘 민족을 지배하며 괴롭히는 원수와 같은 사람들이었다. 나아가 장차 삼손 자신이 맞서 싸워야 할 대상이었다. 그런데 삼손은 이스라엘 민족에게는 원수의 종족인 블레셋 처녀를 연모하게 되었던 것이다.

우리는 나중 그 모든 상황이 하나님의 경륜에 의해 발생하게 되었다는 사실을 알게 된다(삿 14:4). 블레셋 처녀를 사랑한 것은 삼손 개인의 마음이

---

37) 이는 사실 매우 중요한 의미를 지니고 있다. 예를 들자면, 커다란 얼음덩어리를 깨고자 할 때 망치로 그것을 두들겨 깰 수 없다. 그 얼음을 깨기 위해서는 작은 바늘을 가지고 전체를 균열하게 만들 수 있다. 바늘이 만든 틈새가 전체를 깨어지도록 하는 것이다. 이와 마찬가지로 하나님께서는 한 블레셋 처녀에 대한 삼손의 마음이 전체 블레셋을 물리치는 실마리 역할을 하도록 하신다.

었지만 거기에는 하나님의 적극적인 관여하심이 있었다. 하지만 그에 대해서는 삼손의 부모는 물론 삼손 자신도 전혀 인식하지 못했다.

2. 부모의 반대(삿 14:3)

삼손의 부모들은 그가 태중에 생겨나기 전부터 하나님에 의해 나실인으로 살기를 요구받은 아들이 블레셋 여자와 결혼하려는 것을 받아들이기 어려웠다. 나아가 원수의 종족에 속한 집안 사이에 혼사婚事가 이루어진다는 것은 가당찮은 일이었다. 삼손은 태중에 임신되기 전부터 하나님의 특별한 인물로서 사사가 되어 저들과 맞서 싸워야 할 인물로 지목된 상태였다. 그런 삼손이 그 이방인 처녀와 혼인을 하겠다면서 부모를 설득하며 조르고 있었던 것이다.

삼손의 아버지 마노아와 그의 아내는 아들에게 할례받지 않은 이방인의 자식과 혼인하는 것을 허락할 수 없다는 반응을 보였다. 그 부모들은 아들이 왜 굳이 이방 족속의 블레셋 처녀를 연모하는지 그 까닭을 알지 못했다. 따라서 이스라엘 백성들 가운데도 신실한 처녀들이 얼마나 많으냐며 책망하듯이 말했다.

하지만 삼손은 부모의 강력한 반대에도 불구하고 자기의 뜻을 굽힐 마음이 전혀 없었다. 자기가 좋아하는 블레셋 처녀와 혼인하기를 원하니 허락해 달라고 졸랐던 것이었다. 아들이 강경한 태도를 보이자 부모도 그 기세를 꺾지 못했다. 거기에는 하나님의 간섭과 경륜이 들어 있었기 때문이다.

3. 하나님의 뜻과 삼손의 혼인(삿 14:4)

삼손이 원수의 종족에 속한 블레셋 처녀와 혼인하려고 마음먹은 것은 일반적으로 이해할 수 없는 하나님의 놀라운 경륜에 연관되어 있었다. 삼손이 블레셋 처녀를 사랑하여 혼인하고자 하는 마음을 먹은 것도 하나님으로 말미암아 허용된 것이었다(삿 14:4). 그것을 통해 블레셋 사람들과 싸우기 위한 구실들이 생겨나게 될 것이기 때문이었다. 즉 삼손이 블레셋 처녀를 연모하여 아내로 삼고자 한 것은 블레셋을 침략하기 위한 예비 단계와 같은 성격을 지니고 있었던 것이다.[38]

그와 같은 상황은 하나님으로 말미암아 나온 것으로서 삼손에 관련된 모든 것들이 하나님의 메시지 역할을 했다. 하지만 삼손과 그의 부모는 그 사실을 구체적으로 인식하지 못하고 있었다. 하나님께서는 이 일을 시작으로 하여 블레셋을 심판해 물리치고 이스라엘 자손을 저들의 손아귀에서 구출하고자 하셨던 것이다.

4. 삼손과 젊은 사자(삿 14:5,6)

삼손은 결국 자기 부모를 설득하여 함께 블레셋의 지역인 딤나로 내려갔다. 마노아와 그의 아내가 그곳으로 갔던 이유는 아들의 혼인 문제 때문이었던 것이 틀림없다. 그들이 딤나의 포도원에 도착했을 때 갑자기 젊은 사자 한 마리가 나타나 삼손을 보고 으르렁거렸다. 당시에는 삼손 혼자서 그 위태로운 상황을 직면하게 되었다. 그를 마주보고 선 사자는 매우 힘센 사나운 사자였을 것이 분명하다. 아마도 그 사자는 삼손에게 덤벼들어 죽일 태세였을 것이다.

그때 삼손에게 하나님의 성령이 강하게 임하게 되었다. 그리하여 두려움이 없어진 그는 손에 아무런 무기를 가지지 않은 채 맨손으로 그 사자를 죽

38) 이와 같은 사건은 구약시대에도 매우 특이한 일이라 할 수 있다. 즉 우리의 신앙 상식으로 짐작하기 어려운 영역이다. 하지만 이를 우리 시대에 일반적으로 적용할 수 없다는 것은 분명한 사실이다.

였다. 마치 염소새끼를 찢어죽이듯이 간단하게 처리했던 것이다. 당시에는 주변에 보는 사람이 없이 삼손 혼자 행동했었다. 물론 그의 부모들도 그 사실을 전혀 알지 못했으며 삼손도 그 사실을 아무에게도 말하지 않았다.

우리는 여기서 왜 하나님께서 삼손에게 사나운 젊은 사자를 보냈을까 하는 점을 생각해 보아야 한다. 그것은 우연히 일어난 일이 아니라 하나님께서 예비하신 상황으로 이해하는 것이 자연스럽다. 하나님께서는 그 과정을 통해 삼손에게 놀라운 힘을 주셨다는 사실을 그로 하여금 알게 하려는 목적이 있었던 것으로 보인다. 그 전에는 삼손이 자기가 얼마나 용맹하며 힘이 센 사람인지 스스로 잘 알지 못하고 있었을 것이다.

그런데 블레셋 사람들이 살고 있는 지역에 들어와 맨손으로 사나운 사자를 죽이게 함으로써 하나님께서 장차 있게 될 그의 역할을 보여주셨다. 삼손 자신도 그때서야 비로소 자기에게 그런 엄청난 괴력이 있다는 사실을 알게 되었을 가능성이 크다. 아마도 그는 자기의 행동을 보며 스스로도 많이 놀랐을 것이다. 여기에는 하나님께서 삼손에게 허락하신 괴력을 통해 막강한 블레셋을 젊은 사자를 찢듯이 찢어버리실 것이 예언되어 있다.

이에 대해서는 그의 부모도 그에 연관된 사실을 전혀 눈치채지 못하고 있었던 것으로 여겨진다. 맨손으로 사나운 사자를 찢어 죽인다는 것은 보통 상식으로는 상상할 수 없는 일이기 때문이다. 그러나 하나님께서는 삼손에게 그와 같은 능력이 있다는 것을 저의 행동을 통해 직접 보여주셨다. 우리는 이로써 장차 블레셋 사람들 가운데 행하게 될 용사로서 삼손이 감당해야 할 임무가 드러나고 있음을 알 수 있다.

5. 삼손이 사모한 블레셋 여자와 사자의 주검에서 나온 꿀(삿 14:7-9)

삼손은 부모와 함께 딤나에 도착해 자기가 연모하는 그 처녀를 만나 대화를 나누었다. 그렇게 하는 과정에서 그녀를 자기 아내로 맞고자 하는 마음이 더욱 강하게 일어났다. 그는 잠시 그 지역을 떠났다가 그 처녀를 만나기 위해 전번에 지나갔던 그 길을 다시 지나가다가 앞서 자기가 죽인 사자의 시체를 보게 되었다.

그런데 놀랍게도 썩어 문드러져 악취가 나고 있어야 할 그 죽은 사자의 시체에는 벌떼와 꿀이 가득 차 있었다. 삼손은 그 꿀을 찍어 먹어보고 그것을 가져다가 자기 부모에게도 나누어주어 먹도록 했다. 그러나 그는 자기 부모에게 그 꿀이 어디서 나온 것인지에 대해서는 아무런 언급을 하지 않았다. 이와 연관된 모든 과정은 하나님의 인도하심에 따라 진행되는 일들이었다.

우리가 여기서 분명히 알 수 있는 점은 그와 같은 일은 결코 상식적이지 않다는 사실이다. 일반적으로 죽은 지 일정 기간이 지난 동물의 시체에는 벌과 꿀이 아니라 더러운 파리 떼가 들끓어 벌레가 생기고 고약한 악취가 진동할 따름이다. 동물의 썩은 시체에서 먹을 만한 좋은 것이 나올 리가 만무한 것이다. 따라서 사람들은 더러운 동물의 시체에 가까이 가려고 하지 않는다.

그런데 삼손이 맨손으로 죽인 사자의 시체에서는 단 꿀이 나왔으며 그것을 삼손과 그의 부모가 먹게 되었다. 그 죽은 사자의 시체에서 꿀이 나온 사실과 그것을 삼손이 먹은 데는 매우 중요한 상징적인 의미가 담겨 있는 것으로 이해해야 한다. 우리는 그 일이 하나님으로 말미암아 그렇게 되었다는 사실을 명확히 기억하지 않으면 안 된다. 즉 자연적인 상황에서는 결코 일어날 수 없는 것이 하나님의 특별한 간섭에 의해 그와 같은 일이 일어난 것은 대단히 중요한 메시지를 담고 있음을 말해주고 있다.

그렇다면 하나님께서 왜 그와 같은 초자연적인 일이 발생하도록 허락하셨을까?[39] 하나님은 결코 인간들의 상식에 매여 있는 분이 아니다. 따라

39) 이는 물론 나중에 혼례식 가운데서 신랑의 친구로 오게 될 블레셋 청년들에게 수수께끼를 내어주는 것과 직접 연관되어 있었다.

서 하나님은 그것을 통해 삼손에게 이제부터 상식적이지 않은 의외의 방법으로 블레셋 족속 가운데서 자신의 모든 일을 진행시키시겠다는 의도를 보여주셨다. 그러므로 삼손은 그 모든 것이 하나님으로 말미암은 것이란 사실을 깨닫게 되었을 것이 분명하다.

이는 또한 장차 그를 통해 벌어지게 될 상황에 대한 상징적인 의미를 드러내 보여주고 있는 것으로 이해해야 한다. 힘 있는 블레셋은 사나운 사자가 그랬던 것처럼 삼손의 손에 의해 맥없이 패배당하게 될 것이다. 그리고 죽은 사자가 삼손에게 달콤한 꿀을 선사했듯이 패망한 블레셋은 이스라엘 민족에게 달콤한 꿀과 같은 것을 제공하게 될 것이다. 거기에는 이스라엘 민족이 블레셋의 압제로부터 해방되어 여호와 하나님을 더욱 신실하게 섬기게 되리라는 예언적인 의미가 담겨 있다.

6. 삼손의 혼인잔치(삿 14:10-14)

어느 정도의 시간이 흐른 후 마노아와 그의 아내는 블레셋 처녀를 며느리로 삼기 위한 혼례를 치르고자 하여 아들 삼손과 함께 다시금 딤나로 내려갔다. 삼손은 블레셋 족속들 가운데서 성대한 혼인 잔치를 베풀게 되었다. 그것을 통해 주변의 모든 사람들이 그 사실을 알 수 있게 되었다. 당시 블레셋 사람들에게는 신랑이 신부 집에 가서 잔치를 베푸는 풍습이 있었다.

또한 블레셋 사람들은 저들의 관습에 따라 삼십 명의 청년들을 보내 신랑의 특별한 친구로 삼아 마치 들러리처럼 그와 더불어 잔치에 참여하도록 했다. 칠일 동안의 혼례 기간 중 신랑의 친구로 있을 자들이 신부의 지역 청년들 가운데서 선정되었던 것이다. 그것 역시 블레셋의 혼인 풍습 가운데 하나였음에 틀림없다.

그런데 삼손은 느닷없이 자기의 혼례식 친구가 된 블레셋 청년들에게 수수께끼를 하나 내고자 했다. 자기가 수수께끼를 낼 터이니 혼례식이 진행되는 칠일 안에 그것을 풀어보라는 것이었다. 만일 그들이 그것을 풀게 되면 자기가 베옷 삼십 벌과 겉옷 삼십 벌을 저들 각 사람에게 선물로 주겠다고 약속했다. 하지만 만일 그 수수께끼를 풀지 못할 경우에는 그와 반대로 저들이 각각 한 벌씩의 베옷과 겉옷을 모아 삼십 벌을 자기에게 주어야 한다고 말했다.

삼손의 말을 들은 신랑의 친구가 된 블레셋 청년들은 수수께끼를 내면 그렇게 하겠다는 다짐을 했다. 그들은 젊고 명석한 두뇌를 가진 삼십 명의 청년들이 지혜와 지식을 모으면 풀지 못할 수수께끼가 없을 것이라 여겼을 것이다. 저들의 약속을 받아낸 삼손은 그 자리에서 수수께끼를 냈다. 그것은 '먹는 자에게서 먹는 것이 나오고 강한 자에게서 단 것이 나왔는데 그것이 무슨 뜻인지' (삿 14:14)[40] 알아 맞추어보라는 것이었다.

그러나 그 블레셋 청년들은 혼례가 시작된 지 사흘이 지나도록 지혜를 모으고 머리를 짜내 생각해 보았지만 그 수수께끼를 풀지 못했다. 사실 그것은 삼손 이외에는 어느 누구도 풀 수 없는 수수께끼였다. 일반적인 관점에서 볼 때 그 내용은 매우 주관적인 내용으로서 전혀 객관성이 없는 문제였기 때문이다. 즉 그것은 삼손의 개인적인 경험을 배경으로 한 것으로서 저들에게 일종의 시비를 거는 것과도 같았다. 따라서 삼손이 일방적으로 이길 수밖에 없었다.

이와 같은 상황은 칠일 동안 지속되는 혼례식을 기쁨과 즐거움이 아니라 긴장된 분위기로 몰아가게 했다. 먹고 마시며 즐거운 마음으로 치러야

40) 이 수수께끼에서 '먹는 자에게서 먹는 것이 나온다' 는 말은 벌과 꿀에 연관되어 있다. 다른 동물들은 무엇을 먹고 나서 배설하게 되는데 그 배설물은 더러운 것들이다. 그러나 벌은 꽃으로부터 단물을 빨아먹고 벌집에 돌아와 다시 토해 낸다. 그것이 사람들이 먹는 꿀이 되는 것이다. 물론 삼손의 수수께끼에 등장하는 주된 내용은 죽은 사자의 썩은 시체에서 벌을 통한 싱싱한 꿀이 나오듯이 이방 왕국인 블레셋의 패망과 그 가운데서 발생하는 생명 공급에 연관된 의미를 지니고 있다.

할 혼인예식이 블레셋 청년들에게는 냉랭한 분위기가 되어 전혀 기쁘지 않았던 것이다. 하지만 거기에 참석한 일반 하객들은 그 분위기를 전혀 눈치채지 못하고 있었을 것이 틀림없다. 그것은 단지 삼손과 그의 친구로서 혼례식에 참여한 삼십 명의 블레셋 청년들만 알고 있던 내용이었다.

이와 같은 긴장된 분위기는 잔치 뒤에 따라오게 될 이스라엘 민족과 블레셋 사이의 위기에 연관된 의미를 보여주고 있다. 삼손과 블레셋은 그 혼례식을 통해 결코 화해의 분위기가 전개되는 것이 아니었다. 도리어 그 과정을 통해 긴장이 더해가게 되었을 따름이다. 이 모든 과정은 블레셋을 심판하시고자 하는 하나님의 계획과 경륜 가운데 진행되어 가고 있었던 것이다.

7. 신혼新婚인 삼손 부부의 파경(삿 14:15-18)

칠일간의 혼례식이 끝나게 될 시점이 가까워져 왔지만 삼손의 블레셋 친구들은 그 수수께끼를 풀지 못했다. 그런 식으로 혼례가 끝나면 각 사람이 베옷과 겉옷 한 벌씩을 모아 삼손에게 주어야만 한다. 그것은 재물상의 문제이기도 하거니와 블레셋 청년들의 자존심에 연관되어 있는 문제이기도 했다.

혼례에 참여한 그 청년들은 답을 찾지 못하게 되자 점차 불안해져 갔으며 저들의 불만은 더욱 커져만 갔다. 만일 그들이 삼손이 낸 수수께끼를 풀지 못하면 그에 상응하는 책임을 지지 않을 수 없는 상황이었다. 당시의 형편에서는 베옷과 겉옷 한 벌은 상당히 비싼 가격이었을 것이 분명하다.

그러므로 그 블레셋 청년들은 결국 저들의 동족으로서 삼손의 아내가 된 신부를 찾아가지 않을 수 없었다. 그들은 그녀에게 저의 남편인 삼손을 꾀어 수수께끼의 답을 알아내 달라고 요구했다. 만일 그녀가 그 요구를 거절하고 들어주지 않는다면 결코 가만히 있지 않고 그녀와 그녀의 아버지 집을 불살라 버리겠다고 으름장을 놓았다.

심한 분노에 빠진 청년들은 삼손의 아내에게 자기들을 혼례에 필요한 신랑의 친구로 초청한 것은 저들의 재산을 빼앗기 위한 의도적인 계산이 깔려 있지 않았느냐며 따지듯이 말했다. 그들은 동족의 혼인을 축하하며 봉사하기 위해서 기꺼이 그 자리에 참여한 것인데 강한 배신감을 느끼지 않을 수 없었던 것이다. 이렇게 하여 즐거워야 할 혼례 기간이 점차 살벌한 분위기로 변해가고 있었다.

상황이 그렇게 되어가자 삼손의 아내가 된 블레셋 여자는 남편 앞에서 울며 간청했다. 삼손이 자기를 미워하지 않고 사랑한다면 블레셋 청년들에게 풀지 못할 수수께끼를 내어서 그런 식의 궁지로 몰아가지 않았으리라는 것이었다. 그녀는 그것을 개인의 문제를 넘어 자신의 민족과 연관된 문제로 이해하고 있었다(삿 14:16). 따라서 자기에게만은 그에 관한 답을 알려달라고 간청했던 것이다.

그러나 삼손은 처음에 아내의 요구를 듣고 답을 가르쳐주지 않았다. 자기 부모에게조차 그것을 말해주지 않았는데 어찌하여 아내에게 알려 주겠느냐고 말하며 청을 거절했다. 혼례식이 끝나갈 시간이 가까워지자 다급해진 삼손의 아내는 더욱 더 울며 애걸하게 되었다. 블레셋 청년들이 끝내 그 수수께끼를 풀지 못할 경우 자기에게 어떤 위태로운 상황이 전개될지 알 수 없었기 때문이다.

기쁘고 즐거워서 웃음꽃이 피어나야 할 혼례식 기간 중에 신랑신부의 주변에는 분노와 눈물이 가득 차게 되었다. 비록 일반 하객들은 미처 눈치채지 못했을지라도 혼례의 중심부에서는 그와 같은 긴장된 상황이 전개되어 가고 있었던 것이다. 결국 삼손은 마지막 날 자기 아내에게 수수께끼의 답을 알려주었으며 그녀는 즉시 자기 동족인 블레셋 청년들에게 그것을 전달해 주었다.

혼례가 끝나는 마지막 날 해지기 직전 블레셋 청년들은 삼손에게 나아갔다. 그 수수께끼에 대한 답을 말하리라는 것이었다. 그들은 "무엇이 꿀보다 달겠으며 무엇이 사자보다 강하겠느냐"(삿 14:18)라며 의기양양한 태도로 그 정답을 제시했다.

이렇게 되자 결국 삼손이 그 내기에서 지게 된 셈이 되었다. 그리하여 삼손은 저들에게 "너희가 내 암송아지로 밭 갈지 아니하였더라면 내 수수께끼를 능히 풀지 못하였으리라"(삿 14:18)는 말로 반응했다. 이는 저들이 자기 아내를 통해 그 답을 알아내게 된 사실로 인해 불쾌한 마음으로 내뱉은 말이다.

그러나 이를 통해 삼손은 자기의 중요한 비밀을 누설한 아내로부터 강한 배신감을 느끼지 않을 수 없었을 것이다. 실제로 그녀는 수수께끼를 억지로 알아내어 자기 동족 청년들에게 알려줌으로써 자기 남편을 배신했다. 즉 그 여인은 자기 남편보다 자기의 동족인 블레셋 청년들을 더 염두에 두고 있었다. 그럼에도 불구하고 삼손은 자기 아내에 대한 사랑의 마음을 완전히 버리지는 않았다.

8. 삼손이 아스글론 사람 서른 명을 죽인 사건과 혼인의 파경(삿 14:19,20)

그와 같은 긴장된 상황 가운데 삼손에게 하나님의 성령이 임하셨다. 그러자 그는 블레셋 지경 내의 아스글론(Ashkelon)으로 내려가 그곳 사람들 서른 명을 쳐 죽였다. 그들은 보통 사람이 아니라 상당한 지위를 갖춘 인물들이었을 것이 틀림없다. 삼손은 그들을 죽이고 저들로부터 값비싼 옷을 빼앗았다.

그는 앞서 사나운 사자를 맨손으로 잡아 죽인 이후 처음으로 많은 사람들을 죽이게 되었다. 삼손이 혼자서 삼십 명이나 되는 사람들을 간단하게 죽인 것은 대단한 일이었다. 그와 같은 사건은 일반적으로는 발생할 수 없었다. 삼손 자신도 그들을 죽였지만 그와 같은 힘을 발휘한 자신으로 인해 매우 놀랐을 것이다. 하지만 그것은 하나님의 도우심으로 말미암아 된 일이었다.

삼손은 그들을 죽이고 빼앗은 삼십 벌의 옷들을 가지고 자신의 혼례식이 있었던 장소로 되돌아왔다. 그리고는 그것을 자신의 혼례식 친구들이었던 삼십 명의 블레셋 청년들에게 각각 나누어 주었다. 그렇게 함으로써 수수께끼를 내면서 저들에게 했던 자기의 약속을 지키게 되었다.

그러나 삼손의 혼인관계는 더 이상 지속되지 못하고 결국 파경을 맞게 되었다(삿 14:20). 혼인을 통해 블레셋과 우호 관계가 형성될 것 같은 분위기가 오히려 파경을 맞아 원수 관계로 변해 갔다. 삼손의 아내가 저의 아버지에 의해, 혼례식에 참석했던 그의 친구들 가운데 한 사람에게 주어지는 일이 발생했기 때문이다.

이는 삼손과 블레셋 사람들 사이에 돌이킬 수 없는 원수 관계가 형성되어 가고 있음을 말해준다. 여기서 우리는 블레셋을 심판하고자 하시는 하나님의 경륜적인 간섭을 볼 수 있어야 한다. 또한 하나님의 주된 관심은 삼손의 윤리나 범죄행위가 아니라 언약의 왕국을 세우게 될 이스라엘 민족에게 있었다는 사실을 기억하지 않으면 안 된다. 그것은 장차 오시게 될 메시아와 그의 왕국을 향하고 있었던 것이다.

제17장

삼손과 블레셋, 그리고 유다 지파 사람들

(삿 15:1-20)

1. 딤나의 아내를 찾아간 삼손 (삿 15:1,2)

밀을 거두어들일 시기가 되었을 때 삼손은 파혼한 아내를 보기 위해 블레셋 지역으로 내려갔다. 그는 염소새끼를 준비하여 감으로써 나름대로 처가에 대한 최대한의 예를 갖추려고 노력했다(삿 15:1). 하지만 자기의 아내였던 여성은 이미 다른 사람의 아내가 되어 있는 상태였다.

그럼에도 불구하고 삼손은 그 여자가 아직 자기와 남이 아니라고 생각하고 있었다. 그러므로 옛 처가에 가서 아내였던 여성의 침실로 들어가고자 했다. 그러나 삼손의 장인이 그를 가로 막았다. 삼손이 자기 처를 미워하는 줄 판단하고 혼례식 때 그의 친구가 되었던 다른 사람의 아내로 주어졌기 때문이었다.

삼손의 장인은 전에 사위였던 그 이스라엘 청년에 대해 두려운 마음을 가지고 있었던 것으로 보인다. 그가 아스글론(Ashkelon)으로 가서 무려 삼십 명이나 되는 사람을 죽이고 저들의 옷을 빼앗아 온 사실을 잘 알고 있었기 때문이다. 그 장인의 눈에는 삼손이 매우 힘이 센 포악한 불량배 정도로 비쳐졌을 것이 틀림없다.

그러므로 삼손의 장인은 또다시 그 청년으로 인해 끔찍한 분란을 일으킬 마음이 없었다. 따라서 장인은 어쩔 수 없이 그 여동생인 자기 딸을 삼손의 아내로 주고자 했다. 동생이 언니보다 더 예쁘다는 표현을 해가며 삼손을 구슬려보고자 애썼다(삿 15:2). 그것은 기쁘고 즐거운 마음이 아니라 궁여지책窮餘之策이었다. 그 과정을 통해 저의 속마음은 삼손뿐 아니라 이스라엘 민족에 대한 적대감이 점차 커져갔을 것이다.

2. 삼손의 보응(삿 15:3-5)

옛 장인으로부터 원래 자기 아내의 침실로 들어가는 것을 저지당한 삼손은 화가 머리끝까지 치밀어 올랐다. 물론 그는 처제를 새 아내로 맞아들이라는 장인의 제안을 완강하게 거절했다. 그는 끓어오르는 자기의 분노를 삭이기 어려웠다. 그리하여 장인 앞에서 블레셋 사람들에게 보응하겠다며 공언하기에 이르렀다(삿 15:3). 설령 자기가 그와 같은 행동을 한다고 해도 자기에게 허물이 돌아올 것이 없다는 말을 덧붙였다.

삼손은 여기서 자기가 블레셋 사람들에게 어떤 가혹한 행동을 취한다고 할지라도 그것이 정당하다는 주장을 펼치고 있다. 그는 결국 여우들(foxes)을 이용하여 블레셋 사람들의 농작물을 해치려고 마음먹었다. 그것은 일반적인 해코지가 아니라 사람들의 생존에 연관되는 것이었다. 온 가족이 먹고 살기 위해 사람들이 땀 흘리며 애써 농사지은 농작물을 짓밟는다는 것은 결코 있을 수 없는 일이었다.

그럼에도 불구하고 삼손에게는 그와 같은 상식적인 논리가 통하지 않았다. 결국 삼손은 삼백 마리의 여우들을 붙잡아 자신의 계획을 실행에 옮기고자 했다. 그것을 위해 그는 다른 사람들을 동원하여 그 일을 시켰을 것이다. 우리는 당시의 상황을 정확하게 알 수 없지만, 적어도 삼손이 혼자서 산과 들로 뛰어다니며 삼백 마리나 되는 여우를 잡아들이지는 않았을 것으로 보인다.

우리가 여기서 짐작해 볼 수 있는 것은 당시 블레셋 사람들 가운데 여우를 사육하는 자들이 있었을 것이란 사실이다. 삼손은 여우를 키우는 농장으로 가서 삼백 마리의 여우를 잡았을 것으로 이해하는 것이 가장 자연스럽다. 여우 농장을 경영하는 사람들은 특수한 동물을 사육하는 사업을 통해 상당한 수입을 올렸을 것으로 여겨진다.

추운 겨울이 되면 블레셋 사람들이 모피를 필요로 했을 것이며 여우 목도리를 찾는 자들도 있었을 것으로 짐작할 수 있다. 어쩌면 그들이 여우고기를 즐겨 먹었을지 모른다. 따라서 여우를 사육하는 사람들에게는 그것이 매우 중요한 삶의 기반이 될 수 있었을 것이다. 어쨌거나 우리가 짐작할 수 있는 것은 삼손이 여우 농장에 들어가 삼백(300) 마리의 여우를 잡았으리라는 사실이다.

삼손은 잡은 여우들을 두 마리씩 꼬리와 꼬리를 끈으로 묶어 매었다. 그리고 그 두 꼬리 사이에 홰(firebrand)를 달고 거기에 불을 붙였다. 그렇게 하자 여우들은 미친듯이 날뛸 수밖에 없었다. 꼬리가 묶인 여우들은 꼬리 사이에 붙은 불로 인해 여기저기 온 밭으로 뛰어다녔다. 그것은 결국 추수해 둔 농작물뿐 아니라 아직 자라나고 있는 어린 농작물마저 불태워 엉망으로 만들었으며 포도원과 감람원도 쑥대밭이 되어버렸다.

삼손의 과격한 행동으로 말미암아 블레셋 사람들이 애써 농사를 지은 곡식이 엄청난 피해를 입을 수밖에 없었다. 이 사건은 매우 중요한 예언적 성격을 지니고 있었다. 삼손이 농작물을 뒤엎은 사건 가운데는 언약의 백성인 이스라엘을 압제하는 자들의 생명줄을 끊어버리겠다는 하나님의 의도가 드러나고 있기 때문이다. 이에 대한 교훈은 인간의 전 역사 가운데 적용된다.

나아가 여우 농장의 주인도 돈을 받고 여우들을 판 것이 아니었다면 역시 피해 당사자였을 것이 분명하다. 농장 주인이 삼손으로부터 많은 돈을 받고 그 여우를 팔았다면 그 지역 사람들이 그를 가만히 두지 않았을 것이다. 만일 여우 농장 주인도 피해를 입은 것이 확실하다면 그것은 블레셋 사람들의 식량뿐 아니라 저들이 따뜻하게 입을 의복 문제에도 연관된 것으로 이해할 수 있다.

이는 결국 이스라엘 민족과 블레셋의 관계를 악화시키는 불을 지피는 역할을 하게 되었다. 삼손이 비록 개인적인 감정으로 인해 그렇게 했다고 할지라도 그것은 개인적인 문제에 그치지 않았다. 어처구니없어 보이는 삼손의 무자비한 행동으로 인해 양 민족간에 심각한 문제가 제기되지 않을 수 없었던 것이다.

3. 블레셋 사람들의 진노와 삼손의 대응(삿 15:6-8)

삼손이 저지른 만행蠻行에 관한 소식을 듣게 된 블레셋 사람들은 분개하지 않을 수 없었다. 그것은 지극히 당연한 반응이었다. 하지만 그 당사자가 삼손이었던 까닭에 직접 저항하려는 마음을 먹지 못했다. 이미 그가 어떤 인물인가에 대해서는 블레셋 내에 널리 소문이 퍼져 있는 상태였기 때문이다.

따라서 그들은 그 일을 저지른 삼손보다 누구 때문에 그와 같은 끔찍한 일이 발생하게 되었는지에 대해 관심을 집중했다(삿 15:6). 즉 원인제공자를 찾아 그에게 보응하려고 했던 것이다. 결국 그들은 이스라엘 족속 출신으로서 딤나 사람의 사위였던 삼손이 자기 장인에 대한 불만 때문에 그런 행동을 했다는 사실을 알게 되었다. 그가 삼손의 아내를 다른 사람에게 주었고 삼손이 그 여자의 침실로 들어가는 것을 그가 저지한 사실을 파악하게 되었던 것이다.

그러므로 블레셋 사람들은 삼손을 그토록 분노케 한 모든 원인이 그 사람에게 있다는 판단을 내렸다. 따라서 그들은 삼손의 전처와 장인의 집을 불살라 태워버렸다.[41] 아마도 그때 많은 사람들이 죽게 되었을 것이 틀림없다.

이렇게 하여 블레셋 사람들은 당사자인 삼손이 아니라 삼손의 처가를 패망시키게 되었다. 어떤 의미에서 보면 삼손이 당한 억울함을 블레셋 사람들이 대신 풀어주게 된 것과 다름이 없었다. 즉 그들은 실제로 해악을 끼친 삼손 대신에 그의 옛 처가를 공격의 대상으로 삼았던 것이다. 물론 그것은 삼손이 원하던 것이 아니었다.

따라서 그것으로 인해 블레셋 사람들에 대한 삼손의 분노가 풀린 것이 아니라 도리어 화를 더욱 자극하는 역할을 했을 따름이다. 즉 삼손은 자기를 거부했던 장인의 집을 불살라버린 블레셋 사람들에게 분노하게 되었다. 삼손은 자기를 대신해 원수를 갚아주고자 하는 저들의 호의를 받아들이지 않았던 것이다. 따라서 그는 자기 처가에 대해 그런 행동을 한 블레셋 사람들을 응징하고자 했다. 이를 보건데 그때까지도 삼손은 자기 아내였던 블레셋 여자에 대한 애정을 버리지 못하고 있었던 것으로 보인다.

화가 난 삼손은 감정을 자제하지 못하고 블레셋 사람들의 지역으로 들어가서 인정사정을 보지 않고 닥치는 대로 사람들을 죽였다. 그리고 나서는 에담(Etam) 바위 동굴로 들어가서 그곳에 머물러 쉬게 되었다. 우리는 여기서 혼자서 원수와 싸우는 삼손의 외로운 처지를 볼 수 있다. 블레셋 사람들을 죽이는 것 자체는 그에게 즐거웠던 것이 아니라 힘들고 고생스러운 일이었던 것이 분명하다.

4. 블레셋과 유다의 민족전쟁으로 번짐(삿 15:9,10)

삼손이 블레셋 사람들을 무차별적으로 살해한 것은 개인의 문제를 넘어

---

41) 이는 앞서 블레셋 청년들인 삼손의 혼례식 친구들이 삼손의 아내에게 엄포를 놓았던 것이 실현된 것으로 이해할 수 있다(삿 14:15, 참조).

민족적인 문제로 비화되었다. 개인적인 감정으로 인한 분노가 집안의 문제로 번지게 되었으며 집안의 문제가 지역과 마을의 문제로 확산되어 갔다. 그것은 나라와 민족 전체의 갈등으로 발전해 가게 되었다.

결국 블레셋 사람들은 이스라엘 백성들과 전쟁을 치르기 위한 만반의 준비를 갖추었다. 그들은 군사들을 모집했다. 모든 준비를 마친 블레셋 병사들은 이스라엘을 위협하는 자리에 위치한 레히(Lehi)에 진을 쳤다. 이렇게 해서 두 민족 사이에는 전쟁에 대한 긴장관계가 고조되어 갔다.

그와 같은 위급한 상황은 유다 백성들로 하여금 불안에 떨게 하기에 충분했다. 그들은 막강한 세력을 갖춘 블레셋과 전쟁하기를 원하지 않았다. 만일 전쟁이 발발하게 되면 저들이 득을 볼 것은 아무것도 없다는 판단을 하고 있었다. 즉 전쟁을 해봤자 패배할 것이 명백하다는 생각을 하고 있었기 때문이다.

그리하여 유다 사람들은 할 수만 있으면 전쟁이 일어나지 않도록 저들과 화해하기를 원했다. 그래서 블레셋 사람들에게, 도대체 무슨 일이 있었기에 이스라엘과 싸우려 하는지 물어 보았다(삿 15:10). 즉 이스라엘 민족으로서는 블레셋에 저항하고자 하는 마음이 전혀 없다는 것이었다.

그러자 블레셋 사람들은 삼손을 체포하여 저들의 진영에 넘겨주기를 바란다는 의도를 내비쳤다. 하지만 이스라엘 자손이 그렇게 한다면 그것은 여호와 하나님의 뜻에 따르는 신앙적인 행위가 될 수 없었다. 하나님은 삼손을 통한 전쟁을 일으키고자 하는 뜻을 가지고 계셨기 때문이다.

여호와 하나님께서는 모든 전쟁을 무조건 거부하시는 '평화의 신' 이 아니다. 그는 진리를 어지럽히는 불의한 세력에 대해서는 무서운 응징을 가하신다. 하나님의 거룩한 성품은 결코 악한 자들의 세력을 용납하시지 않는다. 그럼에도 불구하고 어리석은 사람들은 하나님이 마치 거룩한 전쟁마저 거부하는 '평화의 신' 인 양 호도하고 있다.

이에 관해서는 성경전체가 증거하고 있으며 예수님께서도 동일한 성격의 교훈을 주고 계신다. 하나님은 전쟁의 신이시며 예수 그리스도가 인간의 몸을 입고 이땅에 오신 것은 일반적으로 생각하는 평화를 위해 강림하신 것이 아니었다.[42] 그는 도리어 진리를 드러내기 위해 분쟁을 야기하고자 하셨으며 하나님께 저항하는 자들을 심판하시고자 했다. 시편과 복음서에는 그에 관한 기록들이 남아 있다.

> "영광의 왕이 누구시뇨 강하고 능한 여호와시요 전쟁에 능한 여호와시로다"(시 24:8); "내가 세상에 화평을 주려고 온줄로 아느냐 내가 너희에게 이르노니 아니라 도리어 분쟁케 하려 함이로라"(눅 12:51); "평안을 너희에게 끼치노니 곧 나의 평안을 너희에게 주노라 내가 너희에게 주는 것은 세상이 주는 것 같지 아니하니라 너희는 마음에 근심도 말고 두려워하지도 말라"(요 14:27)

우리는 성경에 기록된 이 말씀들에 대해 올바른 이해를 해야만 한다. 하나님께서는 사탄과 그에 속한 모든 세력을 전쟁을 통해 응징함으로써 자기 자녀들에게 진정한 평화를 주시고자 했다. 그 평화는 타락한 세상에는 아예 존재하지 않는 것으로서 예수 그리스도로 말미암아 허락된 거룩하신 하나님과 타락한 인간 사이에 회복되는 궁극적인 평화이다. 따라서 교회에는 하나님의 참된 평화가 존재하게 된다.

우리는 삼손이 블레셋 사람들을 무자비하게 살해한 것은 하나님의 경륜에 연관되어 있다는 사실을 기억해야 한다. 또한 이스라엘과 저들 사이에 일어난 분쟁은 나중에 임하게 될 영원한 평화를 향하고 있다. 하나님으로

---

42) 예수님께서 베들레헴에 탄생하셨을 때 베들레헴 인근 지역에는 유대인들에 의한 영아살해 정책이 펼쳐졌다. 세례요한은 예수님으로 인해 처참한 죽음을 죽게 되었다. 그리고 예수님의 고난과 십자가 위에서의 죽음은 피로 점철되어 있었다. 그 이후의 모든 제자들도 평화가 아니라 환난과 고통을 당했다. 우리는 이와 같은 상황들을 통해 하나님은 사람들이 생각하는 것과 같은 일반적인 평화를 제공하시는 분이 아니라는 사실을 알게 된다.

말미암는 평화가 아니면 영구하지 않은 일시적인 현상에 지나지 않는다. 하지만 어리석은 자들은 눈앞에 펼치지는 세상의 평화를 통해 안락한 삶을 누리고자 한다.

5. 유다 사람들과 삼손(삿 15:11)

막강한 전투력을 보유한 블레셋 병사들이 레히에 진을 친 것을 목격한 유다 사람들은 어찌할 바를 몰랐다. 그래서 그들은 일단 삼천(3,000) 명의 군사를 동원했다. 하지만 그들은 블레셋 군대에 맞서 싸우려고 하는 대신 동족인 삼손을 체포하고자 했다(삿 15:11). 그 사람들은 블레셋이 아니라 오히려 삼손이 자신들을 어려움에 빠뜨린 것으로 간주하게 되었던 것이다.

이는 유다 사람들이 하나님의 경륜과 그의 원대한 뜻을 전혀 인식하지 못하고 있었다는 사실을 말해주고 있다. 하나님께서는 사사 삼손을 앞세운 그 모든 과정을 통해 블레셋의 압제로부터 이스라엘을 구출해 내고자 하셨다. 하지만 저들은 그에 대한 구체적인 실상을 전혀 깨닫지 못했다.

그러므로 블레셋 가운데서 문제를 일으킨 삼손의 행위를 못마땅하게 여긴 유다 사람들은 삼손이 머물고 있던 에담 바위 동굴로 갔다. 거기서 삼손을 만나게 된 그들은 이스라엘을 지배하고 있는 막강한 블레셋 사람들에게 왜 그런 무모한 행동을 했느냐고 따져 물었다. 삼손이 그와 같은 행동을 함으로써 결국 이스라엘 백성을 더욱 어려운 궁지로 몰아넣게 되었다는 것이다.

유다 사람들로부터 그 말을 들은 삼손은 자기의 행동에 대한 변명을 했다. 그것은 자기가 잘못한 것이 아니라는 주장이었다. 즉 저들이 먼저 자기에게 부당한 행동을 저질렀기 때문에 자기도 그와 같이 하지 않을 수 없었다는 것이다. 즉 그는 자기의 행동이 일방적인 공격행위가 아니라 정당한 방어였다고 주장했다.

우리가 여기서 알아야 할 바는 블레셋 족속에 연관된 그 모든 일들이 처음부터 삼손 한 사람에 의해 발생하여 진행되어 가고 있었다는 사실이다. 그것은 이스라엘 민족 지도자들의 결단과 아무런 상관이 없었으며 블레셋의 선제공격 때문에 일어난 문제도 아니었다. 따라서 그 모든 사태는 이스라엘 민족을 위한 하나님의 경륜과 관여하심 가운데 진전되어 가고 있었던 것이다.

6. 문제를 진화鎭火하고자 하는 어리석은 유다 사람들(삿 15:12,13)

전쟁을 준비하고 있는 블레셋 사람들의 행동을 목격한 유다 사람들은 우선 저들의 마음을 누그러뜨려야 한다고 판단했다. 그렇게 하기 위해서는 지들이 원하는 요구라면 무엇이든지 들어주지 않을 수 없었다. 따라서 그들은 블레셋 사람들이 원하는 대로 삼손을 체포해 저들에게 넘겨주고자 했다. 설령 그들의 속마음은 그렇지 않다고 할지라도 어쩔 수 없었던 것이다.

따라서 유다 사람들은 동굴 안에 머물고 있던 삼손에게 조심스럽게 말했다. 저를 결박해 블레셋 사람들에게 넘겨주지 않을 수 없는 형편이라는 것이었다(삿 15:13). 자신의 동족으로부터 그와 같은 말을 들은 삼손의 마음이 좋았을 리 없었다. 하지만 삼손으로서도 달리 취할 방도가 없었던 것으로 보인다.

모든 상황을 파악한 삼손은 저들의 요구를 받아들여주는 대신 자기가 원하는 바에 대한 요구를 했다. 그것은 자기를 직접 쳐 죽이는 행동은 하지 말아 달라는 것이었다. 거기에는 강력한 경고의 의미와 더불어 하나님의 사사가 되어 이스라엘 민족을 구출하게 될 자기를 죽임으로써 저들이 여호와 하나님께 저항하는 악행을 저질러서는 안 된다는 의미가 내포되어 있었다.

삼손이 요구하는 말을 들은 유다 사람들은 단지 그를 결박하여 블레셋 사람들의 손에 넘겨 줄 따름이며 결코 직접 죽이는 일은 없으리라고 약속했다. 그 말을 한 다음 그들은 새 밧줄로 그를 단단히 결박하고 바위 동굴에서 바깥으로 끌어냈다. 결국 삼손은 동족인 유다 사람들에 의해 결박당하는 신세가 되었다.[43]

여기서도 우리는 하나님의 놀라운 경륜을 엿보게 된다. 유다 사람들이 전후 상황에 대한 아무런 인식을 하지 못하고 있었지만 하나님께서는 그 모든 과정에서 삼손을 통한 자신의 능력을 나타내시고자 했다. 즉 하나님께서 유다 사람들에 의해 단단한 밧줄에 매인 삼손의 능력을 만방에 보여주고자 하셨던 것이다.

7. 삼손의 괴력과 일인一人 전쟁(삿 15:14-17)

유다 사람들은 밧줄로 결박당한 삼손을 이끌고 블레셋 진영인 레히에 이르렀다. 그들은 동족인 삼손을 블레셋 사람들에게 넘겨주고자 했다. 그 사람들은 직접 삼손을 죽이지 않았으나 그것은 그를 간접 살해하는 것과 마찬가지였다.

블레셋 족속들은 유다 사람들이 삼손을 결박해 끌고 오는 것을 목격하고 그에게로 마주 나아가며 소리질러 환호했다. 비로소 이스라엘 민족에 대한 저들의 감정이 다소간 누그러질 수 있었다. 하지만 바로 그때 하나님의 성령이 삼손에게 임하게 되었다. 그러자 그는 양팔에 힘을 주어 자기를 단단히 묶고 있던 밧줄을 마치 불에 탄 삼 오라기와 같이 쉽게 끊어버렸다.

---

43) 우리는 여기서 예수님이 언약의 자손인 유대인들에 의해 고난당하신 상황을 기억하게 된다. 그는 결국 그 과정을 통해 사악한 원수들을 징벌하셨다. 삼손이 메시아를 어느 정도 예표하고 있다면 이러한 관계와 더불어 생각해 볼 수 있을 것이다.

자유로운 몸이 된 삼손은 곁에 있던 나귀의 턱뼈를 집어 들고 그것으로써 거기 모여 있던 천(1,000) 명이나 되는 블레셋 병사들을 쳐 죽였다. 나귀 턱뼈는 원래 전쟁을 하는 무기가 아니었다. 그것은 단지 단단한 뼈에 지나지 않았다. 아무도 그것을 무기로 삼아 적과 맞서 전쟁하는 자는 없을 것이다.

그렇지만 삼손은 그것을 가지고 수많은 블레셋 병사들을 쳐 죽이게 되었다. 하나님께서 자신의 경륜 가운데 블레셋 사람들을 한자리에 모으고 유다 사람들을 통해 삼손을 그곳으로 들여보냈던 것이다. 우리는 여기서 무엇이든지 그의 손에 들리게 되면 무서운 위력을 발휘하는 무기가 될 수 있다는 사실을 알 수 있다. 이는 여호와 하나님께서 하나님의 사람과 함께 하신다는 사실을 강력하게 입증하는 역할을 했다.

삼손은 나귀 턱뼈로 많은 블레셋 사람들을 쳐 죽인 후, "나귀의 턱뼈로 한 더미 두 더미를 쌓았음이여 나귀의 턱뼈로 내가 천 명을 죽였도다"(삿 15:16) 라고 노래했다. 이는 이스라엘 가운데 허락된 하나님의 사사로서 자신의 역할을 노래하고 있는 것이다. 그후 그는 나귀의 턱뼈를 자기의 손에서 내던져 버리고 그곳을 '턱뼈의 산' 이란 의미를 지닌 라맛 레히(Ramath Lehi)라 칭하게 되었다.

8. 하나님의 동행(삿 15:18-20)

그 사건이 있은 후 삼손은 마실 물을 구하지 못해 매우 목마른 지경에 처하게 되었다. 우리는 여기서 그가 보통 인간과 전혀 다르지 않았다는 사실을 알게 된다. 그러므로 그는 하나님께 물을 마실 수 있도록 해달라고 부르짖었다. 블레셋 사람들을 응징한 후 자기가 목말라 죽을 지경이 되면 할례받지 못한 이방인들의 손에 의해 무의미하게 죽을지 모르니 도와달라는 것이었다.

그때 그는 자기가 천 명이나 되는 블레셋 사람들을 죽인 것이 자신의 능력이 아니라 하나님께서 행하신 일이라는 사실을 말했다(삿 15:18). "주께서 종의 손으로 이 큰 구원을 베푸셨나이다"(You have given your servant this great victory, 삿 15:18). 이는 자신에게 돌아갈 만한 공적이나 공로가 없음을 고백하는 것과 같다. 우리는 삼손의 이 고백 가운데서 하나님에 대한 그의 순전한 믿음을 볼 수 있다.

따라서 하나님께서는 목이 말라 애타게 부르짖는 삼손의 간구를 들어주셨다. 하나님이 레히 지역의 한 우묵한 장소를 터뜨리시자 샘물이 솟아났다. 삼손은 그 물을 마시고 정신을 회복하여 힘을 얻을 수 있었다. 그후부터 그 샘의 이름이 '부르짖는 자의 샘' 이라는 의미인 엔학고레(En Hakkore)라 불리게 되었다. 삼손의 생명이 여호와 하나님의 손에 달려 있었다는 사실이 여기서 드러나고 있다.

기적의 샘인 엔학고레는 사사시대가 끝날 때까지 레히에 그대로 남아 있었다. 후대의 사람들은 그 샘에서 솟아나는 물을 보며 삼손을 사사로 세워 역사하신 하나님과 그를 통해 성취된 모든 사역을 교훈으로 삼게 되었다. 삼손은 사사가 된 후 이십(20) 년 동안 블레셋 사람들과 싸우며 이스라엘을 지키는 사역을 감당했다.

제18장

삼손과 들릴라, 그리고 삼손의 승리와 죽음
(삿 16:1-31)

1. 가사로 간 삼손(삿 16:1-3)

삼손은 블레셋 지역에 위치한 가사(Gaza)로 내려갔다. 그는 거기서 한 창녀(an harlot)의 집에 들어가게 되었다.[44] 사창가를 찾은 삼손의 비윤리적인 행동은 결코 정당화 될 수 없다. 하지만 전체적인 상황을 두고 본다면 그의 잘못된 행적 가운데서 하나님의 경륜이 작용하고 있음을 알게 된다. 즉 삼손은 부당한 행동을 했지만 하나님께서 그 가운데 역사하고 계셨던 것이다.

사창가는 사람들의 내왕이 많은 지역에 있는 것이 일반적이다. 그러다 보니 사람들에게 쉽게 노출되기 쉬웠다. 삼손이 그곳에 갔을 때도 주민들이 그를 알아보게 되어 당국에 고발했으며 삽시간에 그 소문이 널리 퍼져 나가게 되었다. 삼손이 한적한 곳으로 가서 머물지 않고 사람들이 붐비는 복잡한 지역에 감으로써 그런 일이 발생하게 된 것이다.

44) 전후 사정은 다르지만 성경에는 창녀와 연관된 기록이 종종 나타난다. 유다는 창녀를 찾았다가 며느리 다말과 관계를 맺음으로써 쌍둥이 자녀를 낳았다(창 38:12-30, 참조). 또한 이스라엘 자손들이 가나안 땅에 진입할 때 정탐군들은 라합의 집에 들어가 많은 정보들을 얻기도 했다.

삼손이 가사 지역에 도착했다는 소식을 듣게 된 그곳의 주민들은 긴장하지 않을 수 없었다. 그가 가는 곳마다 끔찍한 사건이 벌어졌다는 사실을 그들은 익히 들어 알고 있었기 때문이다. 가사 사람들은 이번에도 필경 무슨 일이 터지고야 말 것이라는 불안감을 감추지 못했던 것으로 보인다.

그러므로 그 지역 주민들은 삼손이 들어간 창녀의 집 주변을 에워쌌으며 밤새도록 성문 앞에 매복해 있기로 작정했다(삿 16:2). 새벽이 되어 그가 깊이 잠들게 되면 기습하여 죽이려고 생각했던 것이다. 그가 잠들지 않은 상태에서는 도저히 당해낼 재간이 없다는 사실을 잘 알고 있었기 때문이다.

삼손은 창녀의 집안에 머물고 있으면서도 바깥에서 벌어지고 있는 상황을 정확하게 파악하고 있었다. 그리하여 그는 밤이 깊어 갈 때까지 방 안에 누워있다가 한밤중에 자리에서 일어났다. 그는 밖으로 나가 성의 문짝들과 두 문설주와 문빗장을 빼가지고 그것들을 어깨에 메고 헤브론(Hebron) 맞은편 산꼭대기로 올라가서 그곳에 갖다 버렸다.

이와 같은 삼손의 특이한 행동은 매우 중요한 상징적인 의미를 지니고 있다. 우선 삼손이 몸을 파는 창녀의 집에 들어간 것은 하나님을 믿는 성도로서 정당한 행동이 아니었음에도 불구하고 자기를 가장 비천한 최하층에 속한 인간의 자리에 내려놓았다는 사실을 말해주고 있다. 창녀의 신분이란 블레셋 사람들 가운데서도 가장 낮은 하층민이었을 것이 틀림없다. 이는 창녀와 어울리는 그가 블레셋 고위층의 잘난 자들을 조롱하고 있는 것으로 이해할 수 있다.

그런 삼손이 가사 거민들을 지켜주고 방어하는 성문을 혼자 힘으로 뜯어버렸다. 성문의 문짝들과 두 문설주와 빗장을 빼서 어깨에 메고 산으로 올라가는 것을 많은 사람들이 지켜보았지만 어떻게 제지하지 못했다. 그가 그것들을 헤브론 맞은편 산꼭대기에 갖다 버렸다는 사실은 성문이 파괴되어 극한 위기에 처했음을 선포하는 것과 마찬가지였다. 이제 그 성 안은 초토화될 수밖에 없는 형편에 놓이게 되었던 것이다.

2. 삼손과 들릴라

(1) 블레셋과 들릴라(삿 16:4,5)

가사의 성문을 파괴한 사건이 있은 후에도 삼손은 블레셋 지역을 떠나지 않았다. 당시 소렉 골짜기(valley of Sorek)에 들릴라(Delilah)라는 여인이 살고 있었는데 삼손이 그녀를 사랑하게 되었다. 들릴라는 앞에 언급된 창녀와는 다른 인물이다.

블레셋의 지도자들은 삼손이 들릴라를 사랑한다는 사실을 알게 되자 그 여인을 전략적으로 이용하고자 했다(삿 16:5). 그들에게 있어서는 그것이 절호의 기회가 될지 모를 일이었다. 그리하여 지도자들이 소렉에 있는 들릴라를 찾아가 민족 감정을 자극하며 저들의 특별한 당부를 들어주도록 요청하기에 이르렀다. 그들은 들릴라를 포섭하여 일종의 미인계美人計를 쓰고자 했던 것이다.

그들이 원했던 것은, 아무도 당해낼 수 없는 삼손이 소유한 괴력怪力의 원천을 알아내는 것이었다. 따라서 들릴라가 삼손을 꾀어 무엇으로 인해 그와 같은 큰 힘이 생기는지 알아내 달라고 했다. 그리고 어떻게 하면 블레셋 사람들이 그를 결박하여 굴복시킬 수 있을는지 구체적으로 확인해 달라는 당부를 했다.

그들은 들릴라가 저들에게 협조하여 그것을 알아내 준다면 각각 은화 천백(1,100) 개씩을 주겠다는 약속을 했다. 즉 그것은 힘의 원천을 알아내는 일과 그 힘을 없애는 방법을 알아내주는 것에 대하여 보상하겠다는 의미와 통한다. 그 돈은 들릴라에게 매우 큰 액수였을 것이 분명하다. 들릴라는 그것이 부를 축적할 수 있는 절호의 기회라 여겼을 것으로 보인다. 물론 그녀의 민족적인 애국심도 어느 정도 작용했을 것이다.

(2) 들릴라의 요구를 거부하는 삼손(삿 16:6-14)

들릴라는 삼손이 자기를 진심으로 사랑하고 있다는 사실을 알고 그에게 질문했다. 하지만 그녀의 그와 같은 행동은 사실 매우 위험한 것이었다. 만일 그 음모가 발각이 되면 목숨이 위태로울 수 있는 문제였다.

그렇지만 그녀는 그 일을 감행했다. 삼손에게 그 놀라운 괴력이 무엇으로 말미암아 생기며 어떻게 하면 그를 결박하여 굴복시킬 수 있는지 캐물었다. 이는 매우 당돌한 질문이 아닐 수 없었다. 그러나 사랑에 눈이 먼 삼손은 그것을 애교로 받아들였을 것이 분명하다. 실상은 그것이 앞으로 그에게 닥치게 될 비참한 상태를 예고하고 있는 것이었다.

물론 삼손은 맨 처음 그 질문을 받았을 때 곧이곧대로 답변해주지 않았다. 그는 도리어 장난하듯이 거짓으로 말했다. 그것은 마르지 않은 푸른 칡넝쿨[45] 일곱 가닥으로 자기를 결박하면 힘이 약해져 다른 사람들과 같이 된다는 것이었다.

들릴라는 그 말을 자신에게 부탁한 블레셋 지도자들에게 전하고 마르지 않은 푸른 칡넝쿨 일곱을 자기에게 가져오도록 요구했다. 그녀는 그 줄을 받아 삼손을 결박했다. 그때는 주변에 블레셋 사람들을 매복시켜 두고 있었으므로 정말 그에게 힘이 없어진 것을 확인하면 즉시 체포할 준비를 갖추고 있었다.

그런 상황 가운데서 들릴라는 아직 완전히 마르지 않은 푸른 칡넝쿨에 결박된 삼손에게 블레셋 사람들이 들이닥치고 있다며 큰 소리로 외쳤다. 그 말을 들은 삼손은 곧장 자신의 몸을 묶고 있던 줄을 불에 탄 삼 줄 끊듯이 가볍게 끊어버렸다. 그렇게 되자 들릴라와 블레셋 사람들의 작전은 수포로 돌아갈 수밖에 없었다.

---

45) 원문에는 '칡' 이라는 단어가 없다. 그것은 '아마' 나 '삼' 일 가능성도 있다. 중요한 것은 그것은 아직 마르지 않은 식물로 만든 줄이라는 사실이다(원용국, 사사기 16:7, 참조). 한편 '한글 개역개정 성경' 은 '푸른 칡 일곱' 을 '새 활줄 일곱' 으로 번역하고 있다.

그런데도 삼손은 아직 자기에게 일어나고 있는 무서운 음모와 모략을 제대로 감지하지 못하고 있었다. 그는 들릴라가 자기의 몸을 묶으면서 행한 일을 두고 전혀 화를 내지 않았다. 만일 그가 그것이 진짜 상황인줄 알았더라면 분노하지 않을 수 없었을 것이다.

그럼에도 불구하고 삼손이 들릴라의 행동을 전혀 책망하지 않았던 것은 그녀의 행동을 사랑의 장난 정도로 여기고 있었기 때문이다. 사랑에 눈이 멀어 유치하게 된 그는 도리어 그것을 통해 자기의 힘을 은근히 과시하며 재미있다고 생각했던 것이다. 우리는 여기서, 적진에 들어가 감성에 치우쳐 판단을 소홀히 하는 것이 얼마나 어리석은 짓인가 하는 것을 여실히 보게 된다.[46]

삼손을 자기 민족에게 넘겨주기로 작정한 들릴라는 사랑에 빠진 그의 감정을 이용해 도리어 더욱 지극하기에 이르렀다. 앞서 그가 자기에게 거짓말을 함으로써 자기를 조롱했다는 것이었다. 이는 실로 어처구니없는 반응이었지만 삼손은 그녀의 말을 즐거운 마음으로 받아들였다. 그것을 마치 사랑하는 여인의 애교섞인 어리광 정도로 이해하고 있었던 것이다.

그러므로 이번에는 아직 사용한 적이 없는 새로 만든 밧줄들로 자기를 결박하면 자기의 힘이 사라져 다른 사람들과 동일하게 되리라고 말했다. 그 말을 들은 들릴라는 새 밧줄을 가지고 와서 그를 결박하고 나서는 삼손에게 블레셋 사람들이 닥쳤노라고 외쳤다. 그러자 그는 팔에 묶인 새 밧줄을 가느다란 실을 끊듯이 끊어버렸다.

그때도 블레셋 사람들은 여차하면 삼손을 체포하기 위해 주변에 매복하고 있었다. 만일 그의 괴력이 완전히 사라져 힘을 쓰지 못하게 되면 현장에서 바로 잡아들이기 위해서였다. 하지만 블레셋 사람들은 삼손의 힘이

---

46) 오늘날 우리도 이를 소중한 교훈으로 삼아야 한다. 하나님의 자녀로서 타락한 세상에 살아가면서 사사로운 감성에 치우쳐 올바른 판단을 하지 못한다면 지극히 어리석은 행위가 아닐 수 없다.

여전히 남아 있으므로 결국 그를 체포하는 데 실패할 수밖에 없었다.

이번에도 삼손의 힘의 원천을 알아내는 데 실패한 들릴라는 애교섞인 짜증을 냈다. 자기를 조롱하여 거짓말로 속였다는 것이다. 자기를 진정으로 사랑한다면 그 비밀을 말해줄 터인데 그렇지 않기 때문에 자기에게 진실을 말해주지 않은 것 아니냐는 것이었다.

그러니 이번에는 사랑하는 자기에게 사실대로 말해줄 것을 요구했다. 그러자 삼손은 자기의 머리털 일곱 가닥[47]을 베틀의 날실에 섞어 짜면 자기의 힘이 없어지리라고 말했다(삿 16:13). 이는 점차 어느 정도 실상으로 근접해 가고 있음을 보여준다.

그 말을 들은 들릴라는 날실로 섞어 짠 그의 머리털을 베틀 바디(핀, pin)로 단단히 엮어 매었다(삿 16:14). 그리고 나서는 삼손에게 블레셋 사람들이 들이닥쳤다고 외쳤다. 그러자 삼손은 잠에서 깨어 베틀 기구인 바디와 날실을 다 빼내버렸다. 들릴라와 블레셋 사람들은 또 다시 실패했던 것이다.

(3) 들릴라의 유혹에 넘어간 삼손(삿 16:15–17)

삼손이 자기의 몸이 들릴라에 의해 몇 차례나 결박을 당했어도 화를 내지 않고 그렇게 하도록 내버려 둔 것은 그것이 들릴라와 자기 사이에서 발생하는 개인적인 애정놀음 정도로 여겼기 때문이다. 따라서 삼손은 진중하지 못한 어리석은 판단으로 말미암아 들릴라의 무례한 행동을 용납했던 것이다.

삼손이 가진 힘의 원천을 확인하기 위한 세 차례의 시도에서 실패한 들릴라는 또다시 삼손에게 애교섞인 투정을 부렸다. 그녀는 아주 교활한 성품을 지니고 있었기 때문에 자기의 속마음을 전혀 드러내지 않고 완벽하게 감출 수 있었다. 즉 들릴라는 삼손이 전혀 눈치챌 수 없도록 연극을 해

---

47) 여기서 말하는 바는 머리카락 일곱 가닥을 말하는 것이 아니라 그의 머리털을 일곱 가닥으로 나누어 날로 짜는 것을 의미한다.

냈던 것이다.

들릴라는 삼손이 세 번이나 자기를 속인 것은 사랑하는 마음이 없기 때문이 아니냐며 위선적인 심한 투정을 부렸다. 진심으로 사랑한다면 자기에게까지 비밀스럽게 말 못할 내용이 있어서는 안 될 것 아니냐는 것이었다. 사랑하는 여자가 날마다 그런 식으로 조르게 되자 삼손도 난처해졌다.

그렇게 되자 삼손도 마음이 번뇌하여 죽을 지경이 될 만큼 매우 힘이 들었다(삿 16:16). 적어도 들릴라에게 자기의 사랑을 사실대로 표현하고 싶었던 것이 분명하다. 삼손에게는 여자에 대한 사랑 자체가 큰 약점이 되어 있었다. 따라서 사랑하는 여인이 그 비밀을 사랑의 징표로 삼고자 하니 이러지도 저러지도 못했다. 그는 속고 있으면서도 실상을 전혀 모르고 있었기 때문에 그와 같은 어리석은 생각을 했던 것이다.

삼손은 결국 자기의 순수한 사랑을 들릴라에게 보여주기로 결심하기에 이르렀다. 자기는 어머니의 모태에 생겨나면서부터 '하나님의 나실인'으로 지목받은 인물이라는 사실을 말했다. 이는 이스라엘 민족 가운데 있는 특별한 제도로서 일종의 기밀에 속한 것이라 볼 수 있다. 삼손은 나실인의 머리에 삭도를 대지 말아야 한다는 사실을 그때 언급했을 것으로 보인다. 그러므로 만일 자기의 머리카락이 밀리게 되면 자기의 힘이 떠나가게 되어 힘이 약해져 다른 사람들과 같아진다는 사실을 말해 주었다.

3. 삼손의 처량한 신세(삿 16:18-22)

사랑하는 여인인 들릴라에게 자신의 사랑이 진심이라는 사실을 보여주기 위해 삼손은 결국 자신의 비밀을 알려주었다. 그 말을 들은 들릴라는 곧바로 블레셋 지도자들에게 그 사실을 전했다. 한 번 더 올라와 주변에 매복해 있다가 그에게서 힘이 사라지는 것을 보면 체포해 가라는 것이었다.

태중에서부터 여호와 하나님에 의해 사사로 세움을 받은 이스라엘의 남성에 대한 이방 여인의 배신은 잔혹하리만큼 끈질기고 철저했다. 들릴라가 전한 정보를 입수한 블레셋 지도자들은 그녀에게 약속한 은을 손에 들고 삼손이 머물고 있던 집 부근에 잠복했다. 그것은 물론 삼손에게는 철저히 비밀로 붙여진 일이었다.

들릴라는 삼손에게 거짓 사랑을 속삭였다. 어리석은 삼손은 사악한 들릴라에게 진심어린 사랑을 고백한 데 반해 완악한 그 여자는 위장된 사랑으로 포장하고 있었던 것이다. 사랑에 속고 있던 삼손은 여자의 무릎을 베고 깊은 잠이 들었다. 그때 그녀는 숨어있던 사람들을 불러 삼손의 머리털 일곱 가닥 곧 머리카락이 난 일곱 부분을 밀고 괴롭게 하자 그에게 힘이 사라져 버렸다.

그것을 본 들릴라는 삼손에게 블레셋 사람들이 들이닥쳤다고 큰 소리로 외쳤다. 그와 같은 상황은 앞에서 이미 여러 차례 되풀이 된 일이었다. 그에게는 당시에도 그것이 장난치는 말로 들렸을지 모른다. 그는 그전처럼 일어나 힘을 쓰고자 했다. 삼손은 자기의 머리카락이 잘렸지만 그때까지도 그 사실을 인식하지 못하고 있었다. 즉 여호와 하나님께서 자기를 떠나신 줄 모르고 있었던 것이다.

이를 통해 우리가 알 수 있는 것은 앞서 보여주었던 삼손의 모든 힘은 삼손 개인의 힘이 아니라 하나님으로 말미암아 주어진 것이라는 사실이다. 맨손으로 사자를 찢어죽인 것, 혼자서 수많은 사람들을 살해한 사건, 가사의 성 문짝들을 떼서 산 위에 갖다 버린 것 등 모두가 삼손 개인의 힘이 아니라 하나님의 능력에 의한 것이었다.

블레셋 사람들은 머리카락을 밀린 삼손이 그전처럼 힘을 쓰지 못한다는 사실을 확인하고는 즉시 그를 체포했다. 그들은 현장에서 삼손의 두 눈알을 뽑아버리고 가사로 내려가 놋줄로 그의 몸을 결박했다(삿 16:21). 그리고는 그를 감옥으로 끌고가 맷돌을 돌리도록 했다. 이방 여인 들릴라에 의해 배신당한 그는 아무런 값어치 없는 사랑의 감정으로 인해 모든 것을 상실하게 되었던 것이다.

삼손은 자기가 진심으로 사랑한다고 믿었던 들릴라에게 배신을 당했으며 블레셋 사람들은 이제야 저들을 괴롭히던 상황이 끝난 것으로 판단하고 있었다. 하지만 아직 모든 상황이 완전히 끝난 것은 아니었다. 그와 같은 정황 가운데서도 하나님의 경륜은 작용하고 있었다. 삼손의 머리카락이 밀린 후에 아무도 모르는 사이 그의 머리카락이 다시 자라났다. 나실인으로서 삼손의 머리카락이 자라나게 하신 것은 하나님의 분노가 블레셋을 향하고 있다는 사실을 말해주고 있는 것이다.

4. 삼손의 승리 : 여호와 하나님의 응징(삿 16:23-30)

삼손을 체포해 쇠사슬로 그의 몸을 결박한 블레셋 사람들은 기고만장했다. 두 눈알이 뽑힌 삼손이 할 수 있는 일은 더 이상 아무것도 없어 보였다. 블레셋 사람들이 괴력을 지닌 삼손을 무력화無力化시키고 그로 하여금 맷돌을 돌리게 한 것은 이스라엘 민족 전체를 주눅들게 한 것과 마찬가지였다. 이는 우선 보기에 블레셋이 최종 승리를 거둔 것처럼 보일만 했다.

블레셋 족속들은 그동안 저들을 괴롭혀 오던 삼손을 제압한 것은 저들의 신 다곤(Dagon)이 도왔기 때문이라고 믿었다(삿 16:23). 이는 그들이 전쟁을 신과 신의 싸움 즉 종교적인 문제로 이해하고 있었음을 말해준다. 사실 이에 대해서는 매우 주의깊은 이해를 해야만 한다. 왜냐하면 그것은 그렇기도 하고 그렇지 않기도 하기 때문이다.[48]

---

48) 블레셋의 신 다곤은 원래부터 존재하지 않는 신이었다. 그들은 있지도 않은 신을 신앙적인 관념 가운데 믿고 있었다. 따라서 그 신은 지금은 완전히 사라져 버리고 없다. 이는 그리스와 로마의 신들이 원래부터 존재하지 않았으나 사람들의 신앙이 대상이 되었던 것과 같다. 그러나 그런 신들은 고대 사회가 멸망함으로써 관념으로부터 사라져 버린 것이다. 이에 반해 여호와 하나님은 이 세상을 창조하신 조물주 하나님으로써 예나 지금이나 자기 백성들을 위해 싸우신다.

우리가 알고 있는 것처럼 이스라엘 민족에 대해서는 살아계신 여호와 하나님께서 저들을 적극적으로 도우신다. 그리고 저들이 불순종하여 배도에 빠질 경우에는 그 정도에 따라 징계를 내리시게 된다. 그 모든 것은 언약의 민족인 이스라엘을 통해 메시아 왕국을 건립하시기 위한 하나님의 사역에 연관되어 있다.

이에 반해 이방인들에 대해서는, 실제로 존재하는 신이 관여하는 것이 아니라 저들이 만들어낸 신들에 의해 스스로 조종당하게 된다. 블레셋 사람들은 다곤신을 만들어두고 스스로 종교적인 분위기를 형성하고 있었다. 다곤이 실제로 우주공간 안에 살아 존재했던 것은 아니지만 사람들은 그렇게 믿고 있었던 것이다.

그러므로 블레셋 사람들은 두 눈알이 빠진 삼손을 결박하여 감옥에 가둔 채 굴욕적인 일을 시키면서 그것은 저들의 신인 다곤이 도와준 결과 때문인 것으로 생각했다. 블레셋 사람들의 땅을 망쳐 놓고 많은 사람을 죽인 원수를 다곤 신이 저들의 손에 넘겨준 것으로 믿었던 것이다. 따라서 그 이방 족속들은 다곤 신에게 큰 제사와 더불어 경배를 드리고 축제를 벌이며 즐거워했다.

그들이 특별히 배설한 축제의 분위기가 무르익어가자 사람들의 마음은 점차 들떠갔다. 그들은 삼손을 저들 가운데 불러 세워 재주를 부리게 하자고 했다. 그렇게 함으로써 삼손에게 창피를 주고 모욕을 가하고자 했던 것이다. 그것은 삼손 개인뿐 아니라 이스라엘 민족 전체에 대한 태도이기도 했다.

그리하여 블레셋 백성들은 삼손을 감옥에서 끌고 나왔다. 그들은 눈이 먼 삼손에게 재주를 부리도록 강요했으며 삼손은 그렇게 할 수밖에 없었다. 사람들은 앞을 보지 못하는 삼손을 건물 기둥들 가운데 세웠다. 그때 삼손은 자기의 손을 붙들고 있던 젊은 청년에게 당부했다. 자기로 하여금 그 건물을 버티고 있는 기둥을 찾아 그것을 의지하게 해달라는 것이었다.

그때 그 건물 아래는 블레셋 백성의 최고 지도자 계층의 인물들이 모여 있었으며 일반 남녀 백성들도 삼천(3,000) 명 가량 되었다. 그들은 괴력을 지닌 자로 소문난 삼손이 힘을 잃고 부리는 재주를 보며 조소를 보내는 가운데 즐거워했다. 그들은 자기를 괴롭히던 자가 당하는 창피와 고통을 보며 만족스러워했던 것이다. 저들의 입장에서 보면 충분히 그럴 만한 상황이었다.

그와 같은 일이 벌어지는 동안 삼손은 속으로 여호와 하나님께 간절히 부르짖었다. 진정으로 사랑했던 교활한 여인으로부터 속은 것이 원통하게 여겨지지 않을 수 없었을 것이다. 따라서 사사로 세워진 자기를 기억해서 한 번만 강한 힘을 달라고 간구했다. 자기를 속이고 두 눈을 뺀 블레셋 사람들에게 단번에 원수를 갚도록 해 달라는 것이었다. 그것은 삼손의 원수를 갚는 것이기도 했지만 이스라엘 민족을 위한 것이기도 했다.

하나님께 믿음으로 간절히 기도한 삼손은 자기의 두 손을 그 건물을 버티고 있던 두 기둥에 짚었다. 그리고는 자기는 블레셋 사람들과 함께 죽기를 원한다며 큰 소리로 외쳤다. 그 고함소리와 더불어 삼손은 건물을 버티고 있던 두 기둥을 양 손으로 힘껏 밀어 무너뜨려 버렸다.

그렇게 되자 건물이 무너져 내려앉았다. 그것으로 인해 건물의 지붕이 부서져 그 아래 있던 사람들 위에 뒤덮이게 되었다. 그로 말미암아 삼손을 비롯하여 엄청나게 많은 사람들이 생명을 잃었다. 죽은 자들 가운데는 블레셋 최고 지도자들이 상당수 있었다. 그때 죽은 사람이 삼손이 그전에 죽인 블레셋 사람들보다 훨씬 더 많았다.

5. 삼손의 죽음과 그의 생애가 주는 교훈(삿 16:31)

삼손이 블레셋 사람들의 승리의 축제 기간 중에 일으킨 마지막 사건은 이스라엘의 승리를 말해주고 있다. 하나님께서는 삼손의 일시적 패배를 통해 블레셋의 모든 권력자들과 귀족들을 한자리에 모으셨다. 그 가운데 눈먼 삼손을 들여보내어 저들을 징벌하셨다. 블레셋은 그때 유력한 인물들을 한꺼번에 잃게 됨으로써 지휘 계통 자체가 무너져 버렸다. 그로 말미암아 블레셋은 사실상 이스라엘에게 패배당하게 되었던 것이다.

이스라엘 자손은 삼손 한 사람의 역할로 인해 블레셋으로부터 해방되어 자유를 되찾게 되었다. 따라서 그 사건이 있은 후 삼손의 형제들과 집안사람들은 삼손의 시체를 거두러 올라가서 소라(Zorah)와 에스다올(Eshtaol) 사이에 있는 그의 아버지 마노아의 장지에 장사지냈다. 그때는 그가 사사로 활동한 지 이십 년이 지난 후였다.

우리는 삼손의 잉태부터 죽음까지 전 생애를 기억하면서 그에게 특별한 의미가 존재했다는 사실을 알 수 있다. 그의 인생은 보통 사람들과 비교해 볼 때 험난하기 그지없었다. 그는 많은 사람들을 살해했으며 숱하게 많은 간음을 저질렀다. 삼손은 실제로 죄인으로 살아가면서 이스라엘 민족의 편에서 한평생을 보냈다.

그럼에도 불구하고 히브리서에는 그가 '믿음의 사람' 이었음을 증거하고 있다(히11:32). 이는 그가 일반적으로 생각하듯이 윤리적으로 경건한 믿음 생활을 하며 살아갔다는 의미라기보다 하나님께서 허락하신 믿음이 그의 삶 가운데 존재했던 것으로 이해하는 것이 바람직하다. 우리는 삼손과 그의 모든 행적들을 통해 장차 오시게 될 메시아 사역에 대한 예언적 교훈을 얻게 되는 것이다.

제19장

미가 집안의 신당과 신상
(삿 17:1-13)

1. 어머니의 은화를 훔친 미가(삿 17:1,2)

에브라임 산지에 미가(Micah)라는 사람이 살고 있었다. 어떤 특별한 사정이 있었는지 모르지만 그는 자기 어머니의 은화 천백(1,100)을 훔쳤다.[49] 아마도 궁색함 때문이 아니라 돈에 대한 탐심으로 말미암아 그렇게 한 것으로 보인다.

미가는 도둑질한 자신의 악행을 아무도 모르게 숨기고 있었다. 그의 어머니는 자기 아들이 자신의 돈을 훔쳐갔다는 사실을 전혀 눈치채지 못했다. 귀중한 돈을 도둑맞아 잃어버린 사람의 입장에서는 그 도둑이 괘씸하지 않을 수 없었다.

그러므로 미가의 어머니는 자기의 돈을 훔쳐간 도둑을 향해 심한 저주를 퍼부었다. 그 도둑에게 여호와 하나님의 무서운 저주와 진노가 임하기

---

49) 은 천백(1,100)은, 블레셋 사람들이 들릴라에게 삼손의 힘이 나오는 원천과 그를 굴복시키는 방법을 알려주면 포상금으로 주겠다는 액수와 동일하다(삿 16:5). 나중 미가가 자기 집에 제사장으로 고용한 레위인 청년의 일년 연봉이 은 열(10) 개와 의복 한 벌이었던 점을 감안하면 은 천백은 엄청난 거액이었을 것이 틀림없다(삿 17:10, 참조). 그렇지만 미가는 자기 어머니의 돈을 훔쳤기 때문에 다른 사람의 것을 도둑질 한 것과는 다르다고 스스로 변명했을지도 모른다. 그러나 도둑질은 도둑질일 따름이다.

를 빌었던 것이다. 그것은 집안에서 이루어지는 공공연한 저주였으므로 그 돈을 훔친 미가도 그 말을 듣지 않을 수 없었다. 무서운 저주를 퍼붓는 어머니의 섬뜩한 말을 들어야만 했던 미가의 마음이 매우 불편했을 것은 분명하다.

그러자 미가는 결국 자신이 그 돈을 훔쳤다는 사실을 어머니에게 이실직고以實直告하게 되었다. 그후 미가는 자기가 훔쳐 가지고 있던 은화를 원래의 주인인 어머니에게 되돌려주었다. 아마도 그 여인은 그에 관한 실상을 알고 나서 처음에는 엄청나게 놀랐을 것이 틀림없다.

그녀는 그동안 자기의 소중한 돈을 훔친 자에게 무서운 저주가 임하도록 빌어왔지만 그 도둑이 자기 아들인 것을 알고는 즉시 태도를 바꾸었다. 어떤 경우라 할지라도 자기 자식에게 저주가 임하기를 원하는 부모는 없는 법이다. 따라서 미가의 어머니는 자기 아들이 거액의 은화를 훔치기는 했지만 이제는 저주가 아니라 도리어 하나님의 축복이 저에게 임하도록 간절히 빌었다. 이는 도둑질을 했을 뿐 아니라 자기 자신에게 범죄한 아들에게 무죄를 선언한 것과 같다.

우리는 여기서 똑같은 사안이지만 누가 그 악행을 저질렀느냐에 따라 전혀 다른 반응을 보이는 미가의 어머니를 보게 된다. 즉 동일한 범죄를 저질렀으나 형편에 따라 저주와 축복을 비는 태도가 정반대로 달리 적용되었던 것이다. 이는 행위자체보다 인간관계로 말미암아 나타나는 반응이 전혀 다르다는 사실을 보여주고 있다.

사정이 전혀 다르기는 하지만 우리는 여기서 좀 특별한 적용을 생각해 볼 수 있다. 그것은 죄인에 대한 하나님의 용서와 연관된 것이다. 이 세상의 모든 인간들은 예외 없이 하나님을 욕되게 한 더러운 죄인들이다. 하나님의 자녀들이건 그렇지 않은 자들이건 동일한 범죄에 빠졌었다.

그러나 하나님께서는 자기 자녀들의 죄에 대해서는 완전히 용서하심으로써 축복을 허락하셨으며 자기와 상관이 없는 자들에 대해서는 저주의 심판을 내리셨다. 동일한 범죄를 저질렀음에도 불구하고 정반대의 결과에 이르도록 하신 것이다. 그 기준은 죄의 크고 작은 정도가 아니라 창세전부터 형성된 하나님과의 관계에 연관되어 있기 때문이다.

물론 사사기의 본문 가운데 기록된 미가의 어머니가 자기 아들에게 저주 대신 축복을 빈 것이 저에게 그만한 효력을 가지는가 하는 것은 이와 별개의 문제로 이해해야 한다. 그것은 단순히 그렇게 되기를 염원한다는 종교적인 욕망일 뿐 그 이상의 의미를 가지지 않는다. 즉 그녀의 입에서 나오는 말처럼 그것이 미가에게 축복으로 바뀌어 임하게 될지 아니면 전번에 빈 저주가 그에게 임할지 직접적인 상관이 없는 일이다. 단지 그것은 개인의 종교적인 욕망을 표출하고 있다는 사실만은 분명하다.

2. 미가의 어머니의 신상 만들기(삿 17:3,4)

미가는 자기가 훔쳐서 숨겨두고 있던 거액의 은화를 주인인 자기 어머니에게 되돌려주었다. 그것은 여호와 하나님에 대한 진정한 두려움이나 양심의 가책 때문이 아니라 어머니의 저주가 무서웠기 때문인 것으로 보인다. 하지만 그는 아마도 부끄러운 마음을 감추지 못했을 것이다.

그럼에도 불구하고 그의 어머니는 부지중에 자기 아들이 대상이 되었던 그 동안의 저주를 모두 거두어 들였다. 그 대신 은화 천백을 훔친 자가 자신의 아들이라는 사실을 알게 되자 도리어 그를 위해 하나님의 축복을 빌었다. 이는 돈보다 자식이 훨씬 더 소중하다는 사실이 그대로 드러나고 있다.

저주를 축복을 비는 것으로 바꾼 미가의 어머니는 자기 아들을 위해 신상을 새겨 만들기로 작정했다. 이는 입술로 여호와의 이름을 부르는 것과 저의 속 신앙이 일치하지 않는다는 점을 잘 보여주고 있다. 그것은 올바른 신앙으로 말미암은 것이 아니라 단순한 종교적인 욕망의 표출일 따름이었다.

하나님께서는 자기 앞에 신상을 만들어 두고 섬기는 것을 철저히 금지하셨다. 어떤 형태의 우상이라도 만든다면 하나님을 욕되게 하는 것에 지나지 않는다. 그렇게 하는 종교적인 행위는 하나님의 진노를 불러일으키게 될 따름이다. 하나님께서 주신 모세의 율법에는 그에 대해 분명한 기록을 남기고 있다.

> "너를 위하여 새긴 우상을 만들지 말고 또 위로 하늘에 있는 것이나 아래로 땅에 있는 것이나 땅아래 물속에 있는 것의 아무 형상이든지 만들지 말며 그것들에게 절하지 말며 그것들을 섬기지 말라" (출 20:4,5)

이처럼 하나님의 계명은 우상을 제작하는 것을 금지하고 있다. 그럼에도 불구하고 미가의 어머니가 그와 같은 생각을 하는 것은 그녀가 형식적인 종교인이었을 뿐 하나님을 진정으로 알지 못하고 있었다는 사실을 입증해준다. 그럼에도 불구하고 그 여인은 자기가 아들로부터 돌려받은 은을 아들을 위해 여호와 하나님께 거룩히 바친다고 말했다(삿 17:3).

미가의 어머니는 그렇게 하면서 자기가 하나님 앞에서 매우 큰 신앙심을 드러내는 듯이 착각했을 것이 틀림없다. 즉 그 여인은 어처구니없게도 이방 종교 사상에 물들어 하나님을 떠나 배도의 자리에 머물고 있으면서도 여호와 하나님을 위해 많은 돈을 바치는 것으로 여기고 있었다. 그러나 그것은 여호와의 이름을 빗댄 배도에 빠진 이방종교 행위에 지나지 않았다.

그러므로 미가의 어머니는 자기가 돌려받은 그 은을 아들 미가의 종교생활을 위해 도로 내놓기로 작정했다. 그녀는 새긴 신상과 주조한 우상을 만들어 자기 아들에게 주고자 했다. 그 어리석은 여인은 그렇게 하는 것이 자신의 아들을 위해 하나님께 봉사하는 것이라 믿고 있었다.

그 일을 위해 미가의 어머니는 은 이백(200)을 가져다가 은장색(銀匠色, 세공업자)에게 주어 신상을 새기고 우상을 주조하여 만들도록 했다. 우상물이 제작되자 미가는 그것을 자기의 집에 마련된 신당에 모셔놓게 되었다. 미가의 집안은 말과 생각으로는 여호와 하나님을 섬긴다고 했지만 실상은 이방신을 섬기고 있었다.

그와 같은 종교적인 산물은 여호와 하나님께 영광이 되었던 것이 아니라 도리어 하나님에 대한 모독이 되었다. 오늘날 기독교인들은 이에 대해 매우 주의깊은 관심을 기울여 생각해 볼 필요가 있다. 현대의 기독교인들은 이에 유사한 오류에 빠져 있지 않는가? 우리는 하나님께서 원하지 않는 종교적인 활동을 하면서 그것이 하나님에 대한 헌신인 것으로 착각하게 될 가능성이 있다는 사실을 기억하지 않으면 안 된다.

인간의 주관적인 생각과 입술로부터 나오는 종교적인 표현이 곧 하나님께 영광이 되는 것은 아니다. 그리고 많은 돈을 들여 하나님을 핑계대어 무언가를 했다고 해서 그것 자체로서 신령한 값어치를 발생시키지 않는다. 그것은 도리어 하나님을 모독하는 행위가 될 수 있기 때문이다. 따라서 성숙한 성도들은 항상 그에 대한 분명한 깨달음을 가지고 하나님의 말씀에 순종해야 하는 것이다.

3. 미가의 신당과 제사장(삿 17:5)

미가의 집이 종교성이 매우 짙은 집안이었던 것은 틀림없는 사실이다. 하지만 그것은 여호와 하나님의 율법이 아니라 개인적인 욕망에 근거하고 있었다. 즉 하나님의 말씀에 근거한 올바른 신앙이 아니라 타락한 종교성을 기초로 하고 있었다. 그럼에도 불구하고 미가와 그의 어머니를 비롯한 식구들은 집 안에 신당을 차려두고 그 앞에서 여호와 하나님의 이름을 부르며 종교생활을 하는 것을 자랑스럽게 생각했다.

미가는 자기의 어머니가 원하고 주도하는 대로 열성적인 신앙심을 드러냈다. 하지만 그에게는 아직 자기가 어머니의 돈을 훔친 것에 대한 진정한 회개의 기미가 드러나지 않고 있는 상태였다. 즉 자신이 하나님 앞에서 더러운 죄인이라는 인식이 전혀 없었다. 그런 형편 가운데서 그는 제사장의 의상인 '에봇과 드라빔'[50)]을 만들었다. 그럴듯한 종교생활을 위해 구색을 갖추어야 한다고 생각했던 것이다.

그리고는 자기의 아들들 가운데 하나를 세워 그 신당을 위한 제사장으로 삼았다. 그것은 나름대로 종교적인 형식을 취했지만 하나님의 율법을 완전히 무시한 처사였다. 율법과 무관하게 자기 마음대로 에봇과 드라빔을 제작했을 뿐 아니라 마음 내키는 대로 자기 아들을 제사장 자리에 앉힌 것은 배도행위이자 범죄행위에 지나지 않는 것이었다(삿 17:5). 하지만 그는 그렇게 함으로써 하나님께서 진정으로 원하시는 참 신앙을 버리고 자신의 욕망에 따른 종교 사유화를 시도했던 것이다.

그러므로 미가의 집안에서는 시내광야에서 허락된 성막과 성소의 의미가 완전히 사라져 버렸다.[50)] 이스라엘 백성이 광야에 있을 때 모세를 통해 제작된 성소와 그 안에 있는 법궤를 비롯한 모든 기구들은 가나안 땅에 들어온 후에도 여전히 효력을 지니고 있었다. 아직 약속의 땅 전체를 점령하지 못한 상태였으므로 성막이 한 곳에 정착할 수 없었으나 그 효력에는 변함이 없었던 것이다.

우리는 성막이 예루살렘에 정착되기 전에도 그 의미가 항상 구체적으로 드러나고 있었다는 사실을 기억해야 한다. 비록 언약궤와 멀리 떨어져 살

---

50) 에봇(ephod)은 제사장이 입는 특별한 의상을 말한다(출 28:4, 참조). 그리고 드라빔(teraphim)은 고대 메소포타미아를 비롯한 중근동 지역의 가정 수호신과 같은 역할을 한 우상으로서 나무로 깎아 만들거나 흙으로 빚어 만드는 것이 일반적이었다. 창세기에는 라헬이 자기 아버지 라반의 드라빔을 훔친 내용이 나오며(창 31:19) 열왕기하 23:24, 스가랴서 10:2에도 허탄한 드라빔에 관한 기록이 나타난다.

50) 이는 마치 이스라엘 백성이 시내광야에 있을 때 아론이 만든 '금송아지'를 미가의 신당에 앉혀둔 것과 같은 형국이었다.

고 있던 백성들이라 할지라도 저들의 마음속에는 그것이 존재하고 있어야 했다. 그리고 율례에 따라 세워진 레위 지파 아론 자손의 제사장들의 역할을 소중하게 받아들이지 않으면 안 되었다. 그럼에도 불구하고 미가의 집안은 그 모든 것을 버리고 제멋대로 종교생활을 했던 것이다.

4. 각자의 소견대로 추구하는 신앙(삿 17:6)

당시는 이스라엘 민족을 통치하는 왕이 없을 때였다. 이는 이스라엘 가운데 효율적인 행정을 위한 세련된 지휘계통이 존재하지 않았다는 것을 의미한다. 따라서 사람들은 개인적인 소견에 따라 마음대로 판단하고 행동하기를 좋아했다. 그들은 하나님의 율법을 버리고 개인의 판단에 따라 행동하며 하나님을 섬기기를 되풀이했던 것이다.

하지만 언약의 백성들은 항상 하나님의 교훈에 민감하게 반응해야만 한다. 그들은 개인적인 경험에 따른 욕망을 멀리하지 않으면 안 되었다. 그러기 위해서는 하나님의 말씀을 귀담아 들어야 했다. 이는 물론 사람들이 제각각 직접 하나님의 음성을 듣는다는 말과 다르다. 그들은 모세를 통해 계시하신 하나님의 율법과 여호수아로 말미암아 기록된 말씀을 들어야 했던 것이다.

물론 그 모든 말씀들은 아론 지파 제사장들을 통해 백성들에게 전달되었으며 여러 사사들을 통해 구체적인 사역으로 드러났다. 그렇지만 그것은 일사불란一絲不亂한 통치제도를 의미하지 않는다. 따라서 백성들은 개인적인 취향에 따라 판단하고 행동할 것이 아니라 하나님의 말씀에 민감하게 반응해야만 했던 것이다.

그러므로 이스라엘 민족 가운데는 인간들의 이성과 경험이 앞설 수 없었다. 백성들이 인간적으로 유능한 사람들의 판단에 의존해서는 안 될 뿐더러 탁월한 정치가들이 임의로 저들을 다스리는 것이 허용되지 않았다.

그렇게 하는 것은 하나님을 멸시하는 배도행위였지만 어리석은 자들은 그 사실을 알지 못했다. 도리어 그와 같은 악을 적극적으로 많이 행하는 것이 마치 훌륭한 신앙인양 여겨졌던 것이다.

5. 레위지파에 속한 베들레헴의 한 청년과 미가의 집(삿 17:7-9)

베들레헴은 유다 지파가 분배받은 지역에 속해 있었다. 바로 그 유다 베들레헴에 레위인 청년 한 사람이 임시로 기거하고 있었다. 레위 족속은 다른 지파와 달리 땅을 분배받지 못하고 성막과 성전에 종사하는 족속으로 특별히 지명되었다.

따라서 그 레위인 청년은 한 곳에 정착하지 못하고 여러 지역을 떠돌아 다니며 거주할 만한 적절한 곳을 찾았다. 아마도 그 청년은 레위인 가운데 한 사람으로서 자기가 감당할 만한 특별한 역할이 없었거나 자신에게 맡겨진 직임을 버리고 방황했던 것으로 보인다. 그러던 중 그는 유다 베들레헴에 잠시 살다가 그곳을 떠나 에브라임 산지로 들어가게 되었다. 거기에 자기가 생활하며 거할 만한 곳이 있는지 알아보기 위해서였다.

그가 에브라임 산지에 도착했을 때 마침 미가가 그를 만나게 되었다. 미가는 처음 보는 그가 어디서부터 온 사람인지 물어보았다. 그 청년은 자기는 유다 베들레헴 지역에서 온 레위인으로서 기거할 만한 곳을 찾고 있노라는 말을 했다. 미가는 그의 말을 듣자 그를 자기 집으로 불러들이고자 하는 마음을 먹었다. 그에게는 나름대로 특별한 목적을 가지고 있었던 것이다.

6. 미가의 신당 제사장(삿 17:10,11)

레위인 청년을 만나게 된 미가는 마음속으로 쾌재를 불렀을 것이 틀림없다. 집안에 사설 신당을 차려둔 그는 레위인 출신이 제사장이 되는 것이 좋으리라는 막연한 생각을 하고 있었다. 그러므로 미가는 그 청년을 자기 집을 위한 개인 제사장으로 영입하고자 하는 마음을 먹었던 것이다.

미가는 그 청년에게 자기 집에 함께 기거하면서 자기를 위해 아버지와 제사장(father and priest)이 되어 달라는 요청을 했다(삿 17:10). 이는 그를 자기 집안의 종교적인 면뿐 아니라 전반적으로 중요한 권위자로 모시겠다는 의미를 담고 있었다. 그렇게 하면 해마다 은 열(10) 개와 의복 한 벌과 먹을 음식을 제공하겠노라고 했다. 그것은 일 년에 얼마만큼의 연봉을 주겠다는 약속을 하는 것과 같았다.

올바른 신앙이 없는 그 레위인 청년의 입장에서는 구미에 당기는 말이었다. 살 만한 거처를 구하고 있던 그에게는 더 이상의 좋은 조건이 있을 수 없었기 때문이다. 따라서 그 청년은 미가가 제시한 조건을 만족스럽게 여기고 그 집안에서 함께 거하게 되었다. 그는 레위인이라는 점을 이용해 자기의 목적을 이루고자 했다.

하여튼 미가는 그를 나름대로 거룩하게 구별하여 자신의 신당 제사장으로 삼았다. 레위인을 제사장으로 삼았으니 상당히 적법하다는 생각을 하게 되었을 것이 분명하다. 하지만 설령 그렇다고 할지라도 모세 율법에 따르면 제사장이 되기 위한 조건으로 레위인이란 사실만으로 충분한 것이 아니라 그중에 아론 지파의 자손이어야만 한다. 그러나 미가는 그 정도만 해도 하나님의 축복을 받기에 충분한 것으로 생각했을 것이다.

이렇게 하여 미가는 자신의 집에 여호와 하나님을 핑계 댄 우상 제단을 만들고 레위인 출신의 청년을 개인과 집안을 위한 전용 제사장으로 고용하게 되었다. 즉 그 레위인은 미가 집안의 '고용 제사장' 곧 삯군이 되었던 것이다. 미가는 앞서 그에게 '자기 아버지와 같이' 되어 달라고 말했지만 실상은 그가 도리어 '미가의 아들 같이' 되었다(삿 17:11).

우리는 여기서 미숙한 현대 교회들을 생각해 보아야 한다. 주님의 교회는 어떤 경우에도 사유화되어서는 안 된다. 교회는 목사나 장로나 집사를 비롯한 일부 교인들에게 기득권이 있지 않다. 나아가 전체 교인들이 교회의 공동의 주인이 될 수도 없다. 하나님께서 피로 값 주고 사신 교회의 머리는 오직 예수 그리스도 한 분이시며 그의 소유일 따름이다. 따라서 교회는 항상 그 주인의 음성을 귀담아 들음으로써 순종해야만 한다.

7. '여호와의 복' 을 바라는 어리석은 미가(삿 17:12,13)

미가는 자기 집에 개인적인 신당을 차려놓고 여호와 하나님으로부터 복을 받을 것이라는 어리석은 생각을 하고 있었다. 더군다나 그가 사적으로 고용한 제사장은 레위인 청년이었다. 그는 그렇게 한 것이 여호와 하나님을 위한 충성 행위인 것으로 여겼을 것이 틀림없다. 하지만 설령 그의 마음이 순수했다고 할지라도 그것 자체가 하나님의 뜻에 따른 것은 아니었다.

미가의 그와 같은 행동은 결코 하나님께서 원하시는 바가 될 수 없었다. 미가는 시내광야에서 모세를 통해 규례에 따라 제작된 하나님의 성소와 언약궤를 완전히 무시했다. 그는 개인적인 판단에 따른 종교생활을 구가했으므로 그것은 하나님의 율법을 거부하고 무시하는 것과 마찬가지였다.

따라서 그에게는 자신이 원하는 평화와 축복이 아니라 심판과 저주가 기다리고 있었다. 그는 그것을 통해 하나님으로부터 축복을 받기를 원했지만 그와는 정반대의 상황이 일어나게 된다. 조만간 단(Dan) 지파 사람들이 들이닥쳐 저들의 모든 것들을 짓밟게 될 것이었기 때문이다.

그렇게 되면 그가 애써 제작한 신상을 비롯한 모든 것을 빼앗기게 되며 제사장으로 고용한 레위인 청년에 의해서도 배신을 당하게 된다. 그것은 축복이 아니라 저주라 말할 수밖에 없다. 그러나 한편 생각하면 그것을 통해 거짓이 드러나고 진리가 확립될 수 있다면 하나님의 은혜로 볼 수도 있다. 하지만 그렇게 되기 위해서는 하나님의 징계를 달게 받고 원래의 의미를 온전히 회복할 경우에만 그렇다고 말할 수 있다.

제20장

단 지파의 등장과 미가 집안의 몰락

(삿 18:1-31)

1. 유랑하는 단 지파(삿 18:1,2)

사사시대에는 이스라엘 민족을 다스리는 왕이 존재하지 않았다. 그로 인해 크게 두 가지 서로 상반된 양상이 나타나게 되었다. 정치지도자들의 통제적 지휘체제가 없었기 때문에 율법에 따라 올바르게 반응하는 사람들이 있었는가 하면 그와는 정반대로 개인의 경험에 따른 판단과 행동을 하는 자들이 있었다.

하나님을 진심으로 경외하는 성숙한 성도들은 왕이 없었으므로 하나님의 말씀에 더욱 민감한 자세를 가지고자 했다. 그들은 언약궤를 중심으로 한 성막 제사장들의 가르침에 관심을 가지고 귀를 기울였다. 그리고 때때마다 보내시는 하나님의 특별한 사사들의 활동을 보며 그에 민감하게 반응했다.

그에 반해 하나님을 경외하지 않는 자들은 하나님의 뜻에 진지한 관심을 기울이지 않고 자신의 종교적인 경험에 따라 활동하기를 좋아했다. 그들은 하나님의 율법을 멀리한 채 자신이 처한 상황에 적응하며 살아갔다. 따라서 생각과 말로는 여호와 하나님을 섬긴다고 주장했지만 실상은 모세의 율법을 완전히 떠나 있었던 것이다.

우리가 여기서 주의깊게 기억해야 할 바는 사사시대에는 이스라엘 각 지파들이 약속의 땅에 진입하자마자 곧바로 전체를 동시에 정복한 것이 아니었다는 사실이다. 즉 가나안 땅을 점령하기 위해 지파에 따라 제각기 분배받은 지역을 차지하기 위해서는 수백 년의 세월이 흐르기도 했다. 그러다보니 조급하고 어리석은 자들 가운데는 상당한 혼선이 끊어지지 않았다.

미가(Micah)가 여호와 하나님을 버리고 배도의 길에 빠져 자기의 집 안에 개인 신당을 만들어 두고 제멋대로 레위인 제사장을 고용해 우상을 섬기던 시기에, 단(Dan) 지파는 기업으로 분배받은 땅을 소유하지 못한 상태에 있었다(삿 18:1). 그러므로 그들은 장기적으로 정착할 만한 적절한 장소를 찾아 나서지 않을 수 없었다. 그러던 중 그들은 소라(Zorah)와 에스다올(Eshtaol) 출신의 용맹한 청년 다섯 명을 뽑아 저들이 차지할 만한 새로운 땅을 정탐하도록 임무를 부여해 보냈다.

그 정탐군들은 에브라임 산지에 도착하여 때마침 미가의 집을 발견하고 거기에서 유숙하게 되었다(삿 18:2). 그것은 미가에게는 어두운 미래를 예고하고 있었다. 단 지파의 청년들은 단순한 방문객이 아니라 자기들이 차지할 만한 땅을 찾고 있었기 때문이다. 이는 또한 하나님의 심판과도 밀접하게 연관되어 있는 문제였다.

2. 레위 지파 제사장의 거짓 예언(삿 18:3-6)

단 지파의 정탐군들은 미가의 집에 머물면서 뭔가 심상치 않은 점을 발견하게 되었다. 그것은 신당에서 제사장직을 수행하고 있던 레위 청년의 말소리를 듣고 그가 그 지역 사람이 아니란 사실을 알아차리게 된 것이다. 당시 에브라임 사람들의 말투와 레위인의 억양에 상당한 차이가 났었던 것으로 보인다.

그리하여 그들은 미가의 집안 신당 제사장으로 고용되어 전문 종교인으로 활동하던 그 레위 청년을 따로 불러내어 만났다. 어떤 과정을 거쳐 그 집에 들어가서 거하게 되었는지 샅샅이 캐물었다(삿 18:3). 누가 그를 그 집으로 인도했으며 거기서 하고 있는 일이 구체적으로 무슨 일인지, 그리고 그가 개인 집안의 신당 제사장으로서 일을 하는 대가로 무엇을 얼마나 제공받았는지 심문했던 것이다.

그 레위인 청년은 단 지파의 정탐군들에게 그동안 자기에게 있었던 모든 사실을 숨기지 않고 말했다. 물론 미가가 레위인인 자기를 청빙하여 개인 신당의 제사장으로 세웠다는 사실도 그대로 밝혔다. 그리고 그가 자기 집에 거하게 하고 모든 면에서 융숭하게 대접해 주었던 사실을 이야기했다. 그때 일 년 연봉에 해당하는 돈의 액수와 의복 및 음식에 관한 약속에 대해서도 언급했을 것으로 보인다(삿 17:10).

단 지파의 정탐군들은 레위 청년으로부터 많은 정보를 캐낸 후 자기들의 장래가 어떻게 될지 하나님께 물어봐 달라는 신탁神託을 요구했다. 그들은 배도에 빠진 거짓 제사장이었지만 그에게 종교적인 상당한 능력이 있을 것으로 믿고 있었다. 그들이 개인 신당 제사장을 통해 하나님의 뜻을 알고자 했던 것으로 보아 그들도 온전한 신앙을 가진 자들이 아니었음을 알 수 있다.

개인의 신당 제사장으로 고용되어 종교적인 업무를 수행해주는 거짓 제사장에게 여호와 하나님의 뜻을 묻는다는 것 자체가 온당한 태도라 할 수 없다. 단 지파 청년들이 장래를 궁금하게 여겼던 것은 저들에게 무언가 불안한 마음이 없지 않았다는 사실을 반증해주고 있다. 물론 레위 청년의 입장에서는 어차피 자기의 목적을 위해 그 집에 고용된 거짓 제사장이었으므로 굳이 미가의 편을 들어야 할 이유가 없었다.

삯을 받고 생활하기 위해 제사장이 된 레위 청년은 단 지파의 동향을 살펴보아 자기에게 유익한 길을 따르면 그것이 최선의 방편이 될 수 있었다.

그러므로 그럴듯한 외모와 언술로써 제사장 행세를 하고 있던 그는 저들에게 '안심하고 평안히 돌아가도 좋다'(삿 18:6)는 말을 했다. 여호와 하나님께서 저들이 가는 길에 항상 함께 계실 것이므로 전혀 염려할 필요가 없다는 것이었다. 그러나 그 말은 거짓 제사장인 레위 청년이 지어낸 헛말일 뿐 여호와 하나님의 말씀이 아니었다. 그럼에도 불구하고 단 지파 정탐군들은 그 말을 듣고 믿는 마음으로 되돌아갔다.

여기서 우리는 종교적인 위안을 받고자 하는 인간들의 어리석은 모습을 엿보게 된다. 인간들은 불안한 마음을 가지게 되면 종교에 귀의하고자 하는 경향성을 드러낸다. 그러나 그것은 종교 심리적인 현상일 뿐 그 이상은 아니다.

그럼에도 불구하고 허황된 것을 믿는 자들에게는 그것을 통해 나름대로의 정신적 유익이 발생할 수 있으며 적절한 위안을 받을 수도 있다. 그와 같은 현상은 예나 지금이나 마찬가지다. 지금도 어리석은 사람들은 자의적인 종교행위와 직업종교인들의 달콤한 말을 듣고 위안을 삼고자 하는 것을 쉽게 볼 수 있다.

한편 미가와 그 집안 사람들은, 눈앞에 위태로운 상황이 전개되어 가고 있었지만 저들이 고용한 제사장과 단 지파 정탐군들 사이에 어떤 밀담密談이 오갔는지 전혀 눈치채지 못하고 있었다. 아마 미가는 단 지파 청년들이 자기 집을 노리는 정탐군이란 사실 자체도 몰랐을 것으로 보인다. 이렇게 하여 그동안 집 안에 신당을 만들고 제사장을 고용하여 종교를 사유화했던 미가의 집에는 서서히 어둠의 그림자가 드리워지고 있었다. 저들의 종교심이 패망의 중심에 놓여 있었던 것이다.

3. 단 지파 다섯 정탐군의 귀환과 보고(삿 18:7-10)

단 지파의 지도부가 보낸 다섯 명의 정탐군들은 에브라임 산지 미가의 집안을 정탐한 후 그곳을 거점 삼아 라이스(Laish)로 가서 그곳을 정탐했다. 그 지방 백성들은 당시 평화로운 생활을 유지하던 시돈 사람들처럼 아무런 염려 없이 평온하고 안전하게 살아가고 있었다. 하지만 그들은 주변의 다른 종족 사람들과는 멀리 떨어져 있어서 외부 족속과 특별한 우호관계를 맺고 있지 않았다. 정탐군들이 보기에 그 땅은 부족한 것이 없이 모든 것이 풍족해 보였다.

미가의 집과 라이스 지역에 대한 정탐을 마친 단 지파 청년들이 소라와 에스다올에 있는 형제들에게 되돌아왔다. 그들이 도착하자 정탐 내용을 기다리던 사람들은 새로운 지역에서 보고 들은 모든 사실들과 결과에 관해 세세히 물어보았다. 그들이 살펴보았던 땅이 어떠했는지 구체적으로 들어보기를 원했던 것이다.

물론 낯선 지역으로 정탐을 나갔던 그 청년들은 긍정적인 답변을 내놓았다. 그들이 정탐한 땅들이 매우 좋았을 뿐 아니라 그곳으로 이주해 산다면 더 이상 아쉬울 것이 전혀 없으리라는 것이었다. 이는 지금 단 지파 사람들이 살고 있는 열악한 형편과는 비교가 되지 않는다는 사실을 의미한다.

그러므로 정탐군들은 저들이 가서 보았던 지역은 최상의 조건을 갖추고 있는 곳이므로 당장이라도 올라가 공격하자는 제안을 했다. 그 땅은 저들이 차지할 만한 가치가 충분하므로 잠시라도 머뭇거릴 이유가 없다는 것이었다. 만일 그것을 얻기 위해 즉각적인 공격을 감행하지 않는다면 도리어 나중에 크게 후회하게 될 것이라는 사실을 내비쳤다. 굴러들어오는 떡을 놓치는 어리석음을 범치 말라는 것이었다.

미가의 집안과 라이스 지역을 살펴본 정탐군들은 승리를 장담하고 있었던 것이 분명하다. 그곳에 살고 있는 사람들은 평화로운 삶에 익숙한 자들이기 때문에 전쟁을 할 필요도 없이 승리가 확보되어 있다는 것이다. 즉 안일한 생활에 길들여진 사람들이 살고 있는 그 지역을 정복하는 것은 식은 죽 먹기만큼 쉽다는 것이었다.

정탐군들은 그 지경이 매우 광활할 뿐 아니라 그 땅은 모든 것들이 풍족한 곳으로서 여호와 하나님이 저들의 손에 그 땅을 넘겨주신 것이 틀림없다고 주장했다(삿 18:10). 그들이 그와 같은 확신을 가지게 된 배경에는 미가 집안의 거짓 제사장 레위인 청년의 말이 크게 작용했을 것이 틀림없다. 그들은 그가 한 말이 곧 하나님의 뜻인 것으로 확신하고 있었던 것이다.

그러므로 그들은 여기서도 여호와 하나님의 이름을 거리낌 없이 핑계대고 있다. 그 사람들은 하나님의 진정한 뜻과 아무런 상관이 없이 그의 거룩한 이름을 팔았던 것이다. 이와 같은 일은 우리시대에도 악하고 어리석은 기독교인들 가운데 빈번하게 일어나고 있는 종교적인 현상이다.

분명한 사실은 그 사람들이 하나님에 대한 진정한 믿음이 있었기 때문에 그런 식으로 말한 것은 아니었다는 점이다. 도리어 그것은 저들의 불순한 열망을 드러내는 것에 지나지 않았다. 그들의 태도는 하나님을 전적으로 믿고 의지하는 것이 아니라 도리어 하나님의 뜻을 멸시하는 것에 지나지 않았다.

그럼에도 불구하고 정탐군들은 여호와 하나님의 이름을 들먹이면서 단 지파 사람들에게 전쟁을 독려하며 새로운 땅을 향해 진격하자는 제안을 했다. 물론 그들이 제안한 내용은 그대로 받아들여졌다. 이는 유랑하는 단 지파의 상황이 그만큼 절박했다는 점을 보여주는 것이기도 하다.

4. 단지파의 공략과 미가 집안의 몰락(삿 18:11-20)

단 지파에서는 새로운 지역을 확보하기 위해 육백(600) 명의 병사들을 불러 모아 각기 무기들을 지급했다. 이는 구체적으로 미가의 집안과 라이스를 공략하기 위한 목적을 가지고 있었다. 그들은 소라와 에스다올에서 출발하여 유다에 있는 기럇여아림(Kiriath-Jearim)에 진을 쳤다. 그 지역의 이름은 사사시대가 끝날 때까지 마하네단(Mahaneh-Dan)이라는 이름으로 불렸는데 이는 '단의 진지' 라는 의미를 지니고 있다.

그들은 출전을 시작한 후 먼저 에브라임 산지 미가의 집에 도착하게 되었다. 육백여 명의 병사들은 그곳 사람들이 보기에 매우 위압적이었을 것이 틀림없다. 이는 그동안 부를 축적하고 배도의 길에 빠져있던 미가 집안의 몰락을 예고하고 있었다.

라이스 땅을 미리 살펴보았던 정탐군들이 저들과 함께 간 병사들에게 미가의 집을 지칭하며 그에 연관된 정보를 주며 말했다: "이 집에 에봇과 드라빔과 새긴 신상과 부어 만든 신상이 있는 줄을 너희가 아느냐 그런즉 이제 너희는 마땅히 행할 것을 생각하라"(삿 18:14). 이는 그 모든 것들을 탈취해도 좋다는 허용의 성격을 지니고 있었다.

지난번 미가의 집을 방문하여 거기서 잠시 머물렀던 다섯 명의 청년들은 우선 그 집으로 들어가 문안 인사를 나누었다. 그들은 마음속으로 그 집안 신당에 진열된 신상을 파괴하거나 탈취하고 미가가 개인적으로 고용한 레위인 제사장을 강압적으로 데리고 가려는 생각을 품고 있으면서 겉으로는 우호적인 양 거짓으로 문안을 전했다. 그 집 대문 밖에는 육백 명이나 되는 무장 군인들이 손에 병기를 든 채 지키고 서 있었으므로 분위기는 이미 심상치 않은 상태였다.

미가의 집 안으로 들어간 단 지파의 병사들은 개인 신당에 있던 새긴 신상과 에봇과 드라빔과 부어 만든 우상들을 탈취했다. 눈앞에서 벌어지는 광경을 목도하면서도 미가 집안의 사람들은 어찌할 수 있는 방법을 찾지 못했다. 그때 레위인 제사장은 이미 무기를 지닌 육백 명의 단 지파 병사들이 대기하고 있는 문 입구에 서 있었다.

그들이 신당 안에 진열된 종교적인 물품들을 탈취해 가지고 나올 때 레위인 제사장은 그 사태를 보며 한마디 건넸다. 신에게 제사지내는 성스러운 물건들에 대해 감히 무슨 행동을 하는 것이냐며 따져 물었다. 아마도 그는 나름대로 항의하는 태도를 보여주고자 했던 것으로 보인다. 그러자 단 지파 사람들은 도리어 그에게 잠잠하게 있으라고 했다. 그러면서 입을 다물고 묵묵히 저들을 따라오라고 강요하듯이 말했다.

그리고는 그 레위인 청년에게 자기들과 함께 단 지파 진영으로 가서 저들의 아버지와 제사장이 되어 달라는 당부를 했다. 한 사람인 미가 개인의 집안에서 제사장 노릇을 하는 것보다 이스라엘 민족의 한 지파인 단 지파의 제사장이 되어 종교적인 역할을 하는 것이 훨씬 낫지 않느냐는 것이었다. 그것은 거짓 제사장 노릇을 하던 그 청년의 귀에 솔깃한 제안이 아닐 수 없었다.

단 지파로부터 의외의 파격적인 제안을 받은 레위인 청년은 그렇게 하는 것이 자기에게 유익이 되리라는 판단을 하게 되었다. 그리하여 저들의 제안을 흔쾌히 받아들였다. 그는 미가 집안의 개인 신당에서 하나님을 섬긴다는 미명 아래 우상을 섬기는 도구로 사용하던 에봇과 드라빔과 새긴 우상을 저들로부터 받아 단 지파의 백성들 가운데로 들어가게 되었다. 이제 그는 더 이상 개인에게 고용된 제사장이 아니라 한 지파에게 고용된 공인公人이 된 셈이었다.

이는 배도에 빠진 미가의 집안에 대한 하나님의 심판이 임했음을 말해주고 있다. 나아가 그것은 단 지파에 대한 하나님의 심판이기도 했다. 더러운 우상을 만들어 섬김으로써 악을 행하는 자들이나 장래 그렇게 하기로 작정하는 자들이나 하나님의 진노 아래 있는 것은 동일하다. 즉 눈앞에 드러나는 전쟁의 승패와 상관 없이 배도에 빠진 자들은 하나님의 심판과 저주 아래 있는 것이다.

단 지파에 대하여는 성경에서 전반적으로 부정적인 족속으로 묘사하고 있다. 구약성경뿐 아니라 신약성경에도 그렇게 언급되어 있는 것이다. 창세기에는 야곱이 죽기 전에 자기 자식들에 대한 예언적인 유언을 하고 있다. 그 가운데 단(Dan)에 대해서는 염려되는 예언이 포함되어 있었다.

> "단은 이스라엘의 한 지파 같이 그 백성을 심판하리로다 단은 길의 뱀이요 첩경의 독사리로다 말굽을 물어서 그 탄 자로 뒤로 떨어지게 하리로다" (창 49:16,17)

야곱이 유언한 위의 본문에서 단 지파는 이스라엘 열두 지파 가운데 뱀이나 독사와 연관하여 문제가 있는 지파로 간주되고 있다. 단의 자손들은 말 탄 자를 뒤로 떨어뜨리게 하는 역할을 하게 된다는 예언이 들어 있기 때문이다. 그것은 메시아 사역을 방해하는 것과 밀접하게 연관된 것으로 보인다.

따라서 그들은 가나안 땅에 들어가 이스라엘 자손으로서 역할을 감당하지만 결국 배도의 길에 빠지게 된다. 이는 전체적인 구속사에 연관되는 예언으로 이해해야 한다. 신약성경에도 그와 연관된 의미가 그대로 나타나고 있다.

우리는 요한계시록에서 종말에 연관된 내용을 기록하며 인침을 받은 이스라엘 열두 지파를 언급하고 있음을 보게 된다. 그런데 거기에는 유독 단 지파가 빠져 있다(계 7:4-8, 참조).[51] 구속사적인 관점에서 볼 때 그들은 하나님의 인침을 받지 못하는 것으로 되어 있는 것이다. 이는 단 지파가 개인적인 상태가 아니라 전체적으로 배도의 길에 빠지게 되었다는 사실을 말

---

51) 이스라엘 열두 지파 가운데 단 지파가 빠진 것과 신약시대 예수님의 열두 제자들 가운데 가룟 유다가 빠지게 된 사실을 유비적으로 이해할 수 있다; "내가 인맞은 자의 수를 들으니 이스라엘 자손의 각 지파 중에서 인맞은 자들이 십 사만 사천이니 유다 지파 중에 인맞은 자가 일만 이천이요 르우벤 지파 중에 일만 이천이요 갓 지파 중에 일만 이천이요 아셀 지파 중에 일만 이천이요 납달리 지파 중에 일만 이천이요 므낫세 지파 중에 일만 이천이요 시므온 지파 중에 일만 이천이요 레위 지파 중에 일만 이천이요 잇사갈 지파 중에 일만 이천이요 스불론 지파 중에 일만 이천이요 요셉 지파 중에 일만 이천이요 베냐민 지파 중에 인맞은 자가 일만 이천이라"(계 7:4-8).

해주고 있다.

5. 힘이 부족한 미가 집안의 저항(삿 18:21-26)

단 지파에 속한 병사들은 어린아이들(children)을 앞세우고 가축과 값진 물건들을 약탈해서 미가의 동네를 출발해 길을 떠났다(삿 18:21). 어쩌면 그들이 아이들을 강제로 납치했는지도 모른다. 그렇지만 그와 같은 일이 발생했음에도 불구하고 미가의 집에 속한 사람들은 행악하는 단 지파 사람들에게 아무런 저항을 할 수 없었다.

단 지파의 병사들이 미가의 집으로부터 약탈하여 멀리 떠나간 다음에야 그의 주변 사람들이 모여 뒤늦게 그들을 뒤쫓아갔다. 미가 집안에 속한 자들은 저들의 신앙에 연관된 신성한 물품들을 비롯하여 막대한 손실을 입은 상태에서 최소한의 몸부림을 쳤던 것이다. 상당한 수의 사람들을 대동한 미가는 급기야 단 지파 사람들의 뒤를 따라가서 저들에게 말하기에 이르렀다.

즉 미가와 미가의 편에 선 자들은 단 지파의 병사들 가까이 가서 불만을 토로하게 되었다. 저들의 약탈행위가 지나치지 않느냐는 것이었다. 그러자 단 지파 사람들은 미가에게 무슨 일로 사람들을 끌어모아 뒤쫓아왔느냐며 비웃듯이 반응했다. 미가는 자기 집안에 있는 신들과 제사장을 모두 약탈해 간 것은 너무 심하다고 생각한다는 말을 했다. 모든 것들을 빼앗아 갔기 때문에 남은 것이 아무것도 없는데 그와 같은 항의를 하는 것은 당연하지 않느냐고 맥없는 항변을 했던 것이다.

미가의 말을 듣고 난 단 지파의 지휘관들은 그런 식의 말을 당장 거두어들이라는 강력한 응대를 했다. 계속 그와 같이 화를 돋우게 되면 그들을 쳐서 저들의 생명뿐 아니라 그 가족의 생명조차도 살아남지 못하게 될 것이라며 겁박劫迫했다. 그러니 단 지파의 심기를 건드리지 말고 당장 되돌아가는 편이 좋으리라는 것이었다.

저들로부터 빼앗긴 것들을 되돌려 받기는커녕 더욱 위협적인 말을 듣게 된 미가는 어쩔 도리가 없었다. 막강한 단 지파의 병사들과 싸워 이길 수 있는 승산은 전무했기 때문이다. 결국 미가는 저들의 강력한 세력과 완강한 태도로 말미암아 데리고 갔던 사람들과 더불어 아무런 소득 없이 다시 집으로 되돌아가야만 했던 것이다.

6. 단 지파가 라이스를 정복하고 신당을 세움(삿 18:27-31)

단의 자손들은 미가가 만든 우상들을 비롯한 종교적인 물품들을 탈취했을 뿐 아니라 미가의 개인 신당의 제사장직을 수행하던 레위인 청년을 앞세우고 다음 격전지인 라이스에 도착했다. 그 사람들은 레위인 제사장을 앞세우면 반드시 승리하리라는 막연한 확신을 했을지도 모른다.

단 지파의 병사들은 베드르홉(Beth Rehob) 가까운 지역에서 평화롭고 걱정 없이 살아가는 거민들을 공격하고 저들의 성읍을 불살라 태워버렸다. 그와 같은 급박한 상황에서도 그들을 위기에서 구출해 줄 자들은 아무도 없었다. 시돈 사람들이나 주변 족속들 가운데서 그들과 가까이 지내며 동맹을 맺고 있는 족속들이 없었기 때문이다.

그러므로 단 자손은 라이스 사람들의 성읍을 불태운 자리에 저들이 원하는 성읍을 중건했다. 그들은 그 새로운 지역에 삶의 터전을 잡아가게 되었다. 그리고는 그 성읍을 저들의 맨 처음 조상인 '단' 의 이름을 따서 '단'(Dan)이라 불렀다. 즉 원래 라이스로 불렸던 성읍이 단 지파 사람들이 뿌리 내리는 도시 '단' 이 되었던 것이다.

단 자손은 저들 마음대로 하나님을 섬기려는 생각으로 그곳에 자신들을 위한 우상을 만들어 세웠다. 그것은 하나님께 저항하는 악행이었으나 배도자들은 그것을 제대로 인식하지 못했다. 또한 그들 가운데는 점차 모세의 손자이자 게르솜의 아들인 요나단과 그의 자손들이 단 지파의 제사장이 되어 배도에 빠진 종교 생활을 주도했다. 물론 아론 지파의 자손이 아닌 모세의 후손들이 제사장이 된 것은 그것 자체로서 불법이었으며 더러운 우상을 만들어 섬긴 것은 여호와 하나님에 대한 불순종 행위였다.

단 지파에 속한 사람들 가운데는 그 땅이 정복될 때까지 불법에 빠진 자들이 제사장 노릇을 하며 악행을 저질렀다. 한편 '하나님의 집' 이 실로(Shiloh)[52]에 있을 동안 미가가 새겨 만든 우상은 단 자손들 가운데 세워져 있었다.[53] 그것은 오래전 저들의 조상이 거두었던 승리를 증거하는 역사적인 기념물 역할을 했을 것이 틀림없다.

이렇게 하여 단 지파는 여호와 하나님을 버리고 자기들을 위한 패역한 도시를 건립하여 살아가게 되었다. 그들은 하나님을 경외하며 장차 오시게 될 메시아를 소망하며 살아가는 삶을 완전히 버렸다. 그것으로 말미암아 영적인 음란에 빠진 저들 위에 하나님의 무서운 심판이 임하게 되었던 것이다.

---

52) 여기서 언급된 '하나님의 집' 은 '성막' 으로 이해하는 것이 자연스럽다. 실로에 성막이 있을 당시에는 제사장들을 비롯해 성막에 종사하는 유대인들이 그 지역에 머물면서 여호와 하나님께 제사하는 일을 감당했다.

53) 어리석은 단 지파 사람들은 '단' 을 중심으로 감히 '실로' 에 있는 하나님의 집과 대립하며 경쟁적인 종교성을 드러내 보이게 되었다. 이와 같은 양상은 나중 다윗 왕국이 세워지고 나서 솔로몬 왕 이후 나라가 분열되었을 때 '단' 이 북 이스라엘 왕국의 우상을 위한 거점 도시가 되었을 때 그 패역이 극에 달했다.

제21장

어떤 레위 사람의 첩

(삿 19:1-21)

1. 어떤 레위 사람의 베들레헴 출신 첩(삿 19:1-3)

당시 이스라엘 민족 가운데는 왕이 없었으므로 언약의 백성들은 하나님의 율법에 의존해야 했으며 하나님께서 때에 따라 보내시는 사사들의 말에 순종해야 했다. 그러나 악한 인간들은 하나님의 뜻을 저버리고 제 맘대로 하기 일쑤였다. 그들은 하나님의 율법을 멀리하고 자기 판단에 좋을 대로 행동하며 살아갔던 것이다.

그런 중에 에브라임 산간 지대 외딴 지역에 레위인 한 사람이 살아가고 있었다. 그는 거기에 살고 있으면서 유다 베들레헴 출신의 젊은 여자를 첩(concubine)으로 맞아들였다.[54] 아마도 그에게는 본처가 있었을 것으로 보인다. 하지만 인간적인 욕망에 따라 본처를 둔 채 첩을 얻어 살았던 것

54) 우리말에 '첩' 이란 아내가 있는 남자가 다른 여자를 취하여 동거하는 경우를 의미한다. 히브리어 원문에 기록된 해당 단어는 '첩' 과 유사한 의미로 묘사되어 있다. 우리는 여기서 이와 더불어 좀 더 광범위한 의미로 정식으로 혼인하지 않는 상태에서 남녀가 동거하는 것을 포함하고 있는 것으로 볼 수도 있다. 물론 필자는 이 의미를 '첩' 과 연관 지어 본문을 이해하고자 한다. 영어 성경에서는 대개 'concubine' (KJV,NIV,NASB)으로 번역하고 있으며 한글 성경에서는 거의 '첩' (개역한글, 개역개정, 공동번역, 새번역, 현대인의성경)으로 번역하고 있다.

이다.

언약의 백성으로서 첩을 얻어 살게 되는 그와 같은 행동은 분명한 간음이며 죄악이다. 어떤 경우에도 비정상적인 남녀관계를 허용하는 축첩제도蓄妾制度가 적법한 것으로 인정될 수 없다. 즉 그것을 당시의 문화적인 것으로 받아들여 간음이 아니라고 주장하는 것은 매우 잘못된 판단이다. 하나님을 진정으로 경외하며 살아가는 사람이라면 결코 그와 같은 행동을 하지 않는다.

그런데 에브라임 산지에서 첩을 얻어 살고 있는 그 레위인에게 어처구니없는 사건이 발생했다. 그것은 그 사람의 첩이 다른 외간 남자와 간음을 저지르게 되었던 것이다(삿 19:2). 그와 같은 사실이 발각이 된 상태에서 아무것도 아닌 듯이 넘어갈 수는 없었다. 레위인 남자의 입장에서도 그것을 쉽게 용납할 수 없었을 것이며 첩살이를 하던 여자의 입장에서도 뻔뻔스럽게 그냥 있을 수는 없었을 것이다.

결국 그 여인은 에브라임 산지 레위인의 집을 떠나 베들레헴에 있는 자기 친정집으로 돌아가서 머물렀다. 그녀의 부모를 비롯한 친정 식구들에게 있어서도 그와 같은 형편은 여간 수치스러운 일이 아닐 수 없었다. 정식으로 혼인하지 않은 상태에서 남의 첩으로 얹혀산다는 것도 창피한 일인데 그런 중에 또 다른 남자와 간음을 저지른다는 것은 결코 있을 수 없는 일이었다.

하지만 간음을 행한 그 여인에게는 친정으로 돌아가는 길 이외에 달리 방법이 없었다. 그런 부정한 여자를 받아들여 줄 사람이 있을 리 만무했기 때문이다. 그리하여 남의 첩이 되어 살면서 간음을 저지른 그 여인은 베들레헴의 친정집으로 갔다. 그녀는 그곳에서 넉 달을 지내게 되었다. 물론 그 여성은 기약 없는 시간을 보내고 있었을 것이며 동거하던 남자가 자기를 데리러 오리라는 기대조차 하지 않았을 것이다.

그런데 전혀 예기치 못하던 때, 그 레위인 남자가 자기의 첩을 데려가기 위해 에브라임 산지로부터 베들레헴에 있는 그녀의 친정집으로 찾아왔다. 그는 그 여자가 저질렀던 모든 행위를 용서하고 자기 집으로 데려가고자 했다. 우리가 여기서 생각해 볼 수 있는 것은, 그 레위인이 첩을 용서하려고 했던 까닭은 그녀가 자기의 아내가 아니라 첩이기 때문에 가능했던 것으로 여겨진다는 사실이다. 어차피 그녀는 그 사람의 정식 아내가 아니었기 때문에 자기 역시 부정한 간음을 저지르는 죄 가운데 있다는 사실을 스스로 인식하고 있었던 것으로 보이는 것이다.

하지만 그의 행동은 결코 정당성을 띠지 못한다. 즉 그가 간음한 첩을 용서하려는 것이 관대하거나 너그러운 마음 때문이라 말할 수 없다. 그것은 또 다른 악행이 될 수 있었다. 더러운 간음 행위를 가볍게 생각하거나 쉽게 용납하게 되면 마치 누룩처럼 주변으로 퍼져 나가게 될 것은 자명한 이치이다. 모세의 율법에는 그와 같은 경우에는 반드시 죽여야 한다고 규정하고 있다.

> "누구든지 남의 아내와 간음하는 자 곧 그의 이웃의 아내와 간음하는 자는 그 간부와 음부를 반드시 죽일지니라" (레 20:10)

이처럼 하나님께서는 간음한 자에 대해 엄중하게 대처할 것을 요구하고 있다. 그럼에도 불구하고 그 레위인 남자는 자기 마음대로 판단하고 행동했다. 그리하여 그는 에브라임 산지로부터 하인 한 사람과 나귀 두 마리를 끌고 간음한 자기의 첩이 머무르고 있던 베들레헴으로 가게 되었다.

그것은 하나님의 말씀을 멸시하는 행동과도 같았다. 그 사람은 여호와 하나님을 경외하지 않고 그의 율법을 거리낌 없이 어겼기 때문이다. 뿐만 아니라 그의 본처와 가족이 가까이 있었다면 엄청난 상처를 받지 않을 수 없었을 것이다.

하지만 간음을 저질렀던 그 첩은 자기와 함께 살던 레위인 남자가 자기에게 오는 것을 보고 자기 아버지의 집으로 기쁘게 맞아들였다. 아마도 그가 자기의 모든 과오를 용서하리라는 생각을 했던 것으로 보인다. 따라서 그녀의 아버지도 그 사람이 오는 것을 보고 매우 반가운 마음으로 영접했다.

그는 이제 악행을 저지른 자기 딸을 다시금 그 레위인의 첩으로 들여보낼 수 있다는 생각을 하고 있었을 것이 분명하다. 그와 같은 태도 역시 언약의 자손으로서 정상적인 자세라 말할 수 없다. 보통의 경우라면 딸로 하여금 비정상적인 첩의 생활을 청산하고 새로운 삶을 살도록 요구하는 것이 일반적이다. 건전한 아버지라면 결코 자기 딸에게 첩살이를 계속하도록 하지는 않는다. 하지만 베들레헴에 살던 그 사람은 자기 딸에게 그런 권면을 전혀 하지 않았다.

우리가 여기서 깊이 생각해 보아야 할 점은, 첩을 둠으로써 그 잘못을 저지르는 당사자가 거룩한 성막 사역을 위해 부르심을 받은 레위 족속에 속한 인물이었다는 사실과 그의 첩이 베들레헴 출신이었다는 사실이다. 여기에는 우리가 엿볼 수 있는 무언의 예언적 의미가 들어있는 것으로 이해할 수 있다. 이는 하나님의 성막을 위해 거룩한 사역에 종사해야 할 사람이 더러운 악행 가운데 살아가고 있다는 점과 베들레헴이 장차 언약의 왕국의 왕과 메시아가 태어나게 될 중요한 지역이었기 때문이다.

우리는 이를 통해 레위인이 다른 지파의 사람들보다 특별히 더 건전하거나 훌륭한 자들이 아니라는 사실을 보게 된다. 즉 하나님께서 레위 지파를 자신의 거룩한 일을 위한 종사자로 선택한 것이 저들의 우월한 윤리성 때문이 아니었음을 알 수 있다. 모든 것은 오직 하나님의 경륜적인 뜻에 달려 있었던 것이다.

또한 하나님께서 나중 베들레헴을 구속사 가운데 특별한 곳으로 지목하신 것[55]도 그 지역이 다른 곳에 비해 더 모범적이었기 때문이 아니었다.

---

55) 베들레헴은 나중 다윗 왕과 그의 아버지인 이새가 살게 되는 왕가(王家)의 도성이 되었으며, 만왕의 왕으로 오신 예수님께서 그곳을 통해 강림하셨다.

베들레헴이 다른 도시보다 우수하지 못했을지라도 하나님은 그곳을 특별히 택하셨다. 사사기에서 베들레헴이 언급되는 것은 장차 있게 될 그와 연관된 구속사적 사실을 미리 보여주기 위한 하나님의 특별한 예언적 의도가 담겨 있는 것으로 생각되는 것이다.

2. 첩의 친정집에서의 레위인과 그의 첩장인(삿 19:3-9)

그 레위인의 첩의 아버지는 매우 반갑게 그 사람을 맞이했다. 그에게 환심을 사고 싶은 마음이 컸으리라는 사실은 틀림없다. 딸을 둔 아버지의 입장에서는 그럴 수밖에 없었을 것이란 생각을 해 본다. 사랑하는 딸이 첩이 되어 남의 집에 얹혀살다가 다른 외간 남자와 간음을 저지른 것은 당황스러운 일이 아닐 수 없었다.

그런 형편 가운데 자기 딸과 함께 살던 남자가 에브라임 산지로부터 멀리 베들레헴까지 찾아오게 되었다. 그는 그것을 보며 기쁨으로 그 레위인을 맞아들이게 된 것이다(삿 19:3). 그 사람은 자기 딸을 첩으로 데리고 살던 자와 삼일 동안 함께 지내며 음식을 먹고 마시면서 좋은 교제를 나누었다. 그동안 그 레위인과 첩장인은 매우 가까워진 사이가 되었을 것이 틀림없다.

삼일을 베들레헴에서 보낸 후 넷째 날이 되어 그 사람이 떠나려고 하자 첩장인인 그 여자의 아버지는 음식을 좀 더 풍족히 먹고 기력을 회복한 후에 가도록 하라며 붙잡았다. 불과 삼일 동안의 교제 시간은 매우 짧고 그냥 보내기에는 너무 아쉽다는 것이었다. 결국 그는 첩장인과 함께 먹고 마시다가 그의 간청에 따라 하룻밤 더 유숙하게 되었다.

다섯째 날이 되는 그 다음날 그가 일어나 집을 떠나려고 하자 이번에도 또다시 그를 붙잡았다. 그가 떠날 채비를 하는 것을 본 그의 첩장인은 하루 더 먹고 마시며 기운을 돋우는 것이 좋겠다는 말을 했다. 어쩌면 그 사람이 좋아서라기보다 자기 딸을 보내며 염려하는 마음이 있었기 때문이었을지 모른다. 어쨌거나 함께 음식을 먹고 난 후 그 레위인은 첩과 하인을 데리고 집을 떠나고자 했다.

그의 첩장인은 그날도 이미 출발 시간이 늦었으니 하룻밤 더 유숙하고 가라는 부탁을 했다. 좀 더 잘 대접해 보내고 싶다는 의미였다. 그렇게 한 후 다음날 아침 일찍이 저의 고향 집을 향해 돌아가면 좋으리라는 것이었다. 물론 그와 같은 형태의 대화와 행동은 당시 유대인의 일반적인 관습이었던 것으로 보인다.

하지만 그 사람의 첩장인은 딸을 둔 아버지로서 사사로운 인정에 끌린 것이었을 뿐 하나님의 율법에 온전히 순종하는 행위가 아니었다. 그 사람의 판단과 행동에는 신앙인으로서 객관성이 완전히 결여되어 있었다. 아무리 자기 딸에 연관된 문제라 할지라도 간음한 여인을 아무 일도 없다는 듯 징계도 없이 돌려 보내는 것은 결코 옳은 행동이라 말할 수 없다.

3. 베들레헴 출발과 유숙할 장소를 찾지 못한 나그네(삿 19:10-15)

에브라임 산지 출신의 그 레위인은 날이 많이 기울었으니 하룻밤 더 머물고 가라는 첩장인의 만류를 거절하고 함께 온 하인과 첩을 데리고 에브라임 산지의 고향집을 향해 출발했다. 그들 일행은 베들레헴을 떠나 여부스(Jebus) 곧 예루살렘 맞은편에 당도하게 되었다. 그 레위인은 하인과 안장을 지운 나귀 두 마리, 그리고 첩을 데리고 갔는데 아마도 자기와 첩은 나귀를 타고 갔을 것이며 하인은 그 뒤를 따라 갔을 것이다.

그들이 여부스 가까이 도착했을 무렵 해가 서서히 기울어져 가고 있었다. 그 사람들은 계속 길을 갈 수 없었으므로 적절한 곳을 찾아 하룻밤 유숙한 후 갈 수밖에 없는 형편이 되었다. 그래서 하인은 자기 주인에게 더 이상 길을 가기 어려우니 여부스 성에 들어가 하룻밤 자고 가는 것이 어떻겠느냐는 제안을 했다.

하인의 말을 들은 그 레위인도 유숙할 만한 곳을 찾는 것이 상책이라는 생각을 하게 되었다. 하지만 아직 이스라엘 자손들의 도성이 되지 못하고 이방 사람들이 살고 있는 여부스 성에 들어가 유숙하는 것을 그 사람이 달갑게 여기지 않았다(삿 19:12). 적대감을 가지고 있는 이방인들이 유대인인 자기에게 유숙할 방을 내어주지 않으리라는 생각을 했기 때문이었을 것으로 보인다. 나아가 어쩌면 그 이방인들이 분노해 무자비하게 공격해 올지도 모를 일이었다.

그리하여 거기서 그다지 멀지 않은 기브아(Gibeah)에 가서 하룻밤 유숙하기로 마음먹었다. 그는 아마도 이방인들은 자기를 받아들여주지 않을 것이지만 동족인 이스라엘 사람들은 저들이 유숙할 수 있도록 기꺼이 영접해 주리라고 믿었던 것으로 보인다. 그래서 그는 하인에게 여부스로 들어가지 말고 기브아나 라마(Ramah) 중 한 곳으로 가서 유숙하는 것이 좋겠다는 말을 했다.

그 사람들 일행이 여부스를 떠나 베냐민 족속이 거주하고 있던 기브아 가까이 갔을 때는 해가 져서 이미 어둑어둑한 상태였다. 그들은 그곳에서 하룻밤 유숙하기 위해 성읍 안으로 들어가 사람들이 많이 다니는 넓은 거리에 앉아 있었다. 누군가 자기들을 보고 집 안으로 영접해 주기를 원했던 것이다.

하지만 저들을 자기 집으로 영접하여 유숙할 수 있도록 배려해주는 사람은 나타나지 않았다. 당시 이스라엘 자손들은 나그네를 보게 되면 저를 영접하는 것이 일반적이었다. 그것은 단순한 관례였던 것이 아니라 율법에서 정하고 있는 하나님의 요구였다. 모세의 율법에는 그에 관한 내용이 명백히 규정되어 있다. 이스라엘 백성이 가나안 땅에 진입하기 전에 주어졌던 신명기는 그것을 특별히 강조해 언급하고 있다.

"고아와 과부를 위하여 신원하시며 나그네를 사랑하사 그에게 식물과 의복을 주시나니 너희는 나그네를 사랑하라 전에 너희도 애굽 땅에서 나그네 되었었음이니라"(신 10:18,19)

당시 성실한 언약의 자손들이라면 당연히 나그네에 연관된 이 명령에 순종할 준비를 갖추고 있어야만 했다. 하지만 기브아의 베냐민 족속들 가운데는 잘 만한 곳이 마땅치 않은 그 사람들을 영접해주는 자가 아무도 없었다. 에브라임 산지에 거주지를 둔 그 레위인은, 이방인들이 살고 있는 여부스 사람들은 자기를 영접하지 않을지라도 동족인 이스라엘 사람들은 저들을 영접해 줄 것으로 생각했었지만 기대에 완전히 어긋나게 되었다.

이는 베냐민 지파 사람들이 하나님의 율법을 멀리하고 있었음을 말해주고 있다. 그들은 언약의 자손들이 나그네가 되어 머물 만한 곳이 없을 때 저들을 영접해야 했지만 아무도 그렇게 하지 않았다. 배도에 빠진 베냐민 자손들은 이기심에 가득 차서 나그네가 된 저들을 받아들이지 않았던 것이다.

오늘날 우리는 이에 대한 문제를 민감하게 생각해 보아야 할 필요가 있다. 구약뿐 아니라 신약성경에도 그와 같은 가르침은 그대로 기록되어 있다(딤전3:2; 5:10; 딛1:8, 참조). 하지만 우리의 현실을 볼 때 이 원리는 완전히 사라져 버렸다 해도 과언이 아니다. 원리적으로 본다면 우리시대의 성도들도 나그네가 되어 여행하는 낯모르는 성도들을 영접할 준비를 갖추고 있어야만 한다.

만일 신앙이 확실히 보증되는 어떤 성도가 나그네가 되어 다른 지역을 여행한다면 현지에 있는 교회와 성도들은 그를 기꺼이 맞아들일 수 있는 자세를 유지해야 한다. 이는 이웃을 위해 선한 행동을 하는 것과는 다르다. 그것은 하나님의 자녀들이 마땅히 감당해야 할 삶의 한 부분이 되어야 하기 때문이다.

4. 베냐민 지파 지역의 한 노인의 배려(삿 19:16-21)

그 레위인 일행이 기브아를 방문할 당시 그 성읍에는 한 노인이 살고 있었다. 그 사람은 베냐민 자손들 틈새서 살아가고 있었지만 원래는 그 지파에 속한 사람이 아니었을 것으로 보인다. 그 노인은 원래 에브라임 산지 출신으로서 객지客地에 머물고 있는 셈이었다. 그가 레위인과 그 일행이 길가에 앉아있는 것을 보고 자기의 집에 유숙할 수 있도록 배려해 주고자 했다.

그 노인은 밭에서 일을 마치고 돌아오는 길에 넓은 길가에 앉아있는 낯선 사람들을 보게 되었다. 그들은 한 눈에 보기에도 나그네라는 사실을 금방 알 수 있었다. 노인은 그 외지인들에게 어디서 와서 어디로 가는 길인지 물어보았다.

그러자 그 레위인은 유다 베들레헴에서 에브라임 산지로 가는 중이라고 말했다. 그리고 자기는 이제 '여호와의 집' (the house of the Lord)으로 가고 있다는 말을 덧붙였다(삿 19:18). 이를 보건데 그는 레위인이란 명분을 앞세워 미가(Micah) 집안의 경우처럼 에브라임 산지 외딴 지역에 개인 신당을 차려둔 것으로 보인다(삿 17:12, 참조). 즉 그 사람은 우상 신당을 차려놓고 종교적인 활동을 하면서 말로는 여호와 하나님을 섬긴다고 주장했을 것이다.

하지만 그 사람은 '여호와의 집' 을 들먹여 이용함으로써 하룻밤 묵을 수 있는 자신의 목적을 이루고자 했다. 당시에는 '여호와의 집' 으로 일컬어지던 성막이 실로(Shiloh)에 있었다. 그 레위인은 실로에 갈 계획이 없으면서 그와 같은 말을 했던 것이다. 그가 굳이 마음에 없는 그런 말을 했던 이유는 자기가 레위인 출신의 제사장이란 사실을 말하면 그 노인이 자기에게 축복해줄 것을 기대하고 자기 집으로 영접하여 들일 것이라는 생각을 하고 있었기 때문이었던 것으로 보인다.

그와 같은 생각에 빠져 대화를 나누던 레위인은 길을 가는 중 밤이 되어 그 지역에 이르렀는데 아무도 저들을 자기 집으로 맞아주는 사람이 없다는 말을 강조했다. 그는 또한 자기에게 나귀에게 먹일 충분한 짚과 여물이 있으며 저들 일행이 먹을 만한 양식과 포도주도 준비하고 있다는 사실을 언급했다. 따라서 잠자리 이외에 달리 그에게 특별한 신세를 끼치지 않아도 된다는 것이었다. 이는 그냥 하룻밤 안전하게 잠만 재워주면 감사하겠다는 의미를 지니고 있었다.

그 사람으로부터 모든 말을 듣고 나서 상황을 파악하게 된 노인은 걱정하지 말라며 저들을 안심시켰다. 저들에게 필요한 모든 것은 자기가 부담할 것이므로 거리에서 유숙하지 않아도 된다는 것이었다. 그 노인은 말을 마친 후 저들을 자기 집으로 데리고 갔다. 그는 우선 나귀들에게 여물을 먹여 주었다. 그리고 나서 먼 여행으로 인해 피로에 쌓인 저들에게 발을 씻을 물을 내어주고 음 식과 음료를 함께 먹고 마셨다.

베냐민 지파의 수많은 사람들 가운데 그 나그네들을 영접해주는 자는 아무도 없었다. 그러나 저들 가운데서 괄시를 받으며 살아가고 있었을 그 노인이 율법에 따라 나그네를 영접하는 따뜻한 마음을 지닌 유일한 인물이었다. 그곳의 베냐민 사람들은 교만에 빠져 하나님을 멀리하고 있었지만 외로운 삶을 살아가는 노인이 도움의 손길을 필요로 하는 나그네의 심정을 알았던 것이다.

그렇게 하여 그들은 하룻밤 유숙할 수 있는 거처를 마련하게 되었다. 하지만 아직은 저들이 안심하기에 일렀다. 그 지역이 결코 안전하지 않다는 사실이 곧 드러나게 된다. 배도에 빠진 악한 베냐민 지파 사람들이 나그네인 저들을 해코지하기 위해 그 집으로 몰려들 것이었기 때문이다. 그것은 그 레위인에 대한 심판의 의미를 지니고 있는 동시에 베냐민 지파 사람들에 대한 심판을 예고하고 있다.

제22장

베냐민 자손들의 악행과 이스라엘 민족 총회

(삿 19:22-20:7)

1. 베냐민 지파의 불량배들과 노인(삿 19:22,23)

베들레헴을 출발하여 에브라임 산지로 돌아가던 그 레위인 일행이 기브아(Gibeah) 성읍의 넓은 길가에 앉아 있을 때 몰래 저들을 노려보는 무서운 눈들이 있었다. 그들은 마치 다른 동물을 사냥하고자 하는 굶주린 이리떼와 같았다. 베냐민 지파에 속한 그 불량배들은 밤중이 되면 나그네들을 해칠 음모를 꾸미고 있었다. 물론 레위인 일행은 그에 대한 아무런 낌새를 채지 못했다.

그 레위인이 노인의 집에 들어가 손을 씻고 음식을 먹으며 안심하고 있을 때 기브아 성읍의 불량배들이 그 집을 에워싸고 문을 두들겼다. 그 악한 자들은 집 주인 노인에게 안에 있는 외지인을 밖으로 끌어내라고 요구했다. 그들이 저와 상관하겠다는 것이었다(삿 19:22). 이 말은 그 레위인 남자를 성적으로 추행하겠다는 의미를 지니고 있었다. 성경 번역본들 가운데는 그것이 성적인 강간으로 직접 묘사되어 기록된 경우도 있다.

> "당신 집에 온 사람을 끌어내시오 우리가 그를 강간하겠소" (삿 19:22, 현대인의 성경); "Bring out the man who came to your house so we can have

sex with him" (Judges 19:22, NIV).

이는 집단적으로 동성同性을 성추행하겠다는 노골적인 의사표시였다. 그것은 인간이기를 스스로 포기한 것과 마찬가지가 아닐 수 없다. 하지만 그와 같은 악한 행위는 오래전 소돔과 고모라 시대에도 벌써 있었던 일이다. 그 사건의 전개는 당시 롯의 집에 '하나님의 천사들' 이 도착했을 때 일어난 사건과 동일한 형태를 띠고 있다.

소돔성에 살고 있던 롯에게 어느 날 하나님의 천사들이 찾아왔다. 죄악이 편만한 그 성읍을 심판하고 롯과 그의 가족을 그곳으로부터 인도해내기 위해서였다. 물론 그 천사들은 겉보기에 다른 보통 사람들과 아무런 차이가 나지 않았다. 즉 사람들의 눈에는 낯선 인물들이었을 따름이다.

그 하나님의 천사들이 소돔성에 도착했을 때도 그곳에 살고 있던 악한 자들은 그들을 성추행하기 위해 몰래 노려보고 있었다. 그 사람들이 롯의 집에 들어가 하룻밤 묵고자 하는 것을 확인한 소돔의 악한 자들은 그 집으로 몰려가 저들을 내놓으라고 윽박질렀다. 그들은 그 사람들을 바깥으로 끌어내 성추행하고자 했던 것이다.

> "그들이 눕기 전에 그 성 사람 곧 소돔 백성들이 노소를 막론하고 원근에서 다 모여 그 집을 에워싸고 롯을 부르고 그에게 이르되 오늘 밤에 네게 온 사람들이 어디 있느냐 이끌어 내라 우리가 그들을 상관하리라" (창 19:4,5)

사악한 소돔 사람들은 롯의 집에 온 손님을 밖으로 끌어내 성추행을 하려고 했다. 롯이 그에 순순히 응하지 않는 모습을 보이자 악한 자들은 롯에게 외지에서 들어와 우거하면서 저들의 일을 방해한다며 분노했다. 다양한 연령대에 속한 저들에게는 부끄러움이라고는 아예 없었다. 당시 롯의 행동은 사사기 본문에 기록된 기브아의 노인이 외지에서 들어와 살면서 에브라임 산지 출신의 레위인을 자기 집으로 불러들여 보호하고자 한 것과 유사한 성격을 지니고 있었다.

그 노인도 롯처럼 베냐민 지파 사람들에게 자기 집에 들어온 외지 손님에게 동성 성추행과 같은 망령된 악행을 저지르지 말도록 간청했다. 그러나 그것은 아무런 소용이 없었다. 베냐민 지파의 불량배들은 그 말을 귀담아 듣고자 하지 않았다. 저들에게는 사람들을 욕보이며 하나님께 저항하려는 악한 생각밖에 없었다. 즉 저들은 악을 즐기는 배도자들 이상이 아니었던 것이다.

여기서 우리는 현대에 들어와 무서운 속도로 퍼져나가는 동성애 문제를 냉철한 자세로 생각해 볼 필요가 있다. 동성애는 하나님께서 허락하신 순리를 거스르는 무서운 죄악이다. 그것은 정상적인 인간들에게는 결코 있을 수 없는 행위이다. 그럼에도 불구하고 더러운 성적인 욕망을 채우려는 인간들의 눈에는 아무것도 보이지 않는다.

그런데 현대에 있어서는 이보다 훨씬 더 심각한 문제가 동성결혼同性結婚이다. 즉 고대로부터 동성애가 있어왔지만, 우리시대의 동성결혼과는 그 성격이 전혀 다르다. 그것은 이제 막 시작되어 점차 독버섯처럼 번져가는 경악할 만한 일이 아닐 수 없다.

동성애가 개인의 성적인 취향에 연관된 문제라면 동성결혼은 사회적 혹은 국가적 제도를 기반으로 하는 무서운 악행이다. 지금 전 세계의 소위 선진국이라고 하는 서구의 나라들 가운데 상당수는 그것을 법적으로 허용하고 있다.[56] 그와 같은 악법을 근간으로 하는 동성결혼은 점차 일부 지역

---

56) 이와 같은 퇴폐적 양상은 2000년대 이후에 생겨났다. 동성결혼을 합법화한 첫 번째 국가는 네덜란드이다. 2000년 12월 동성결혼과 동성 부부가 자녀 입양을 허용하는 법률을 통과시키고 2001년부터 이를 시행하였다. 그리고 2003년과 2005년에는 벨기에 스페인, 캐나다 등이 동성결혼을 합법화했으며, 그 후 동성혼 제도를 받아들이는 나라들이 점차 많아져 2013년 현재 남아프리카 공화국, 노르웨이, 스웨덴, 포르투갈, 아이슬란드, 아르헨티나, 덴마크, 우루과이, 뉴질랜드, 프랑스 등에서 합법화했다. 또한 미국, 멕시코, 브라질에서는 일부 자치주들이 그것을 법제화 했다. 인륜을 포기하는 이와 같은 양상은 앞으로 더욱 급속하게 확산될 것이 틀림없다.

을 제외한 전 지구를 지배하게 될 것이다. 하나님을 진정으로 경외하는 교회와 그에 속한 성도들은 그에 대해 여간 민감하지 않으면 안 된다.

2. 레위인이 첩을 베냐민 불량배들에게 내어줌(삿 19:24,25)

기브아의 노인은 베냐만 지파 불량배들의 안하무인眼下無人격인 언행을 보고 처녀인 자기의 딸과 손님으로 들어온 그 사람의 첩이 있으니 저들을 내보내 주겠다고 말했다. 그 여성들을 상대하여 성적으로 강제 추행하라는 것이었다. 즉 그 사람은 남자가 남자에게 그런 망령된 행동을 하지 말도록 호소했다. 물론 악한 자들로 하여금 애꿎은 여인들을 성추행하도록 배려하고자 하는 노인의 부당한 태도를 우리로서는 결코 납득할 수 없다.

그런데 그와 같은 형태의 사건은 성경 다른 곳에도 나타난다. 오래전 소돔에서도 롯은 자기 집에 들어온 손님을 성추행하려는 악한 자들에게 자기 딸을 내주려 했다(창 19:8). 그것은 아무런 잘못이 없는 자기 딸에 대한 범죄행위이지 않은가? 한 쪽을 보호하기 위해 다른 한 쪽을 처참한 궁지로 몰아넣는다는 것은 있을 수 없는 일이다.

이와 마찬가지로 노인의 집에 들어와 유숙하게 된 레위인이 베들레헴 출신의 자기 첩을 악한 불량배들이 성추행하도록 내어주는 것은 심각한 윤리적 문제가 아닐 수 없다. 그리고 자기 집에 들어온 손님을 보호하기 위해 자기 딸을 내어주겠다고 한 노인의 태도 역시 마찬가지다. 저들의 그와 같은 일방적인 판단과 행동은 불량배들의 악행 못지않은 심각한 악행으로 보지 않을 수 없다. 그럴 경우라면 모두를 보호하기 위해 자신의 생명을 내놓고 강력하게 저항하는 것이 원칙이다.

그와 같은 위태로운 상황 가운데서 결국 그 레위인은 자기의 첩을 불량배들에게 내어주었다. 이는 저들로 하여금 그 여인에게 성추행을 하도록 허용하는 것과 마찬가지였다. 그런데 성경에서는 앞의 소돔성에서와 마찬가지로 그 레위인의 잘못을 심각한 문제로 삼지 않고 있는 것으로 비쳐진다.

우리는 여기서 이 심각한 문제를 어떻게 이해해야 할까? 이에 대한 올바른 이해를 하는 것은 매우 중요하다. 우리가 이와 연관된 성경 본문들에서 분명히 깨달아야 할 바는 인륜人倫보다 하나님의 창조 질서를 더욱 중요하게 여기지 않으면 안 된다는 사실이다.

동성끼리의 성행위는 어떤 경우에도 결단코 용납될 수 없는 범죄행위이다. 그것은 인간들 사이에 발생하는 보편적인 윤리와 비교될 수 없으며 하나님께서 정하신 근원적인 질서를 파괴하는 더러운 악행이기 때문이다. 즉 이성간의 추악한 성추행보다 동성간에 발생하는 성적인 범죄는 본질적인 문제에 연관되는 것이다.

3. 강간 끝에 죽게 된 여인과 레위인의 분노[57] (삿 19:26-28)

레위인의 첩이었던 그 안타까운 여인은 베냐민 자손 불량배들에 의해 밤새도록 성추행을 당했던 것으로 보인다. 아마도 여러 남자들에 의해 성적인 고통을 당했을 것이다. 베냐민 지파에 속한 그 악한 자들은 저들의 더러운 욕망을 채운 후 새벽 동이 틀 무렵 레위인이 머물고 있던 노인의 집 대문 앞에 여자를 내던져버리고 돌아갔다.

베들레헴의 그 여인은 첩으로나마 한 레위인에게 얹혀살기 위해 아버지 집을 떠나 길을 따라나섰는데 어처구니없는 참변을 당하게 되었다. 그녀도 아버지 집에서는 누구보다도 귀중한 딸이었다. 이번 길을 따라나서지 말고 그냥 친정집에 머물러 있었다면 그렇게 되지는 않았을 것이 틀림없다.

---

57) 기브아에서 일어난 레위인의 첩이 성추행 후 살해당한 사건은 그 레위인에 대한 심판과 동시에 베냐민 지파에 대한 하나님의 심판을 예고하고 있다.

그 레위인은 멀리 베들레헴까지 찾아가서 온갖 감언이설甘言利說을 늘어놓으며 첩을 데리고 자기 집으로 떠났다. 하지만 그 여자를 악한 자들에 의해 무자비한 성추행을 당하도록 하고 죽음에 빠뜨린 것은 배신이 아닐 수 없다. 결국 그 여인은 레위인 남자 때문에 비참한 죽음을 죽었다고 해도 과언이 아니다.

자기 첩이 성추행을 당하며 죽음에 빠진 상태에서도 그 레위인은 자기 잇속만 차렸던 것으로 보인다. 그는 이튿날 아침 일찍 일어나 그곳을 떠나 고향 집으로 떠날 채비를 했다. 아직 자기의 첩이 돌아오지 않았지만 그런 이기적인 마음을 먹고 있었다. 여차하면 그 여자를 그곳에 버려두고 혼자 떠날 태세였다(삿 19:27, 참조). 이는 그 레위인이 자기의 첩을 진심으로 아끼고 사랑했던 것이 아니라 자기 욕망을 채우는 도구 정도로 밖에 여기지 않았음을 말해준다.

그 레위인이 집 대문을 열고 갈 길을 떠나고자 하여 문 가까이 왔을 때 그 앞에는 자기의 첩이 두 손을 문지방에 얹어둔 채 쓰러져 있었다. 그는 그 여자가 아직 살아있는 것으로 여기고 일어나 길을 떠나가자고 재촉했다. 이는 결코 있을 수 없는 잔인한 태도가 아닐 수 없다. 자기로 인해 밤새도록 낯선 남자들에 의해 강제적인 성추행을 당한 여인에게 그런 식의 말을 한다는 것 자체가 용납될 수 없는 일이었다.

그렇지만 그가 대문 앞에 내동댕이쳐진 자기 첩을 발견하고 흔들어 깨우는 과정에서 그녀가 이미 죽어 있다는 사실을 확인하게 되었다. 전체적인 문맥으로 보아 그제서야 비로소 구체적으로 분노하기 시작한 것으로 보인다. 레위인은 자기 첩을 불량배에게 넘겨준 자신의 악행에 대해서는 아무런 반성이 없이 원수들에게 분노하고 있었다. 이는 안타깝고 억울하게 죽은 그 여자를 위한 것이라기보다 저의 이기적인 태도에 기인하는 것이라 말하지 않을 수 없다.

그 레위인은 자기 첩의 시체를 나귀에 싣고 에브라임 산지에 있는 자기 집으로 운구運柩해 왔다. 시체를 옮기는 중에도 자신의 잘못에 대해 하나님 앞에서 회개하는 모습은 보이지 않는다. 아마 그 사람은 자기는 하나님의 창조 질서 때문에 불가피하게 자기의 첩을 악한 자들에게 내어준 것으로 생각했던 것으로 짐작된다. 이처럼 당시의 이스라엘 백성 대다수가 이기적인 죄악에 빠져 있었다.

무고한 여성에게 무자비하게 성추행을 감행한 베냐민 지파의 불량배들이 형편없는 자들이었다는 사실을 여기서 다시금 강조할 필요는 없다. 단지 그들이 혈통적으로는 언약의 자손이었지만 이방인들보다 훨씬 더 잔혹했다는 사실은 분명하다. 나아가 전체 베냐민 지파 사람들의 성향도 그와 별반 다르지 않았다. 그들은 나중 그 악행을 알게 되었을 때 도리어 불량배들의 편을 들었다(삿 20:13, 참조). 즉 베냐민 사람들은 저들 가운데 발생한 그 악행을 알고도 하나님 앞에서 반성하거나 회개하기는커녕 그 불량배들에게 문책조차 하지 않았던 것이다.

4. 첩의 시체를 토막 내 열두지파에게 보낸 레위인과 이스라엘의 반응 (삿 19:29,30)

레위인은 베냐민 출신의 불량배에 의해 강간을 당해 죽은 자기 첩의 시체를 나귀에 싣고 에브라임 산지에 있는 자기 집으로 돌아오면서 마음이 착잡하지 않을 수 없었다. 살아있는 여인이 타고 와야 할 나귀의 등에 여자의 죽은 시체가 운구되어야 하는 처지가 된 것이다. 집에 도착한 레위인은 칼로 자기 첩의 시체를 열두 토막으로 나누었다.

우리는 여기서 그것이 또 다른 범죄행위였다는 사실을 기억하지 않으면 안 된다. 아무리 죽은 사람이라 할지라도 저의 시체를 잘라 토막낸다는 것은 여간 끔찍한 일이 아니다. 윤리적인 관점에서 본다고 할지라도 죽은 자의 시체를 훼손하는 것은 결코 있을 수 없는 일이었다. 그럼에도 불구하고 그 레위인은 그렇게 했다. 하지만 거기에는 인간들의 모든 사고를 초월한 하나님의 경륜이 작용하고 있었던 것으로 이해해야 한다.

그 레위인은 열두 토막으로 나누어진 시체의 각 부분을 따로 포장하여 이스라엘 민족이 흩어져 살고 있던 사방 지역으로 두루 보냈다. 아마도 베냐민 지파가 빠진 요셉 자손의 두 지파를 포함한 모든 지파에 보냈을 것으로 보인다. 당시에는 오늘날과 같이 배달 업무를 담당하는 기관이나 업체가 있었을 리 없다. 이는 그 시체의 배달이 쉽지 않았으리란 사실을 말해준다.

그러나 그 레위인은 사람들을 구해 토막낸 시체를 포장해서 전 지역으로 보냈다. 그와 같은 일에 참여하는 것은 누구나 꺼릴 만한 일이라 쉽게 그 일을 하고자 하는 자들이 없었을 것이 분명하다. 그 레위인은 주변에 많은 인맥을 확보하고 있는 유력한 사람으로 보이지 않는다. 하지만 분노에 찬 그는 자기의 모든 것을 투자해서라도 베냐민 사람들의 악행을 이스라엘 전 민족에게 고발하고자 했다.

죽은 여인의 토막난 시체를 배달받고 나서 전후 사정을 들은 이스라엘 각 지파 사람들은 경악하지 않을 수 없었다. 이스라엘 자손이 출애굽하고 나서 그때까지 듣지도 보지도 못한 악한 사건이 베냐민 지파에 속한 불량배들에 의해 일어났기 때문이다. 동성인 남자를 성추행하려고 하다가 여의치 않자 무고한 여인을 강간해서 죽음에 빠뜨린 것은 끔찍한 일이 아닐 수 없었다.

그리하여 각 지파에서는 그 문제를 어떻게 처리해야 할지 논의하게 되었다. 그리고 각 지파의 대표들이 한자리에 모여 상의해야 한다는 움직임이 일어났다. 이스라엘 민족 가운데 그와 같은 악행을 엄히 징계하지 않으면 안 된다는 생각을 했던 것이다. 그런 악행을 용납하게 되면 언약의 백성인 이스라엘 민족의 정체성에 심각한 문제가 생길 수밖에 없었기 때문이다.

5. 이스라엘 민족의 미스바 총회와 사실 확인(삿 20:1-7)

(1) 미스바 총회(삿 20:1-3)

이스라엘 자손은 베냐민 지파 불량배들의 천인공노天人共怒할 악행에 대한 대책을 논의하기 위해 미스바에 모였다. 베냐민 지파를 제외한 단에서 브엘세바까지와 길르앗 땅에 이르는 모든 지파 사람들이 한자리에 모이게 되었다. 이는 물론 전체 모든 백성들이 아니라 각 지파를 대표하는 지도자들이 그곳에 모였을 것이다.

그들은 미스바에 모일 때 단순히 민족대표자들의 중지衆智를 모으는 회의를 개최하려고 했던 것이 아니라 여호와 하나님 앞에 서고자 했다(삿 20:1). 온 백성의 어른 곧 이스라엘 모든 지파의 지도자들은 숙연한 자세로 언약의 백성이 모이는 총회에 참석했다. 그때 그곳에 모인 자들 가운데는 무기를 지닌 보병이 사십만(400,000) 명에 이르렀다. 그것은 베냐민을 대항한 전의戰意를 다지는 것과 같은 성격을 지니고 있었다.

베냐민 지파 사람들은, 이스라엘의 모든 지파 지도자들과 전쟁에 대비한 대규모의 병력이 미스바에 집결했다는 정보를 입수했다. 그러자 그들도 저들 나름대로 싸움을 준비하기에 이르렀다. 이제 언약의 민족 내부에서 일어나게 될 잔혹한 내전이 눈앞에 임박했다. 이는 가나안 땅을 지배하고 있는 이방인들과 맞서 싸워할 이스라엘 민족에게는 치명적인 결과를 가져올 수도 있었다. 적군들 앞에서 자중지란自中之亂이 일어난다면 적에게만 유익이 될 따름이기 때문이었다.

(2) 사태 확인과 결의(삿 20:3-7)

미스바에 모인 이스라엘 민족 지도자들은 여인의 시체를 토막내 각 지파에게 보낸 그 레위인을 소환하여 불렀다. 그로부터 직접 당시의 상황을 들어보기 위해서였다. 기브아에서 일어난 사건의 모든 경위와 베들레헴 출신의 그 여인이 당하게 된 그 끔찍한 사건의 자초지종自初至終을 말해보라는 것이었다.

당사자인 레위인은 자기가 첩과 더불어 베들레헴을 출발하여 베냐민 지파 사람들에게 속한 기브아에 유숙하기 위해 들어갔다가 봉변을 당했다고 말했다. 즉 기브아 사람들이 자기를 곤경에 빠뜨리기 위해 밤중에 일어나 저들이 묵고 있던 집을 에워싸고 성추행하여 죽이려 했으며 결국은 자기의 첩을 성추행하여 죽게 만들었다는 것이다. 그러나 그 레위인은 자기의 잘못에 대해서는 전혀 언급하지 않았다. 자기가 첩을 저들에게 내어주었다는 말을 하지 않았던 것이다. 사실 그녀의 죽음에는 그가 했던 역할이 없지 않았던 것이 분명하다. 실상은 그 레위인이 자기의 첩을 성추행 당하게 만들고 죽음에 빠뜨린 것 아닌가?

레위인은 베냐민 지파의 악행을 보고 도저히 참을 수가 없어서 자기 첩의 시체를 토막내 이스라엘 모든 지파에게 보냈노라고 말했다. 그가 그렇게 했던 이유는 저들이 이스라엘 민족 가운데서는 결코 있어서는 안 될 음행과 망령된 일을 행했으므로 그냥 넘어갈 수 없었다는 것이다.

하지만 이스라엘 자손들에게 있어서는 시체를 만지는 것만으로도 부정하게 된다. 죽은 자의 시체를 만지고 율법에 따른 정결례를 행하지 않으면 정하게 되지 않는다. 모세의 율법에는 그에 관한 명시적 기록을 남기고 있다.

> "누구든지 죽은 사람의 시체를 만지고 자신을 정결하게 하지 아니하는 자는 여호와의 성막을 더럽힘이라 그가 이스라엘에서 끊어질 것은 정결하게 하는 물을 그에게 뿌리지 아니하므로 깨끗하게 되지 못하고 그 부정함이 그대로 있음이니라" (민 19:13)

일반 이스라엘 백성도 죽은 자의 시체를 만지면 부정하게 되지만 성막

봉사에 연관되는 사역을 하는 레위인들의 경우에는 더욱 그렇다. 그 레위인은 죽은 사람의 시체를 단순히 만졌을 뿐 아니라 그 시체를 토막내는 끔찍한 행동을 했다. 그것은 결코 있을 수 없는 일로서 잘 한 것이라 말할 수 없다. 그것은 이스라엘 민족 가운데서 결코 허용될 수 없는 악행이었기 때문이다.

당시의 모든 상황을 고려해 보건데 그 레위인은 시체를 만졌을 뿐 아니라 그것을 끔찍하게 훼손한 데 대하여 나중에라도 정결례를 행한 것으로 보이지 않는다. 그럼에도 불구하고 그는 자기의 부정한 행위에 대해서는 아무런 반성이나 회개의 기미를 보이지 않았다. 또한 더욱 놀라운 사실은 이스라엘 민족의 지도자들 가운데 어느 누구도 그에 대한 문책을 하지 않았다는 점이다. 이는 당시 이스라엘 모든 백성이 율법을 가까이 하지 않고 있었음을 말해주고 있다.

미스바에 모인 이스라엘 백성의 모든 지도자들은 그 레위인의 요구에 따라 눈앞에 펼쳐진 현실적인 문제를 해결하기 위해서 관심을 집중했다. 그리하여 백성들의 의견을 듣고 그에 대한 적절한 방책을 내놓고자 했을 따름이다. 즉 그들은 외부에 드러난 악행을 처리하기 위해 많은 고심을 했지만 율법의 본질에 대해서는 등한시하고 있었던 것이다.

6. 이 사건을 통해 생각해 보아야 할 현대의 동성애와 동성결혼

우리는 여기서 타락한 베냐민 지파의 불량배들이 동성인 남자에게 성추행을 시도하려고 했던 퇴폐적인 상황을 기억한다. 동성애에 대한 익숙한 경험이 없는 상태에서는 동성추행이란 불가능한 일이다. 이는 당시 베냐민 지파에 속한 불량한 자들 가운데 상당수는 동성애에 깊이 빠져 있었다는 사실을 말해주고 있다.

동성애는 그것 자체로서 범죄행위이다. 그것은 하나님의 창조질서에 직접 저항하는 더러운 악행이기 때문이다. 그러므로 신약시대의 사도들도 그에 대해 엄중한 교훈을 주고 있다. 사도 바울은 로마에 있는 교회에 편지하면서 동성애가 저주받을 일이라는 사실을 언급하고 있다.

> "이를 인하여 하나님께서 저희를 부끄러운 욕심에 내어 버려두셨으니 곧 저희 여인들도 순리대로 쓸 것을 바꾸어 역리로 쓰며 이와 같이 남자들도 순리대로 여인 쓰기를 버리고 서로 향하여 음욕이 불 일듯 하매 남자가 남자로 더불어 부끄러운 일을 행하여 저희의 그릇됨에 상당한 보응을 그 자신에 받았느니라" (롬 1:26,27)

구약과 신약 성경에서 보여주듯이 과거에도 다양한 시대와 지역에 따라 동성애가 암묵적으로 인정되는 경우가 많이 있어왔다. 이에 대해서는 우리시대에 들어와 한층 노골화되는 양상을 보이고 있다. 이떤 국가와 지역에서는 동성애를 범죄로 규정하고 있지만 또 다른 서구의 대다수 나라들에서는 그것을 도리어 합법화하고 있다.

나아가 현대에는 과거에 비해 훨씬 심각한 문제가 대두되고 있다. 그것은 동성애를 넘어 동성결혼이 제도적인 힘을 얻고 있기 때문이다. 동성애와 동성결혼이 성적인 행위에 있어서는 동일하게 비쳐질지 모르지만 사회적 개념은 전혀 다르다. 동성애가 타락한 인간의 개인적인 성적인 취향에 관련된다면 동성결혼은 국가적이며 법률적인 문제와 직접 연관되어 있기 때문이다.

앞에서도 언급한 것처럼 우리시대에 들어와 독버섯처럼 퍼져나가는 동성결혼은 말세지말末世之末의 인류 최악의 집단성 범죄행위라는 사실을 분명히 깨닫지 않으면 안 된다. 과거 어느 때도 동성이 합법적으로 결혼하여 가정을 이루게 하는 식의 체제 중심의 국가적 범죄행위는 존재하지 않았다. 그것은 사악한 인간들이 하나님의 질서를 궁극적으로 허무는 악행이다.

창세기에 기록된 소돔 성에서 있었던 롯의 경우와, 사사기에 나타나는 기브아를 방문했던 레위인이 무고한 여인을 불량배들에게 내어준 것은 부정적인 행동이었음에도 불구하고 우리에게 매우 중요한 의미를 드러내 보여주고 있다. 우리는 남성인 불량배들이 남성을 성추행하려는 위기를 피하기 위해 롯이나 기브아의 노인이 무고한 여성을 저들에게 내어준 사실을 눈여겨 보아야 한다. 그것은 동성간의 성적인 결합이 어떤 죄악보다 악해서 하나님의 무서운 진노를 살 만한 행위라는 사실을 저들이 인식하고 있었기 때문이었던 것으로 볼 수 있기 때문이다.

제23장

이스라엘 민족의 내전: 자중지란

(삿 20:8-48)

1. 베냐민 지파에 대한 징벌 준비(삿 20:8-11)

기브아 성읍에 있던 일부 베냐민 자손들의 끔찍한 아행을 알게 된 온 이스라엘 백성들은 분노하지 않을 수 없었다. 그렇게 되자 그에 철저하게 대응해야 한다는 민족적인 여론이 들끓었다. 그리하여 한 사람도 자기 장막이나 집으로 돌아가지 말고 비상체제를 구축하자는 요구를 하기에 이르렀다. 이는 당장이라도 기브아 사람들을 공격해 요절撓折을 내자는 의미를 포함하고 있다.

따라서 이스라엘 백성은 그에 대한 단안을 내리고자 했다. 그것은 이스라엘 민족의 모든 지파가 참여하여 그들을 강력하게 응징해야만 한다는 것에 연관되어 있었다. 모든 지파는 제각각 백성들의 수에 따라 10분의 1씩을 뽑아 공동으로 전쟁에 참여시키도록 했다. 이는 물론 전쟁에 나갈 수 있는 청년들을 계수한 것으로 보인다.

각 지파 사람들은 제비를 뽑아 하나님의 뜻에 따라 공평하게 전쟁에 참여하게 될 것이었다. 그리고 병사들은 지파에 따라 제각각 저들의 양식과 무기를 준비해야만 했다. 이스라엘 모든 지파들은 그에 참여함으로써 베냐민 지파 사람들이 기브아에서 저지른 망령된 행동을 강력하게 징계한다는 결의를 다지기에 이르렀다.

이렇게 함으로써 베냐민 지파를 제외한 모든 이스라엘 지파 사람들은 그것을 위해 일치단결하게 되었다(삿 20:11). 그들은 언약의 자손들로서 결코 있을 수 없는 무모한 악행을 저지른 자들을 엄히 징계하여 이스라엘 가운데 존재하는 부정한 것들을 제거해야만 했다. 이는 장차 세워지게 될 언약의 왕국을 대비하는 의미를 내포하고 있다.[58)]

2. 이스라엘 연합군의 경고와 베냐민 지파의 저항(삿 20:12-16)

이스라엘 각 지파는 계수된 병사들을 파견함으로써 일종의 연합군을 구성하게 되었다. 그들은 지파별로 분담하여 베냐민 자손들이 살고 있는 여러 지역으로 병사들을 두루 보냈다. 그 사람들은 베냐민 지파의 동네들을 다니며 기브아에서 일어난 저들의 악행을 지적했다. 선량한 여자를 성추행하여 죽음에 이르게 한 자들을 처벌해야 한다는 것이었다. 이는 일종의 고발적인 성격을 지니고 있었다.

그리하여 이스라엘 여러 지파 사람들은 베냐민 자손들에게 이제 그 악행을 저지른 기브아 성읍의 불량배들을 저들에게 넘겨달라고 요구했다. 그런 자들을 자기들에게 넘겨주어 엄중한 심판을 받게 하는 것은 지극히 당연한 일이라는 것이다. 즉 그들이 직접 저들의 죄를 물어 사형에 처함으로써 이스라엘 민족 가운데서 악을 제거해야 한다는 것이었다.

그러나 베냐민 지파 사람들은 다른 이스라엘 지파의 요구를 받아들이지 않았다. 그들은 전체 이스라엘 민족의 요구를 수용하는 대신 완강하게 거부했다. 베냐민 자손들은 자기 지파에 속한 자들이라는 이유 하나 만으로

58) 이 말은 아브라함 언약의 왕국에 연관된 내용과 그 후 실행된 모세 언약에 기초하여 다윗 언약에 이르는 구속사적인 의미를 지닌다.

그 악한 자들을 무조건 옹호했다(삿 20:13). 그들은 도리어 악을 제거해야 한다는 이스라엘 연합군과 맞서 싸우기로 결의하기에 이르렀다. 그것은 형제들의 정당한 청을 거절하는 행동일 뿐 아니라 하나님의 말씀을 거부하는 것과도 같은 사악한 판단이었다.

어리석은 베냐민 지파 사람들은 편파적인 종족 이기주의로 말미암아 악행을 옹호하는 세력이 되어버렸다. 하나님의 율법과 진리를 중심에 두고 살아가야 할 언약의 자손들이 그것을 버리고 불건전한 집단 패거리가 되어버린 것이다. 그럼에도 불구하고 저들은 자기 종족을 보호한다는 명분과 의리를 지킨다는 어처구니없는 생각을 했을 것이 틀림없다.

이에 대해서는 우리 역시 매우 주의깊게 생각해 보아야 한다. 오늘날 우리시대에는 그와 같은 상황이 존재하지 않는가? 구약시대뿐 아니라 신약시대의 교회사 가운데도 하나님을 경외하지 않는 타락한 자들 중에는 항상 이런 문제가 제기 되어 왔다.

배도자들은 계시된 하나님의 말씀을 저들의 삶 가운데 적용하기보다 인간들의 이기적인 욕망을 앞세우기가 일쑤였다. 신약성경에도 사악한 유대인들이 이기적인 욕망에 따라 당을 짓기를 좋아했던 기록이 나타난다(행 23:12; 롬2:8; 고전11:19, 참조). 그들은 하나님의 진리가 아니라 사사로운 인정과 이기적인 판단에 따라 사고하며 행동하기를 즐겨했다. 즉 패거리식의 집단 이기주의로 말미암아 올바른 분별력을 상실함으로써 전체가 부패해간 예들이 많이 있었던 것이다.

그러므로 우리는 이에 관해 명확한 자세를 확립하지 않으면 안 된다. 인간적으로 아무리 가까운 사이라 할지라도 성경의 교훈을 의도적으로 벗어난다면 그것을 명확하게 지적해야 할 필요가 있다. 자기와 관계가 좋지 않은 사람들의 자그마한 실수는 크게 부각시키면서 자기와 가까운 사람의 더러운 부정은 모르는 채 눈감고 덮어준다면 그보다 더 위태로운 경우가 없다. 성숙한 신앙인이라면 항상 이에 대해 민감한 자세를 유지해야만 한다.

한편 이기적인 종족주의에 사로잡힌 베냐민 지파 사람들은 흩어져 살고 있던 여러 지역과 성읍들로부터 저들의 중심도시 역할을 하고 있던 기브아로 몰려들었다. 다른 이스라엘 지파의 연합 세력과 맞서 싸우기 위해서였다. 그때 전쟁에 참가하기 위해 몰려든 저들의 병력 수는 이만 육천(26,000) 명 가량 되었다. 그 외에도 기브아에서 특별히 훈련된 정예부대에 속한 용사가 칠백(700) 명 가량 되었다.

그들은 베냐민 지파를 사수하기 위한 특공대와도 같았다. 그 병사들은 모두 왼손잡이였으며 물매로 돌을 던지는 데 익숙한 명사수들이었다. 그들이 물매를 손에 들고 목표지점을 향해 돌을 던지면 정확하게 맞추는 탁월한 능력을 갖추고 있었다. 이는 그 병사들이 상대군을 공격하고 방어할 수 있는 탄탄한 전력을 소유하고 있었다는 사실을 말해준다.

3. 이스라엘 연합군의 패배(삿 20:17-25)

이스라엘 모든 지파의 연합군 수는 사십만(400,000) 명이나 되는 대군이었다. 그들은 우선 벧엘(Bethel)로 올라가서 여호와 하나님께 여쭈었다. 당시에는 벧엘에 하나님의 언약궤가 있었기 때문이다. 그들은 그곳에서 이스라엘 지파들 가운데 누가 먼저 올라가서 베냐민 지파와 싸울 것인지에 관한 답변을 듣고자 했다.

하나님께서는 저들의 질문을 듣고 난 후 유다 지파가 앞서 올라갈 것을 요구하셨다.[59] 하나님으로부터 응답을 받게 된 이스라엘 연합군은 아침

---

59) 여기서도 우리는 유다 지파를 통해 오시게 될 메시아를 기억할 수 있다. 역사적인 사건과 그에 연관된 메시지 가운데 메시아에 관한 예언적 의미가 드러나고 있는 것이다. 장차 인간의 몸을 입고 이 세상에 오시게 될 메시아는 원수의 세력에 맞서 피를 흘리며 싸워야할 분이기 때문이다.

일찍 베냐민 족속의 기브아 성읍을 공격하기 위해 그 지역을 마주보는 자리에 진을 쳤다. 이로써 이스라엘 군대가 베냐민 지파와 싸우기 위한 전열戰列을 완전히 갖추게 되었다. 물론 당시의 주력부대는 유다 지파였을 것이 분명하다.

베냐민 지파의 병사들은 그 광경을 목격하고 저들과 맞서 전투를 치루기 위해 기브아 성읍으로부터 몰려나왔다. 그들이 도리어 이스라엘 연합군에 선제공격을 가했던 것이다. 그 전투에서 이스라엘 병사들 가운데 무려 이만 이천(22,000) 명이나 되는 사람들이 전사를 당했다. 허를 찔린 격이 된 이스라엘 연합군은 용기를 내어 다시금 원래의 자리에서 전열을 가다듬었다. 하지만 엄청난 수의 병사들이 한꺼번에 전사를 당하자 저들에게 큰 충격이 되지 않을 수 없었다.

그리하여 이스라엘 자손은 또다시 하나님의 언약궤가 있는 벧엘로 올라가 여호와 하나님 앞에서 날이 저물도록 울면서 하나님의 뜻을 물었다(삿 20:23). 그들은 그곳에서, 이스라엘 민족의 한 지파로서 형제라 할 수 있는 베냐민 지파와 피 흘리는 싸움을 계속해야 할지 물었던 것이다. 이스라엘 사람들은 베냐민 지파에게 일시적으로 패배를 당하게 되자 동족同族에 대한 저들의 공격의도가 근본적으로 잘못된 것이 아닌지 다시금 고려하지 않을 수 없었던 것이다.

그런데 하나님께서는 저들에게 거기서 멈추지 말고 베냐민 지파의 진영으로 올라가 공격을 개시하라는 명령을 내리셨다. 그들은 하나님의 뜻을 확인한 후 이튿날 다시금 베냐민 지파에 대한 공격을 시도했다. 그때도 베냐민 지파 군사들은 기브아에서 저들을 치러 나와서 또다시 이스라엘 병사 일만 팔천(18,000) 명을 쓰러뜨렸다.

연이은 전투에서 크게 패배하게 된 이스라엘 연합군의 입장에서는 여간 혼란스럽지 않았을 것이 분명하다. 악을 제거하고자 정당한 행동을 하는 자들이 부정하고 악한 행위에 취해 있는 자들에게 되풀이하여 패배 당했기 때문이다. 더구나 그들은 자의적인 행동이 아니라 하나님의 응답을 받고 공격을 시도했던 것이다.

우리가 여기서 기억해야 할 바는 정당한 쪽이 일시적으로 패배하는 것은 그다지 이상한 일이 아니라는 사실이다. 이와 같은 사건은 오늘날 우리 시대에도 얼마든지 많이 발생한다. 배도에 빠진 악한 자들이 일시적으로 승리하고 하나님을 경외하는 선한 자들이 패배하는 경우는 우리 주변에서 다반사茶飯事로 일어나고 있다.

그러나 여호와 하나님의 편에 선 자들은 설령 그런 경우를 당한다고 할지라도 전혀 낙심할 필요가 없다. 도리어 인내하며 기다림으로써 원대한 하나님의 뜻에 순종해야 한다. 나아가 일시적인 어려움과 고통을 당하는 그와 같은 상황 가운데서도 하나님께 불평하는 태도를 취해서는 안 된다.

중요한 점은 사악하고 어리석은 자들은 일시적인 승리로 말미암아 마음이 들떠 있겠지만 저들의 장래는 처참하기 짝이 없다는 사실이다. 그것을 모르는 채 즐거움에 취해 있다면 그것 자체가 하나님의 저주의 심판이 된다. 하나님께서는 결단코 택하신 자기 자녀들로 하여금 영원한 파멸에 빠지도록 방치하시지 않는다.

4. 이스라엘 자손의 벧엘에서의 금식(삿 20:26-28)

이스라엘 연합군이 베냐민 지파에 의해 패배 당하게 되자 모든 백성은 또다시 하나님의 언약궤가 놓여있는 벧엘로 올라갔다. 그들은 그곳에서 식음을 전폐한 채 울며 하나님께 간절히 매달렸다. 전쟁에서 패배한 이스라엘 연합군은 하나님께 매어달릴 수밖에 달리 아무런 방도가 없었다. 그들은 여호와 하나님 앞에 앉아서 날이 저물도록 금식하며 번제와 화목제를 드렸다(삿 20:26).

그런 가운데 백성들은 다시금 여호와 하나님의 뜻을 물었다. 당시에는 아론의 손자 엘르아살의 아들 비느하스(Phinehas)가 제사장으로 그곳에서 사역하고 있었다. 두 번이나 처참한 패배를 맛본 그들은 또다시 언약의 백성으로서 형제인 베냐민 지파와 맞서 싸워야 할지 아니면 그만 두어야 할지 물었다. 그때 하나님께서는 그 다음날이 되면 베냐민 지파를 이스라엘 연합군에 넘겨주시겠다는 말씀을 하셨다.

우리가 여기서 기억해야 할 바는 이스라엘 연합군이 더러운 악행을 저지른 베냐민 지파에게 일시적인 패배를 당한 것은 오히려 저들에게 은혜와 더불어 소중한 교훈이 된다는 사실이다. 이에 반해 악한 자로서 일시적인 승리를 거둔 자들에게는 그것이 도리어 저주가 된다. 이것은 역설적인 말처럼 들릴 수 있지만 분명한 사실이다.

일시적인 패배가 저들에게 값진 교훈이 될 수 있었던 이유는 그로 말미암아 하나님을 더욱 가까이 찾고 그에게 의지하도록 만들어 주기 때문이다. 그리고 그들은 나중에 승리를 거두게 된다고 할지라도 결코 그로 말미암아 교만한 마음을 가질 수 없다. 그러나 일시적인 승리에 도취한 악한 자들은 심각한 교만에 빠지게 된다. 그들은 여호와 하나님을 찾지 않고 저들의 능력을 의지하며 으스댈 가능성이 커진다.

우리 역시 세상에서 무언가 실패한 것으로 여겨질 때 하나님을 더욱 의지할 수 있다면 그것이 진정한 축복이 된다는 사실을 기억할 수 있어야 한다. 그러나 세상에서 성공한 것으로 여겨 하나님을 멀리하게 된다면 그것은 하나님의 저주가 될 수밖에 없다. 우리는 이에 대한 분명한 깨달음을 소유하지 않으면 안 된다.

5. 이스라엘 연합군의 작전(삿 20:29-35)

여호와 하나님으로부터 궁극적인 승리에 대한 확답을 받게 된 이스라엘 연합군은 기브아 성읍 주변에 군사들을 매복시켰다. 그런 후 그들은 셋째 날이 되자 베냐민 자손을 공략하기 위해 올라가서 그전처럼 기브아 맞은 편에서 전열을 갖추었다. 이번에는 그들이 새로운 작전을 펼치고자 했던 것이다. 그것은 물론 하나님께서 주신 특별한 지혜로 말미암은 것으로 이해해야 한다.

베냐민 자손은 이스라엘 군대가 기브아 성읍을 향해 나아오는 것을 보며 저들과 맞서 싸우기 위해 성 밖으로 나왔다. 베냐민 지파의 군대는 벧엘로 올라가는 길과 기브아의 평지로 가는 길이 만나는 지점에서 전투를 벌였다. 그 과정에서 그들은 지난 번과 같이 삼십(30) 명 가량의 이스라엘 병사들을 죽이기 시작했다. 이미 몇 번의 승리를 거두었던 베냐민 자손은 기고만장氣高萬丈하지 않을 수 없었다.

그렇게 되자 베냐민 병사들은 스스로 승리를 쟁취하고 있는 것으로 여기게 되었다. 그들은 그것이 이스라엘의 작전이라는 사실을 전혀 눈치채지 못하고 있었다.

이스라엘 백성의 군대는 그와 같은 전황戰況을 이용하여 전략적으로 도망치기 시작했다. 그들은 패배하여 도망하는 모습을 취하면서 베냐민 병사들을 기브아 성읍으로부터 멀리 떨어진 큰 길로 유인해 내고자 했다. 베냐민 지파는 그것도 모르는 채 이스라엘 군대의 유인책에 걸려들었던 것이다(삿 20:31).

그 사이 뒤에 남은 부대에 속한 이스라엘 병사들은 각자의 위치에서 일어나 바알다말(Baal-Tamar)에서 전열을 가다듬고 있었다. 그리고 기브아 성읍 부근의 우거진 숲 속에 숨어있던 병사들이 한꺼번에 바깥으로 쏟아져 나왔다. 이는 베냐민 지파 진영에서 전혀 예측하지 못한 상황이었다.

그런 가운데 이스라엘 군대의 정예부대라 할 수 있는 일만(10,000) 명의 군인들이 총 공격을 개시했다. 그들은 기브아 성읍을 향해 맹렬한 공격을 퍼부었다. 하지만 성읍의 본부에서 치열한 전투가 벌어지고 있었음에도 불구하고 유인책에 걸려들어 멀리 떠나 있던 베냐민 병사들은 저들에게

화가 미치고 있다는 사실을 전혀 모르고 있었다.

그날 여호와 하나님께서 베냐민 지파를 치셨으므로 이스라엘 연합군은 하루 동안 베냐민 사람 이만 오천(25,000) 명을 쳐 죽이게 되었다. 그때 전사한 사람들은 모두 싸움에 능한 용맹한 군인들이었다. 이는 그동안 내심 승리를 장담하던 베냐민 지파에게 돌이킬 수 없는 패색이 드리워졌다는 사실을 말해주고 있다.

6. 이스라엘 연합군의 승리(삿 20:36-48)

베냐민 지파에서는 최정예 부대가 공략당하여 기브아 성읍이 뚫리게 되자 패배를 직감하지 않을 수 없었다. 이스라엘 군대의 유인 작전을 미처 파악하지 못한 것이 외형상의 패인敗因이었다. 이스라엘 연합군이 기브아 성읍 주변에 군사들을 매복시켜두고 작전상 멀리 도망칠 때 기브아 성읍에 주둔하고 있어야 할 베냐민 지파의 군대가 저들을 뒤따라 추격하게 된 것이 문제였다.

그들이 성읍에서 멀리 떠나가게 된 것을 확인한 복병들은 갑자기 제 위치에서 일어나 기브아 성읍을 향해 돌격했다. 그들은 성읍 안으로 들어가 눈에 띄는 대로 칼날을 휘둘렀다. 물론 그들은 처음부터 군호軍號를 짜두었다. 이스라엘 군사들과 복병 사이에는 사전에 상황에 따른 신호가 약속되어 있었다(삿 20:38). 즉 성읍 안에서 큰 연기가 치솟아 오르는 것을 신호로 삼아 모든 군대가 본격적인 행동을 개시하기로 했던 것이다.

이스라엘 민족의 연합군과 베냐민 지파 병사들이 맨 처음 탐색전에 준하는 전투를 벌이다가 이스라엘 병사 삼십 명 가량이 전사하고 도망을 칠 때 베냐민 지파 병사들이 승리를 자신하고 저들의 뒤를 따라 나가 추격한 것은 올바른 판단이 아니었다. 이스라엘 진영에서는 그와 같은 일이 일어나게 될 것을 이미 예견하고 있었다. 몇 번의 전투에서 패배했던 저들의 새로운 작전이 주효했던 것이다.

베냐민 지파의 주력 부대가 이스라엘 군대를 추격하기 위해 멀리 나가게 되자 뒤에 숨어있던 복병들이 성읍 안으로 달려 들어가 공격을 하고 그 가운데 불을 질렀다. 그렇게 되자 연기가 구름 기둥이 되어 하늘 위로 높이 치솟아 올랐다. 뒤늦게 멀리서 그 광경을 지켜본 베냐민 병사들은 당황하지 않을 수 없었다.

그때 쫓겨 도망가는 것으로 위장 전술을 펴던 이스라엘 군대가 되돌아서서 추격해 오던 베냐민 군대를 역공했다. 그제서야 베냐민 군사들은 상황을 파악하고 저들에게 미친 화를 깨닫고 우왕좌왕右往左往하지 않을 수 없었다. 그들은 이스라엘 군대의 칼날을 피해 광야로 피해 도망가려 했지만 이스라엘 군대는 저들을 그냥 두지 않았다.

그리하여 이스라엘 연합군은 기브아 성읍을 정복한 후 그곳으로부터 나와 뒤에서 베냐민 군대를 추격해 유린하게 되었다. 그들은 베냐민 병사들을 포위하고 기브아 성읍의 동쪽까지 추격했다. 그리하여 저들을 완파完破하고자 했던 것이다.

그때 베냐민 지파의 병사들 가운데서 일만 팔천(18,000) 명이나 되는 정예군이 전사당하게 되었다. 궁지에 몰린 베냐민 자손들은 광야로 도망쳤으나 림몬(Rimmon) 바위 부근에 있는 큰 길에서 이스라엘 군대가 베냐민 병사 오천(5,000) 명을 살해했다. 그들은 또다시 기돔(Gidom)에 이르러 이천(2,000)여 명을 더 죽였다. 그날 베냐민 지파의 군사 가운데 이만 오천(25,000) 명이나 되는 많은 사람들이 전사당하게 되었다.

그 전투에서 겨우 생명을 건진 베냐민 군사 육백(600) 명은 광야로 도망하여 림몬 바위로 피했다. 그들은 거기서 넉 달 동안을 지내며 목숨을 부지할 수 있었다. 하지만 이스라엘 연합군은 베냐민 자손들이 거주하는 지역으로 가서 저들의 성읍을 닥치는 대로 불살랐으며 가축과 사람 할 것 없이 만나는 대로 칼날로 쳐 죽였다. 이렇게 하여 이스라엘 연합군은 악행을 저지른 베냐민 지파에 대해 최종적인 승리를 거두게 되었다. 그것은 무모한 악행을 저지른 베냐민 지파에 대한 하나님의 심판이었던 것이다.

이에 대해서는 오늘날 우리도 소중한 교훈으로 삼아야 할 필요가 있다. 우리 가운데 하나님께 저항하는 더러운 악이 존재한다면 이스라엘 연합군처럼 악한 것들의 기초가 되는 모든 것들을 제거하고 불사르고자 하는 자세를 유지하지 않으면 안 된다. 그것들을 방치하게 되면 또다시 악을 재생산할 우려가 남기 때문이다.

제24장

베냐민 자손의 회복을 위해 애쓰는 이스라엘 민족

(삿 21:1-25)

1. 베냐민 지파에 대한 응징(삿 21:1-5)

베냐민 자손들은 악행을 응징하고자 하는 이스라엘 여러 지파의 요청을 거부하고 그에 맞서다가 결국은 전쟁에서 완전히 패배하고 말았다. 그 사이 수많은 사람들이 생명을 잃었다. 그리하여 온전한 가정이 별로 남아 있지 않게 되었다.

이와 같은 형편은 한 지파의 존속에 관한 문제와 연관되어 있었다. 즉 그대로 두게 되면 베냐민 지파의 혈통이 완전히 끊어질 위기에 처한 것이다. 그것은 저들에게 처참한 일이 아닐 수 없었다. 그런 중에 이스라엘 민족의 여러 지파에 속한 백성들이 미스바(Mizpah)에 모여 중대한 결의를 하기에 이르렀다(삿 21:1).

당시 총회로 모인 이스라엘 백성들은 매우 단호한 자세를 취했다. 그들은 이스라엘 모든 지파들을 모두 한자리에 회집시키면서 여호와 하나님 앞에 모인 총회를 멸시하는 자들을 용납하지 않고자 했다. 만일 미스바에 올라오지 않는 자들이 있다면 반드시 죽일 것이라 맹세했던 것이다.

여기서 우리는 저들의 결연한 의지를 엿볼 수 있다. 그들은 거기서 절대로 베냐민 자손에게 여성을 아내로 주어 혼인관계를 맺지 않으리라는 맹세를 했다. 그것은 더러운 악행에 빠지게 된 저들과 직접적인 혼사관계를 맺는 것을 거부한다는 사실을 말해주고 있다. 이는 이스라엘 민족사에 있어서 매우 슬픈 일이었다. 즉 그것이 한 지파의 단절을 의미한다는 사실을 저들이 모르는 바가 아니었다.

그리하여 이스라엘 온 백성들은 벧엘(Bethel)에 이르러 저녁이 되기까지 하나님의 성소 앞에서 큰소리로 부르짖었다. 그것은 이스라엘 민족 가운데 한 지파를 상실하게 될 위기에 처하게 된 사실로 말미암은 것이었다. 즉 베냐민 지파에 처녀들이 없는 터에 다른 지파에서 저들을 위해 처녀들을 아내로 주지 않는다면 종족이 이어질 수 없었다.

이는 이스라엘 백성들의 두 가지 상반된 마음을 동시에 보여준다. 그것은 베냐민 지파를 결코 용서할 수 없다는 사실과 저들의 멸절 위기를 안타깝게 여기는 것이다. 그야 말로 이율배반二律背反처럼 비쳐질 수도 있는 형국이었다.

따라서 깊은 슬픔에 잠긴 이스라엘 백성들은 그 이튿날 아침 일찍이 일어나 여호와 하나님 앞에 제단을 쌓고 번제와 화목제를 드렸다. 그것은 하나님을 경배하며 그의 은혜를 바라는 마음에서부터 우러난 것이었다. 이스라엘 백성은 베냐민 지파에 연관된 모든 문제를 하나님의 뜻에 맡길 수밖에 없었던 것이다.

2. 이스라엘 백성들의 뉘우침과 진노(삿 21:6-12)

이스라엘 자손은 베냐민 지파가 멸절될지 모른다는 사실로 인해 뉘우치는 마음을 가지게 되었다. 즉 저들의 악행을 반드시 응징해야 한다는 생각과 더불어 한 지파가 완전히 멸절되어서는 안 된다는 상반된 생각이 그들에게 존재했던 것이다. 하지만 이스라엘 백성들의 자세는 매우 단호한 면을 보였다.

전쟁으로 인해 젊은 처녀 대다수를 빼앗기거나 죽게 된 터에 여자가 없어 베냐민 자손들이 혼인을 하여 가정을 이루지 못한다는 것은 심각한 문제가 아닐 수 없었다. 그것은 자녀 생산을 통한 지파 영위가 어렵다는 사실을 말해주고 있기 때문이다. 더군다나 전체 이스라엘 백성들은 자신의 딸들을 악행을 저지른 베냐민 지파의 아내로 주지 않겠다고 여호와 하나님 앞에서 맹세한 상태였다.

그러므로 민족 지도자들은 이스라엘 모든 지파들 가운데 미스바에 올라와서 여호와 하나님 앞에 서지 않는 자들이 있는지 살펴보았다. 그들 가운데서 베냐민 자손들을 위한 아내를 찾는 수밖에 달리 방법이 없었다. 그 사람들은 저들의 딸들을 베냐민 지파 자손의 아내로 주지 않으리라는 맹세를 하지 않았기 때문이다.

그들이 살펴본 결과 야베스 길르앗(Jabesh Gilead)에서는 한 사람도 미스바에서 있었던 민족 총회에 참여하지 않았다는 사실을 알게 되었다(삿 21:8). 이는 총회에 참석한 백성들을 계수하는 과정에서 저들의 불참 사실이 자연스럽게 드러났다. 이는 전체 이스라엘 민족의 입장에서 볼 때 불행 중 다행일 수도 있는 애매한 형국이었다.

따라서 이스라엘 민족의 회중은 전투에 능한 용사 일만 이천(12,000) 명을 저들에게 보냈다. 그곳에 가서 야베스 길르앗의 모든 주민과 부녀자들과 어린 아이들을 칼날로 쳐 죽이도록 명령했다. 동시에 모든 남자들과 남자와 잠자리를 한 경험이 있는 여자들을 진멸하라는 명령을 내렸다. 이는 혼인하지 않은 순수한 처녀들만 살려두고 모든 사람들을 죽이라는 의미를 지니고 있었다.

그 결과 야베스 길르앗 주민들 가운데 젊은 처녀 사백(400) 명을 포로로 잡아오게 되었다. 그 여성들은 아직 남자와 동침한 적이 없는 자들이었다.

이스라엘 병사들은 저들을 가나안 땅 실로(Silo)에 있는 본 진영으로 데려왔다. 그것은 베냐민 지파의 남은 자들을 통해 가속을 상속시키기 위한 배려였다.

그런데 여기서 우리는 상당한 의문을 가질 수 있는 민감한 문제에 직면하게 된다. 그것은 한 지파에 해당하는 베냐민 자손들을 존속시키기 위해 그 많은 무고한 사람들을 무참히 죽여도 되는가 하는 문제이다. 그것은 여간 잔인한 행동이 아닐 수 없다. 하지만 그것은 이스라엘 민족을 통해 언약의 왕국을 세우고자 하는 하나님의 놀라운 뜻에 연관되어 있는 것으로 이해해야 한다. 그것은 단순히 윤리적인 관점에서 해석되어질 문제가 아닌 것이다.

그리고 베냐민 지파의 남자들이 전쟁에서 죽었을 텐데 왜 여자들이 부족하게 되었을까 하는 점을 생각해 보아야 한다. 그것은 이스라엘 연합군이 전쟁을 하는 중에 베냐민 지파의 마을에 남아있던 여자들을 죽이거나 포로로 잡아갔기 때문이었다. 하지만 오늘날 우리의 일반적인 관점에서 볼 때는 자비가 전혀 없는 그와 같은 행동을 결코 이해하기 쉽지 않다.

3. 베냐민 지파에 평화를 공포함(삿 21:13-18)

전체 이스라엘 지파들의 회중은 베냐민 지파에 '평화' 를 공포하고자 했다. 그것은 전쟁과 응징을 종료한다는 의미를 지니고 있었다. 따라서 그들은 림몬(Rimmon) 바위에 피신해 있던 베냐민 지파의 남은 자들에게 그 소식을 알리기 위해 사신을 보냈다. 평화가 공포되자 전쟁에서 패배한 베냐민 자손들은 본거지로 되돌아 갈 수 있게 되었다.

이스라엘 민족의 장로들은 베냐민 지파의 처녀들이 다 없어지게 된 상태에서 어떻게 해야 할지 염려하게 되었다. 그들은 베냐민 자손들 가운데 전쟁에 패배해 도망쳐서 살아남은 자들에게 아내를 주어 종족을 회복해야 한다고 생각했던 것이다. 그렇게 함으로써 저들이 상속을 이어 감으로써 이스라엘 지파 가운데 한 지파가 사라지는 것을 막아야 했다.

그렇지만 그 일을 염려하고 주도하는 이스라엘 백성들은 저들의 딸들을 베냐민 자손의 아내로 줄 수 없었다. 그들은 베냐민 자손을 위해 자기 딸들을 아내로 주는 자는 저주를 받게 될 것이라고 여호와 하나님 앞에서 맹세했기 때문이다. 따라서 그 저주의 맹세에 참여하지 않은 자들의 딸들을 찾아 베냐민 자손의 아내로 주어야만 했다.

그리하여 전쟁에서 최종적으로 승리한 이스라엘 백성은 베냐민 자손들에게 야베스 길르앗 여자들 가운데 살려둔 처녀들을 저들의 아내로 주기로 했던 것이다. 그렇게 했음에도 불구하고 처녀들의 수가 매우 부족했다. 베냐민 지파의 종족 수가 예전처럼 회복되기 위해서는 더욱 많은 처녀들이 필요했기 때문이다.

그와 같은 상황에 이르자 이스라엘 백성들은 저들의 인구수人口數가 멸절되다시피 한 것에 대해 뉘우치는 마음을 가지게 되었다. 언약의 지파들 가운데 한 지파가 패망해 사라지게 된다는 것은 여간 슬픈 일이 아닐 수 없었다. 하지만 뒤늦게 그것을 후회하며 관망하고 앉아 있을 수도 없는 노릇이었다.

4. 여호와를 위한 축제가 열리던 실로에서 여성을 탈취하도록 허락됨(삿 21:19-22)

당시에는 해마다 실로(Silo)에서 여호와 하나님을 위한 축제가 열렸다. 실로는 벧엘(Bethel) 북쪽에 위치해 있었으며 르보나(Lebonah) 남쪽에 있었다. 그리고 벧엘에서 세겜으로 가는 대로大路의 동편에 자리잡고 있었다. 그곳에서 매년 행해지는 축제는 민족적인 절기의 성격을 지니고 있었다.

이스라엘 백성은 실로의 축제를 이용하여 저들의 목적을 달성하고자 했다. 그리하여 베냐민 자손들에게 축제 기간 중 그곳으로 올라가 각자의 아내를 취하도록 명령(command)을 내렸다(삿 21:20,21). 그것은 단순히 허용을 하는 것 이상의 의미를 지니고 있었으며 베냐민 지파 자손들이 스스로를 위해 선택할 수 있는 사항이 아니었다. 그들은 그렇게 하지 않으면 안 되는 지시를 받는 형국이 되었다.

그들은 베냐민 남자들이 취해야 할 구체적인 방법까지 알려주었다. 실로에서 축제가 벌어질 때 그곳으로 올라가 사람들의 눈에 띄지 않게 포도원에 숨어 있다가 실로의 여자들이 춤을 추기 위해 나오거든 그때 저들 가운데서 각각 한 명의 처녀를 붙들어 자기의 아내로 삼고 베냐민 땅으로 돌아가라는 것이었다. 만약 무슨 일이 일어나게 되면 저들이 모든 책임을 지겠다는 말을 덧붙였다. 그 여인들의 부모나 형제가 강력하게 저항한다면 저들 대신 그에 대한 답변을 해주겠다는 것이었다.

당시 전쟁에서 승리하면 승전국 병사들은 상대편 처녀들을 붙잡아 아내로 삼는 것이 일반적으로 있는 일이었다. 따라서 베냐민 지파 자손들이 저들의 여자를 데려가 아내로 삼는 것을 용납하도록 해주겠다고 했다. 그렇게 함으로써 그들은 여호와 하나님 앞에서 저들에게 딸을 주지 않겠다고 한 서원을 깨뜨리는 죄를 범하지 않고 베냐민 자손들의 가정이 생겨나도록 하여 모든 문제가 동시에 해결되도록 해준다는 것이었다.

5. 베냐민 지파의 회복(삿 21:23-25)

베냐민 자손들은 이스라엘 민족 지도자들의 지시에 따라 여호와 하나님을 위한 축제가 열리는 실로로 올라갔다. 그들은 사람들의 눈에 띄지 않는 포도원 같은 곳에 숨어 있다가 춤을 추며 즐거워하는 처녀들이 나아올 때 저들의 숫자대로 붙들어 아내로 삼았다. 그와 같은 행동은 이스라엘 민족 가운데서 일시적으로 적법한 성격을 띠게 되었다.

아내를 얻게 된 베냐민 자손들은 처녀들을 데리고 저들이 분배받은 기업으로 되돌아갔다. 그리고 그곳에 저들을 위한 성읍을 건축했다. 그 사람들은 그곳에 정착하여 새로운 삶을 개척해갔다. 그렇게 함으로써 베냐민 지파는 다시금 자녀들을 낳아 한 지파를 회복하게 될 것이었다.

베냐민 지파와 연관된 모든 일이 끝난 후 이스라엘 자손들은 각각 자기의 지파와 가족에게로 돌아갔다. 그들은 각 지파에 따라 원래부터 분배받은 지역으로 돌아가서 일상생활을 하게 된 것이다. 이는 동성애同性愛에 빠져 참람한 태도로 성추행을 하려다가 애꿎은 여인을 강간하여 죽음에 빠지게 한 베냐민 지파의 악행으로 말미암아 야기된 문제에 대한 모든 일이 종료되었음을 말해 준다.

또한 당시에는 이스라엘 민족 가운데 왕이 세워지기 전이었기 때문에 사람들이 제도에 따라 일사분란하게 움직이지 않았다. 그들은 하나님의 율법에 민감하게 반응하며 순종해야만 했다. 하지만 이스라엘 백성들은 하나님의 말씀을 멀리하고 제각각 자기 소견에 따라 판단하고 행동하기를 좋아했다(삿 21:25).

우리는 여기서 베냐민 지파 자손들이 실로의 처녀들을 강제로 납치하여 아내를 삼게 된 사실을 주의깊게 생각해 보아야 한다. 상식적으로 볼 때 그것은 결코 윤리적인 행동이라 말할 수 없다. 그것은 도리어 결코 있을 수 없는 악한 범죄행위와 다르지 않았다.

그러나 사사시대에는 전쟁의 결과 패전군측의 처녀들을 강제로 잡아가는 일이 종종 발생했다. 그것도 한두 개인이 그런 행동을 했던 것이 아니라 집단적으로 일어났다. 하지만 특별한 경우에는 성경이 그것을 악한 범죄로 보지 않고 그럴 만한 충분한 이유가 있는 듯 긍정적으로 묘사하고 있다. 이는 그 가운데는 하나님의 특별한 경륜이 작용하고 있었음을 말해 준다.

우리로서는 축제에 참여하며 즐겁게 춤추던 처녀들을 강제로 보쌈하듯이 데리고 가서 개인의 아내로 삼는다는 것을 이해하기 어렵다. 하지만 우리가 반드시 기억해야 할 점은 일반 윤리적인 상황보다 하나님의 진리와 구속사적인 경륜이 훨씬 더 중요한 위치에 놓여 있다는 사실이다. 성경을 소유한 교회와 성도들이 이에 대한 올바른 이해와 더불어 깊은 주의를 기울이는 것은 매우 중요하다.

6. 열두 지파의 회복과 그 의미

사사기 전체 내용의 맨 마지막 부분은 베냐민 지파의 회복에 연관된 내용으로 장식된 것은 매우 중요한 의미를 지니고 있다. 하나님께서는 베냐민 지파의 멸절을 막고 지파를 회복하도록 역사하셨다. 이는 이스라엘 열두 지파의 유지 보존과 밀접하게 관련된 내용이다.

베냐민 지파가 온전히 회복됨으로써 이스라엘 열두 지파는 언약의 왕국을 위한 기초석과도 같은 역할을 하게 되었다. 이스라엘 민족의 회복은 메시아 왕국에 대한 소망을 보여주고 있다. 즉 그것은 언약의 왕국인 다윗 왕국의 기초를 다지는 것과 같다.

우리는 여기서, 이스라엘 지파들 가운데 단(Dan) 지파는 선택받은 족속에서 제외된 데 반해, 베냐민 지파는 저들의 악행에도 불구하고 이스라엘 지파들 가운데 한 지파로 참여할 수 있었음을 보게 된다. 그것은 전적으로 하나님의 판단에 의한 것으로 받아들여야 한다. 베냐민 지파의 회복은 열두 지파의 정제와 완성에 밀접하게 연관되어 있다. 요한은 그의 계시록에서 인맞은 자들에 관한 기록을 하며 그에 관한 내용을 기술하고 있다.

> "내가 인맞은 자의 수를 들으니 이스라엘 자손의 각 지파 중에서 인맞은 자들이 십 사만 사천이니 유다 지파 중에 인맞은 자가 일만 이천이요 르우벤 지파 중에 일만 이천이요 갓 지파 중에 일만 이천이요 아셀 지파 중에 일만

> 이천이요 납달리 지파 중에 일만 이천이요 므낫세 지파 중에 일만 이천이요 시므온 지파 중에 일만 이천이요 레위 지파 중에 일만 이천이요 잇사갈 지파 중에 일만 이천이요 스불론 지파 중에 일만 이천이요 요셉 지파 중에 일만 이천이요 베냐민 지파 중에 인맞은 자가 일만 이천이라"(계 7:4-8)

요한계시록에서 확증된 것과 같이 베냐민 지파는 멸절의 위기에서 회복되어 한 지파를 이루게 되었지만 단 지파는 그렇지 않았다. 출애굽한 단 지파는 광야생활 사십 년이 지난 후 가나안 땅에 들어가 이스라엘 자손으로서 어느 정도의 역할을 감당했다. 하지만 결국 여호와 하나님을 떠나 배도의 길에 빠지게 되었다. 요한은 그의 계시록에서 저들이 이스라엘 열두 지파로부터 완전히 제거되었음을 기록하고 있다.

단 지파가 이스라엘 열두 지파 가운데서 빠진 것은 신약시대 예수님의 열두 제자들 가운데서 가룟 유다가 빠지게 된 것과 연관지어 이해할 수 있다. 나아가 베냐민 지파의 회복은 인간의 몸을 입고 이땅에 오신 하나님의 아들 예수 그리스도를 배반한 가룟 유다를 대신하여 맛디아를 뽑아 열두 명으로 채운 사실과 비교해 생각해 볼 수 있다.

이는 전체적인 구속사에 연관되는 예언적 사건으로 이해해야 한다. 신약성경에도 그와 연관된 사건과 의미가 지속적으로 드러나고 있다. 구속사적인 관점에서 볼 때 단 지파가 하나님의 인침을 받지 못하는 것으로 되어 있는 것은 매우 중요한 의미를 지닌다. 이는 단 지파가 개개인의 상태가 아니라 전체적으로 배도의 길에 빠지게 되었다는 사실을 말해준다.

이에 반해 베냐민 지파는 저들의 악행에도 불구하고 하나님의 은혜로 말미암아 이스라엘 열두 지파 가운데 잔류하게 되었다. 그것은 구속사와 밀접하게 연관되며 장차 세워지게 될 언약 왕국의 기초가 확립되어감을 의미한다. 사사기의 맨 마지막 부분에 그에 관한 내용을 기록함으로써 하나님의 원대한 뜻을 드러내 보여주고 있다.

룻기

A Study on the Ruth

2014년

교회와성경

머리말

하나님의 언약을 중심에 두지 않고 일반적인 관점에서 생각한다면 룻은 자신의 민족 모압을 버린 여인이었다. 당시의 상황을 감안해 볼 때 룻에게는 시어머니를 따라 베들레헴을 향하지 않으면 안 될 절박한 이유가 있었던 것도 아니다. 즉 이스라엘 민족을 선택한 룻의 궁극적인 목적은 인간들의 사고에 머무는 것이 아니었다.

하나님께서는 자신의 구속사를 이루어 가시기 위해 특별한 방법을 동원해 모압 여인 룻을 가나안 땅으로 불러들이셨다. 이스라엘 백성이 부정하다고 여기는 이방의 천한 여인을 하나님께서 자신의 사역을 위해 들어 사용하고자 하셨다. 그것은 유대 민족주의자들에 대한 준엄한 메시지가 되기도 했다.

룻기서 전체를 볼 때 그 주된 내용은 메시아를 예언하는 책으로 이해해야 한다. 하나님께서는 계시된 말씀을 통해 룻의 모범적인 다짐을 서술하려는 것 자체를 목적으로 삼지 않으셨다. 따라서 남편이 죽고 없는 상태에서도 시어머니를 위해 모든 것을 바치고자 헌신한 인품 좋은 여인으로 룻을 추켜세우는 것도 적절치 않다.

룻기의 실제적인 주인공은 메시아의 족보를 잇게 되는 보아스와 룻으로 이해하는 것이 자연스럽다. 전체적인 문맥으로 볼 때 보아스는 장차 오실 그리스도를 어느 정도 예표하고 있으며, 언약 가운데서 보아스를 안식처로 삼은 룻은 지상 교회를 어느 정도 예표하는 것으로 이해할 수 있다. 특히 아직 안정을 찾지 못한 어지러운 사사시대의 이스라엘 백성들에게 그에 관한 예언적인 메시지가 주어진 것은 저들뿐 아니라 그 계시의 말씀을 소유하게 된 모든 성도들에게 감사한 일이 아닐 수 없다.

기업을 무름으로써 보아스의 품으로 들어간 룻은 교회를 예표하고 있는 것으로 볼 수 있다. 또한 룻의 죽은 남편 말론의 재산을 회복시킴으로써 그녀를 아내로 받아들여 보호자가 된 보아스는 그리스도를 예표하는 것으로 이해할 수 있다. 물론 우리는 그 가운데서 장차 메시아를 보내시기 위해 역사하시는 하나님의 놀라운 경륜을 볼 수 있어야 한다.

우리가 유념해야 할 바는 룻기에 나타나는 기업 무르기에 연관된 특이한 이중구조이다. 보아스는 우선 룻과 나오미를 위해 저들의 기업을 무르게 되지만 그것을 다시 자신의 소유로 받아들이게 된다. 즉 보아스는 나오미와 룻을 위한 보조적인 역할을 한 것이 아니라 도리어 주체적인 기능을 감당하게 된 것이다. 물론 그것은 보아스의 개인적인 욕심이 아니라 하나님의 언약으로 인해 점차적으로 그렇게 전개되어 갔다.

구약시대 이스라엘 민족의 후기에 해당되는 것으로 말할 수 있는 메시아 대망시기待望時期에는 기억할 만한 절기마다 때에 따라 다양한 성경책이 읽혀졌다. 그것을 통해 백성들에게 그 언약적인 의미가 선포되었다. 당시 이스라엘의 대표적인 절기는 유월절, 오순절, 장막절, 부림절이 있었으며, 예루살렘 성전이 파괴된 날을 기억하는 아브(Ab)월 9일도 특별한 날로 지켜졌다.

유월절에는 예수 그리스도와 그에게 속한 성도들의 연합을 기대하는 '아가서'를 읽었으며 장막절에는 인간들의 허망한 삶을 되돌아보게 하는 '전도서'를 읽었다. 또한 부림절에는 페르시아 제국 시대에 있었던 하나님의 놀라운 사역을 기억하며 '에스더서'를 읽게 되었다. 또한 바벨론 제국에 의해 예루살렘이 파괴된 날에는 슬픈 과거를 떠올리며 '애가'를 읽으며 하나님의 뜻을 기억하고자 했다. 그리고 오순절에는 '룻기'를 읽으며 언약으로 풍성케 하시는 하나님의 섭리를 기억하며 그 의미를 되새겼다.

오늘날 우리시대 교회도 그 본질적인 의미를 깨닫는 가운데 하나님의 놀라운 섭리와 은혜를 깨달을 수 있어야 한다. 하나님의 역사 가운데 살아가는 모든 성도들은 룻기의 내용을 살피면서 그에 대한 관심을 가져야 한다. 우리는 룻기에 기록된 말씀을 통해 역사 가운데 드러나는 하나님의 심오한 뜻을 알아가는 것이 교회와 성도들에게 허락된 최상의 은혜라는 사실을 기억하지 않으면 안 된다. 분량이 그다지 많지 않은 본서를 통해 하나님의 은혜를 더욱 풍성히 깨달아가는 성도들이 많아지기를 바란다.

2014년 6월
실로암교회 서재에서
이 광 호 목사

차 례

룻 기

룻 기

A Study on the Book of Ruth

제1장

베들레헴의 엘리멜렉과 그 가족의 모압 이주

(룻 1:1-14)

1. 베들레헴의 구속사적 의의(룻 1:1)

성경에 기록된 인물들 가운데는 구속사적인 의미를 가진 자들이 상당수 있다. 그들 가운데는 노아, 아브라함, 다윗, 세례 요한 등이 있다. 물론 보아스와 룻도 그에 속한다. 뿐만 아니라 예수님의 열두 제자들도 그런 사람들이다. 즉 그들은 우리와 동일한 성정을 가진 사람들이지만 구속사 가운데 특별한 사명을 부여받은 인물들이다.

그리고 사건들 가운데서도 구속사적 의미를 지닌 경우가 많이 있다. 노아홍수와 이스라엘 백성이 홍해바다를 건넌 사건은 구속사적인 사건이다. 시내광야에서 일어났던 모든 사건들도 구속사적인 의미를 지니고 있으며 예루살렘 성전의 건립과 파괴 역시 구속사적인 사건과 연관되어 있다.

나아가 장소들 가운데도 구속사적인 의미를 지닌 경우가 상당수 있다. 예루살렘은 그 가운데 대표적인 곳이며 베들레헴과 나사렛(마 2:23, 참조)도 구속사적인 특별한 의미를 지니고 있다. 예루살렘은 아브라함이 모리아산에서 독자 이삭을 하나님께 제물로 바칠 때 그에 대한 의미가 드러나기 시작했다. 그리고 베들레헴은 언약의 왕국을 연 다윗 왕의 고향이자 예수님의 출생지로서 구속사적인 의미를 지닌다.

베들레헴이 구속사적인 의미를 지닌 것으로 구체적으로 드러나기 시작한 것은 룻기의 맨 앞부분에서부터이다. 룻기에는 다윗 왕조의 뿌리가 되어 후일 온전한 약속의 왕국을 계승하게 될 예수 그리스도의 고향이 될 베들레헴이 특별히 언급되고 있다. 그리고 성경에는 베들레헴이 가지는 구속사적인 특별한 의의에 대해 분명한 기술을 하고 있다.

> "베들레헴 에브라다야 너는 유다 족속 중에 작을찌라도 이스라엘을 다스릴 자가 네게서 내게로 나올 것이라 그의 근본은 상고에, 태초에니라"(미 5:2)

메시아 언약에 직접 연관되어 있는 위의 미가서 본문에는 베들레헴이 지닌 구속사적인 의미를 분명히 밝히고 있다. 베들레헴은 가나안 땅에 있던 여러 성읍들이나 보통 마을과는 성격이 다른 매우 특별한 지역이라는 것이다. 그곳으로부터 영적인 이스라엘을 통치하시게 될 영원한 왕이 탄생하게 되리라는 것이었다.

베들레헴을 통해 오시게 될 그는 이스라엘 민족 가운데 언약을 담은 지상 왕국의 일시적인 통치자가 아니라 우주만물이 창조되기 전부터 영원히 계시던 분이다. 이는 그가 세상의 모든 것들을 창조하여 다스리시는 하나님 아들 곧 메시아라는 사실을 말해주고 있다. 이런 의미를 지닌 베들레헴이 룻기서 맨 앞에 언급됨으로써 메시아에 관한 예언적 의미를 드러내 보여주고 있는 것이다.

2. 베들레헴의 흉년(룻 1:1,2)

약속의 땅 가나안에서 사사들이 치리하던 시기에 베들레헴 지역에 심한 흉년이 들었다.[1] 이는 사람들이 식량 부족으로 인해 고통을 당하게 되었다는 사실을 말해준다. 그런데 우리는 그것이 단순한 자연현상이라기보다 중요한 변화를 제공하고자 하시는 하나님의 경륜에 의한 것으로 받아들여야 한다. 즉 하나님께서 자신의 역사적 구원 사역을 이루어 가시는 과정에서 특별히 관여하신 것으로 받아들인다. 그로 말미암아 구속사 가운데 매우 중요한 사건이 발생하기 때문이다.

가나안 지역의 흉년과 더불어 일어나게 된 사건의 내면적인 진정한 의미는 사람들의 일반적인 눈에 전혀 띄지 않았다. 즉 아무도 인식하지 못하는 사이에 놀라운 일들이 진행되어 갔다. 당시의 흉년으로 말미암아 베들레헴 에브랏 출신인 엘리멜렉(Elimelech)과 나오미(Naomi) 부부가 두 아들인 말론(Mahlon)과 기룐(Kilion)을 데리고 모압 땅으로 떠나게 되었다.[2] 흉년 자체와 많은 사람들이 식량 부족으로 인해 고통을 당하는 것보다 더욱 중요한 것은 엘리멜렉의 모압 땅 이주와 연관되어 있다.

그 가족은 흉년으로 인해 닥치게 된 고향 베들레헴의 고통을 홀로 피하고자 했다. 일반적인 관점에서 본다면 그들의 판단과 행동을 결코 정당한 것으로 받아들일 수 없다. 이는 그들이 먹을 음식이 없어서 가난을 피해 부득불 고향을 떠난 것이 아니었다. 그들은 도리어 부유한 삶을 유지하며

---

1) 우리는 룻기에 기록된 이 시기를 사사시대 말기로 단정지어서는 안 된다. 전반적인 상황을 고려해 볼 때 아마도 사사시대 중반기 정도로 보는 것이 타당할 것이라 여겨진다.

2) 이스라엘 민족 가운데는 다양한 이주와 피신의 형태가 나타나고 있다. 아브라함은 가나안 땅의 기근을 피해 애굽으로 피신한 적이 있으며, 야곱은 형 에서와의 갈등으로 인해 밧단 아람으로 피신한 적이 있다. 그리고 야곱의 가족은 애굽으로 내려가 430년의 긴 세월을 보내야 했다. 또한 다윗 왕조가 바벨론 제국에 의해 패망했을 때는 이방지역으로 포로가 되어 사로잡혀 갔었다. 그런데 그 모든 경우의 결국에는 하나님의 인도하심에 따라 가나안 땅으로 되돌아오게 되었다. 이와 유사한 맥락에서 엘리멜렉과 나오미는 베들레헴의 흉년을 피해 모압 지역으로 갔다. 그러나 하나님께서는 나오미와 그녀의 며느리 룻을 데리고 베들레헴으로 돌아오게 되었다. 그것 역시 메시아 왕국에 연관된 언약에 밀접하게 관련되어 있다.

누리기 위해 모압 땅으로 옮겨 갔다. 베들레헴의 모든 재산을 처분하여 그곳으로 이주해 갔던 것이다(룻 1:21).

일반 상식적인 경우라면 그들은 언약의 땅과 고통을 당하는 언약의 백성을 떠나지 말아야 했다. 특히 엘리멜렉처럼 사회 지도계층에 속한 사람으로 보이는 경우라면 더욱 그렇다. 혼자만 잘 살고자 하는 이기적인 판단을 버리고 도리어 다른 백성들과 함께 그 고통을 분담할 준비를 갖추어야만 했던 것이다. 그것은 한 민족에 속한 상식을 갖춘 사람이 취해야 할 근본적인 도리라 할 수 있다.

따라서 엘리멜렉과 나오미의 가족은 하나님께서 특별히 선택하여 조성하신 언약의 민족을 외면하고 다른 지역으로 떠난 것과 마찬가지였다. 그들은 자신의 풍요로운 삶을 누리기 위한 이기적인 목적으로 이방지역인 모압 땅으로 떠나갔던 것이다.[3] 하나님께서는 저들의 잘못된 판단과 행동에도 불구하고 저들 가운데 친히 역사하셨다.

3. 모압에서의 외로운 고통과 하나님의 경륜(룻 1:3-5)

엘리멜렉의 가족은 심한 흉년으로 인해 고통에 빠진 베들레헴을 떠나 모압 땅으로 가서 풍요롭게 잘 살기를 원했지만 결과는 그렇게 되지 못했다. 그들은 모압 땅에서 베들레헴의 상황보다 더욱 큰 어려움에 처하게 되었다. 가족을 이끌고 이방 지역으로 갔던 엘리멜렉은 오래 지나지 않아 그곳에서 사망했다. 그후에는 그의 아내 나오미와 두 아들만 남아 견디기 어

3) 모압은 롯(Lot)이 자기 친딸과의 성적인 관계에서 태어난 자식이다. 물론 롯의 입장에서는 술이 취해 모르고 한 행동이었다(창 19:36,37, 참조). 롯과 그의 딸을 통해 태어나게 된 모압의 후손이 곧 모압 족속인데 역사 가운데서 이스라엘 민족을 괴롭히는 경우가 많았다. 그들은 전체적으로 하나님을 떠나 패역한 자들로 인식되었다. 엘리멜렉과 나오미가 베들레헴에서 모압 족속이 사는 지역으로 이주해 갔다는 것은 스스로 언약의 자손이기를 포기한 것과 마찬가지였다.

려운 삶에 직면할 수밖에 없었다.

그들의 두 아들 말론과 기룐은 모압 여자 중에서 아내를 맞아 결혼했다. 말론의 아내는 오르바(Orpah)였으며 기룐의 아내는 룻(Ruth)이었다. 안타깝게도 엘리멜렉의 가족이 모압 땅으로 이주한 지 십년 정도 지나서 두 아들들도 죽게 되었다(룻 1:4). 저들이 결혼을 한 지 몇 년 지나지 않았을 때였다. 이는 엘리멜렉 집안의 모압 땅 이주가 완전한 실패로 돌아갔음을 시사해 주고 있다.

아직 나이가 젊은 두 모압 여인은 자녀를 낳지 못한 상태에서 남편들을 잃어버렸다. 결국 베들레헴에서 모압 땅으로 함께 이주해 온 가족들 가운데 오직 나오미만 남게 되었으며 모압 출신인 그녀의 두 며느리만 뒤에 남게 되었다. 이제 의식주衣食住 생활을 유지하기 위해 일할 수 있는 남자들은 디 죽게 되고 힘없는 여자들만 과부로 남았다.

이는 저들의 가세家勢가 완전히 기울어져가고 있었음을 말해준다. 나오미의 가족이 십년 전 부유한 상태로 베들레헴을 떠나 모압 땅에 이르러 정착을 시작했을 때와는 크게 대조되는 분위기였다. 그들은 그동안 소유한 모든 것들을 상실하고 완전히 실패한 상태에 놓이게 되었던 것이다.

4. 하나님께서 나오미와 룻을 베들레헴으로 귀환시키심(룻 1:6,7)

풍요로운 삶을 유지하기 위해 모압 땅으로 이주했다가 남편과 두 아들을 잃은 가련한 여인이 된 나오미는 이제 고향인 베들레헴으로 되돌아가고자 했다. 아무런 소망이 없는 모압 땅의 모든 것을 정리하고 베들레헴으로 다시 귀환하기를 원했던 것이다. 하지만 그것은 나오미의 개인적인 판단이기에 앞서 하나님의 인도하심이 작용한 결과로 보아야 한다(룻 1:6, 참조). 이는 그 모든 과정 가운데 하나님의 경륜이 작용하고 있었음을 말해준다.

모압 땅에 홀로 남게 된 나오미는 생존이 쉽지 않았던 것으로 보인다.

그런 가운데 베들레헴은 회복되어 괜찮아졌다는 소문이 돌았다. 그리하여 떠나온 고향 베들레헴 지역에 하나님께서 양식을 주셨음을 알고 고향으로 되돌아가고자 했던 것이다. 어려운 형편 가운데 있던 그녀는 풍요로운 고향 지역으로 가서 살길을 찾는 것이 그나마 최선이라 생각하고 있었기 때문이다.

나오미가 베들레헴으로 돌아가려고 작정한다는 것은 그리 쉬운 일이 아니었다. 그것은 모든 자존심을 버려야 한다는 사실과 연관되어 있다. 그녀는 베들레헴에서 모압 땅으로 이주해 갈 당시 많은 사람들의 부러움을 샀을 것이며 부유하고 단란한 가정을 꾸리고 있었다. 나오미 부부는 그 삶을 유지하기 위해 자식들을 데리고 흉년이 들어 고통당하는 지역을 떠나 모압 땅으로 가서 정착했던 것이다.

하지만 십여 년이 지난 후 그 사정이 완전히 뒤바뀌게 되었다. 남편이 죽고 두 아들마저 죽게 되자 나오미는 과부가 된 이방 출신의 며느리들과 함께 남편과 자식들 뒤에 남아 처량한 신세에 처해졌다. 가난하고 외로운 과부가 된 나오미는 모압 땅에서 살아가기 어려울 수밖에 없었다. 따라서 그 가련한 여인은 결국 고향 베들레헴으로 되돌아가지 않을 수 없었던 것이다.

시어머니인 나오미가 베들레헴으로 돌아가려고 하자 과부가 된 모압 출신의 두 며느리들도 함께 따라나섰다. 남편을 잃은 세 명의 과부들이 유다 땅으로 돌아가고자 했던 것이다. 겉으로 보기에는 모압 땅에서의 저들의 삶도 어려웠겠지만 베들레헴으로 돌아간다 해도 남편이 없는 저들의 삶의 실상은 암담하게 느껴질 따름이었다.

5. 두 며느리에게 잔류를 권고하는 나오미와 룻의 결심(룻 1:8-14)

나오미는 고향 베들레헴으로 되돌아간다고 해도 삶에 대한 큰 변화가 없으리란 생각을 했다. 즉 베들레헴에 가서 다시 정착한다고 해도 저들의 가난한 삶이 크게 개선될 것 같지 않았다. 그래서 나오미는 아들들이 죽고 없이 뒤에 남은 이방인 며느리들을 데리고 가지 않는 것이 좋을 것이라 판단했다.

따라서 나오미는 며느리들에게 자기는 고향 베들레헴으로 돌아갈 것이지만 저들은 모압 땅에 남아 새로운 삶을 살도록 권하고자 했다. 그동안 그들이 죽은 남편들과 자기에게 선대했듯이 여호와 하나님이 저들에게 은총을 베풀어 주시기를 원한다고 말했다(룻 1:8).[4] 그리고 아직 나이가 젊으니 새로운 남편을 만나 가정을 이루고 저의 집에서 위로받고 살기를 원한다는 말을 하며 입맞춤으로 작별하고자 했다.

그러자 두 며느리는 소리 높여 울면서 결코 그렇게 하기를 원치 않는다고 말했다. 비록 남편들은 죽었지만 시어머니와 함께 남편의 고향 땅으로 가서 살기를 원한다고 했다. 즉 저들은 남편의 나라 백성이 되기로 결심했다는 것이다.

하지만 나오미는 되풀이하여 저들에게 간곡히 권했다. 아직 나이가 젊은 저들이 자기를 따라간다고 해도 자신이 해줄 것은 아무것도 없다는 것이었다. 이제 와서 자기가 다른 아들을 낳음으로써 저들에게 자녀를 생산할 수 있게 해줄 수 있는 처지도 되지 못한다는 사실도 언급했다. 이는 형사취수兄死娶嫂 제도에 연관된 말이었다(신 25:5,6, 참조).

구약시대에는 형이 자식이 없이 죽고 형수만 남게 되면 그의 가문을 잇기 위해 동생이 형수의 방에 들어가는 율례가 있었다. 그렇게 함으로써 형의 혈통을 잇도록 해주는 것이 원칙이었다. 이는 가문과 혈통 상속의 중요성으로 말미암는 매우 특별한 구약시대의 일시적인 제도였던 것이다.

---

4) 나오미가 며느리들에게 하나님의 축복을 빈 것은 언약적인 축복이라기보다 일상적인 의미로 받아들이는 것이 자연스럽다. 즉 그들을 모압 땅에 머물게 하면서 작별 인사와 더불어 여호와 하나님을 기억하도록 하는 의미 정도로 이해할 수 있다.

따라서 나이 많아 늙은 나오미는 이제 새로운 남편을 둘 수도 없으며 설령 그렇게 한다고 할지라도 언제 아들을 낳아 키워서 저들의 가문을 잇게 하겠느냐고 말했다. 즉 자기가 아들을 낳게 된다면 그를 통해 죽은 아들들의 가문을 이을 수도 있겠지만 그럴 가능성은 전무全無하다는 것이었다. 그러니 남편 없이 홀로 살아가겠다는 결심을 버리고 친정집으로 돌아가 새로운 삶을 살도록 요구했던 것이다.

나오미는 자기의 형편이 그렇게 된 것은 여호와 하나님이 자기를 징계하여 치셨기 때문이라고 생각하고 있었다(룻 1:13). 동족인 이스라엘 민족과 고향 베들레헴이 심각한 어려움을 당하고 있을 때 혼자 잘 살겠다는 욕심으로 이방 지역으로 피신해 간 것이 잘못이라고 여겼던 것이다. 그런 형편에 놓인 자기의 삶을 되돌아봐도 그런 지경인데 자식들이 죽고 나서 과부로 남은 며느리들을 보니 가슴이 찢어진다는 것이었다.

나오미의 슬픔은 단순히 과거의 풍요로움이 현재의 가난으로 바뀐 것에 있지 않았다. 그리고 엄밀하게는 남편과 자식들이 죽은 사실에 국한된 것도 아니었다. 그녀가 진정으로 슬퍼했던 까닭은 자식들이 저들의 자손을 남기지 않고 죽어버렸기 때문이다. 그것은 저들의 가문이 완전히 단절된다는 사실을 의미하고 있는 것이다.

슬픔에 가득찬 시어머니의 애끓는 소리를 들은 며느리들 가운데 큰 며느리 오르바는 모압 땅에 남기로 결심했다. 그러나 둘째 며느리인 룻은 끝까지 시어머니와 함께 남편의 고향으로 가겠다고 우겼다.[5] 그녀는 자기가 이미 남편의 민족과 집안 사람이 되었다는 사실을 분명히 인식하고 있었

5) 우리는 여기서 룻은 효부(孝婦)였는데 반해 오르바는 그렇지 않았다는 식으로 당시의 상황을 설명하려 해서는 안 된다. 나오미는 저들을 시험하기 위해서 고향인 모압 땅에 남으라고 했던 것이 아니다. 룻은 메시아의 계보에 들게 될 인물로서 하나님께서 특별히 택하신 언약의 여인이었다면 오르바는 그 언약과 상관이 없는 여인이었다. 이는 마치 야곱과 에서의 경우처럼 하나님께서는 한 사람은 택하시고 다른 한 사람은 버리시게 된 것과 같다.

던 것이다. 이렇게 하여 모압 여인 룻은 언약의 자손이 되어 시어머니와 함께 유대 베들레헴으로 돌아가게 되었다.

6. 인간들의 온전치 못한 계획과 하나님의 경륜(룻 1:1-14)

엘리멜렉과 나오미가 베들레헴 거민들의 고통을 뒤로 하고 모압 땅에서 세웠던 인생 계획과 원래 시도했던 모든 것에 대한 실패는 오늘날 우리에게 중요한 교훈을 주고 있다. 그들은 자신을 위한 풍요로움을 지키려고 노력했으나 결과는 정반대로 나타나게 되었다. 엘리멜렉과 그의 두 아들은 불과 수년 만에 모두 죽었으며 나오미는 자식마저 앞세운 외로운 과부 신세를 면치 못했다. 그녀는 풍요로운 삶을 유지하기 원했으나 더욱 큰 고통에 휩싸였을 따름이다.

우리는 또한 여기서 인간들의 이기심으로 인한 잘못된 판단과 행동 가운데서도 하나님께서는 자신을 위한 구속사역을 진행하고 계신다는 사실을 알 수 있다. 성숙한 성도라면 모든 것이 인간의 계획대로 진행되지 않는다는 사실과, 인간의 생각과 하나님의 뜻이 동일하지 않다는 사실을 염두에 두지 않으면 안 된다. 즉 인간의 이기적인 욕망보다 훨씬 높은 하나님의 뜻을 기억하는 것은 매우 중요하다.

어리석은 인간들은 자신의 욕망을 추구하다가 현실적 어려움에 직면하게 되면 원망하는 마음에 빠지기도 하고 좌절하기도 한다. 사사로운 감정에 기울어 개인적인 욕망에 충실하게 될 경우 근본적인 오류에 빠지게 된다. 엘리멜렉과 나오미의 경우에도 고통스런 땅 베들레헴을 버리고 윤택한 삶을 유지하기 위해 이방인들이 살고 있는 모압 땅으로 갔지만 결과는 저들의 계획과 정반대로 나타났다.

우리는 그에 연관된 모든 과정에서 하나님의 경륜이 작용하고 있었다는 사실을 기억하지 않으면 안 된다. 즉 엘리멜렉의 가족을 비롯한 모든 사람들이 그에 대한 구체적인 인식을 하지 못했지만 하나님께서는 그 가운데서 치밀하게 역사하고 계셨던 것이다. 그것은 멀지 않아 세워지게 될 언약의 왕국을 통치할 왕의 베들레헴 출생을 예고하고 있으며 그곳을 통해 오시게 될 하나님의 아들 메시아에 관한 예언적인 의미가 드러나고 있었던 것이다.

제2장

룻을 베들레헴으로 불러들이시는 하나님
(룻 1:15-22)

1. 하나님의 특별한 간섭과 룻에 대한 특별한 선택(룻 1:15,16)

나오미의 큰 며느리 오르바는 시어머니의 말을 듣고 자신의 고향인 모압 땅에 남고자 했다. 그것은 자의적인 판단이기에 앞서 시어머니의 간곡한 권면에 의한 것이었다. 남편이 죽고 자식이 없는 상태에서 오르바가 그렇게 하기로 결심한 것은 매우 자연스러운 일이기도 하다.

하지만 오르바가 시어머니 나오미와 헤어진다는 것은 시가媤家의 민족인 이스라엘과 완전히 단절된다는 사실을 의미하고 있다. 이제 저들이 헤어지게 되면 서로간 아무런 관계가 없는 사이가 된다. 즉 오르바는 이스라엘 민족에 속한 집안으로부터 다시금 완전한 모압의 여인으로 돌아가게 되는 것이다.

그러므로 나오미는 오르바가 이제 모압 족속인 자신의 백성에게 돌아갔을 뿐 아니라 저들이 믿는 신들(gods)에게로 돌아간 것이라고 말했다(룻 1:15). 오르바의 판단을 본 나오미는 둘째 며느리 룻에게도 모압 땅의 친정으로 돌아갈 것을 권면했다. 저의 동서同壻가 결단했듯이 룻도 그렇게 하면 된다는 것이었다.

그러나 룻은 시어머니의 말을 받아들이지 않았다. 그녀는 시어머니의 권면과 원래 동족이었던 동서 오르바의 모압 땅 잔류 결심에도 불구하고 자기는 결코 시어머니를 떠나지 않고 죽은 남편의 고향인 베들레헴으로 따라가고자 했다. 거기에는 물론 개인적인 판단에 앞서 하나님의 강력한 역사가 있었기 때문이었던 것으로 이해해야 한다.

따라서 룻은 나오미에게 자신이 시어머니를 따르지 못하도록 강권하지 말아달라고 애걸했다. 죽은 남편의 어머니가 가는 곳에 자기도 가겠으며 장차 어머니가 머무는 곳에 자기도 머물겠다는 것이었다. 이는 언약의 땅에서 시어미니와 동일한 삶을 살아가기를 원한다는 의미를 지니고 있다. 즉 어떤 경우에도 자신의 사사로운 삶을 추구하기 위해 시어머니와 분리되지 않겠다는 다짐을 했던 것이다.

2. 룻의 신앙과 고백(룻 1:16)

룻은 시어머니 앞에서 자신의 신앙에 연관된 분명한 고백을 했다. 이는 실상 하나님 앞에 신앙 고백을 하는 것과 동일한 의미를 지니고 있다. 그녀는 자기가 태어나 줄곧 살아왔던 모압 땅은 물론 자기의 친정 부모와 일가친척까지 다 버리겠다는 것이었다. 뿐만 아니라 모압의 신들까지도 버리겠는 말을 했다. 한 사람이 양쪽을 동시에 수용하여 섬길 수 없었으므로 한쪽을 버리고 다른 한 쪽을 선택해야만 했던 것이다.

이에 대해서는 예수님께서 자기를 따르는 제자들에게 요구하신 말씀과 통한다. 하나님의 아들 예수 그리스도와 그의 언약을 믿는 자들은 부모와 형제들뿐 아니라 자기 자신의 모든 것을 포기하지 않으면 안 된다. 그것은 선택의 문제가 아니라 당연히 그렇게 해야만 한다는 것을 말해준다. 누가복음에는 그에 관한 예수님의 말씀이 구체적으로 기록되어 있다.

> "무릇 내게 오는 자가 자기 부모와 처자와 형제와 자매와 및 자기 목숨까지 미워하지 아니하면 능히 나의 제자가 되지 못하고 누구든지 자기 십자가를 지고 나를 좇지 않는 자도 능히 나의 제자가 되지 못하리라" (눅 14:26,27)

예수 그리스도를 영원한 구주救主로 믿고 따르는 자라면 누구든지 인생에 있어서 중요한 결단을 내려야만 한다. 누가복음에 기록된 이 말씀은 과거와의 완전한 단절을 요구하고 있는 말씀이다. 진리를 따라 예수님을 좇기 위해서는 과거의 모든 것들을 포기하지 않으면 안 된다.

죄악에 가득 찬 과거를 청산하지 않은 상태에서는 그를 온전히 따를 수 없다. 거기에는 일반적인 것들뿐 아니라 자신의 민족과 가족마저도 포함되어 있다. 이에 대해서는 예수님의 제자들뿐 아니라 지상 교회에 속한 모든 성도들이 순종해야만 한다.

아직 겉으로 완전히 드러난 것은 아니었지만 하나님의 특별한 은혜 가운데 있던 모압 출신의 룻도 그와 같이 순종했다. 그녀가 자신의 동족과 친정을 버리고 시어머니를 따라 죽은 남편의 고향으로 간 것은 모압에 대한 배신을 의미하고 있다. 사람들의 눈에는 룻의 그런 행동이 지극히 어리석게 보일 수도 있었다. 그럼에도 불구하고 과거에 나오미가 자기 민족의 어려움을 뒤로하고 베들레헴을 떠났던 것처럼 이번에는 룻이 자기 자신의 민족을 등지고 베들레헴으로 영원한 이주를 하게 된 것이다.

이와 같이 나오미를 비롯한 저의 온 가족이 일시적으로 하나님의 언약을 멀리했듯이 룻은 모압의 신들을 비롯한 모든 것들을 버리고 하나님의 언약의 나라를 선택하게 되었다. 그것은 자신의 과거뿐 아니라 온 가족과 동족을 포기하는 엄청난 일이 아닐 수 없었다. 그렇지만 룻은 전혀 거리낌 없이 이스라엘 민족과 여호와 하나님에 대한 자신의 신앙을 드러내 보였다.

"어머니의 백성이 나의 백성이 되고 어머니의 하나님이 나의 하나님이 되시리라" (룻 1:16)

룻은 이 고백 가운데서 자신의 민족적 신분이 완전히 바뀌게 된 사실을 밝히고 있다. 즉 자기는 더 이상 모압에 속한 여성이 아니며 모압의 신들을 섬기지도 않는다는 것이었다. 우리는 여기서 하나님께서 무엇 때문에 엘리멜렉의 가족을 모압 땅으로 들어가도록 허용하셨는지 그 의미를 알 수 있게 된다.

하나님께서는 이방 여인 룻을 특별한 방법을 통해 언약 안으로 불러들이기 위해 나오미와 저의 가족을 통한 긴 역사적 고통의 과정을 거치게 하셨다. 하나님께서 엘리멜렉의 식구들을 베들레헴으로부터 모압 땅으로 이주해 가도록 허용하신 가장 궁극적인 의도는 이방 여인인 룻을 젖과 꿀이 흘러내리는 약속의 땅 가나안으로 불러들이기 위해서였다. 그 모든 것들은 사람들의 일반적인 인식의 한계를 넘어서고 있었지만 결코 우연히 발생한 사건이라 말할 수 없다.

룻이 자신의 원래 민족인 모압과 저들이 섬기는 모압의 신들을 버리고 이스라엘 민족과 여호와 하나님을 선택한 사건은 구속사와 밀접하게 연관되어 있다. 오늘날 주님의 몸된 교회에 속한 모든 성도들은 그와 직접적인 비교를 할 바가 아니라 할지라도 과거 자기가 속했던 세상을 포기해야 하며 세상의 모든 신들을 버려야 한다. 이는 세상에 속한 것들과 하나님을 동시에 섬길 수 없기 때문이다. 예수님께서는 산상수훈 가운데서 그에 대한 말씀을 하셨으며(마 6:24, 참조) 야고보 선생도 그에 대한 분명한 언급을 하고 있다.

"간음하는 여자들이여 세상과 벗된 것이 하나님의 원수임을 알지 못하느뇨 그런즉 누구든지 세상과 벗이 되고자 하는 자는 스스로 하나님과 원수되

게 하는 것이니라" (약 4:4)

하나님의 구원을 받은 성도로서 타락한 세상을 가까이 하여 친구로 삼는 것은 영적인 간음 행위에 해당된다. 세상을 등지고 떠남으로써 영원한 천상의 나라에 속해 살아가야 할 성도들이 떠나온 세상을 벗삼아 살아간다는 것은 성숙한 성도로서는 결코 있을 수 없는 일이다. 하나님께 모든 것을 맡긴 성도라고 하면서 세상 가운데서 희희낙락喜喜樂樂한다면 남편을 뒤로하고 외간 남자와 놀아나는 것과 다르지 않다. 따라서 야고보는 만일 그렇게 하는 자가 있다면 그것은 하나님의 원수가 되는 것과 마찬가지라는 말을 하고 있다.

룻이 친정 식구들을 비롯한 많은 이웃들이 살고 있을 뿐 아니라 자기가 태어나서 자라난 조국인 모압을 떠나야했던 것도 그런 사실과 연관되어 있다. 즉 여호와 하나님을 거부함으로써 타락한 족속인 모압을 버리고, 거룩한 언약의 백성인 이스라엘 민족에 속함으로써 자신의 정체성을 분명히 했다. 따라서 룻은 자신의 민족과 일가친척마저 포기하고 시어머니를 따라 여호와 하나님의 백성이 될 수 있었던 것이다.

3. 룻의 결심(룻 1:17,18)

룻은 가나안 지역에 속한 낯선 땅 베들레헴으로 가서 육신적으로 풍요롭게 잘 살기를 기대하지 않았다. 그녀는 하나님의 섭리와 은혜 가운데 죽은 남편과 시어머니가 속한 언약의 자손이 되었기 때문에 그 길을 따라나서게 되었을 따름이다. 거기에는 하나님의 구체적인 인도하심이 작용하고 있었던 것이다.

우리는 룻이 모압 땅에서의 고통을 회피하고 윤택한 삶을 기대하면서 그곳으로 간 것이 아니었다는 사실을 기억하지 않으면 안 된다. 그녀는 이스라엘 민족이 살고 있는 가나안 땅에 들어가면 더욱 어려운 상황이 벌어질지도 모른다는 사실을 잘 알고 있었다. 도리어 당시의 분위기로 보아서는 마치 죽으러 가는 것과도 같았던 것으로 말할 수 있다.

따라서 룻은 어머니가 죽으시는 곳에서 자기도 죽어 거기 묻힐 것이라 말했으며 그 가운데는 룻의 마음 자세가 잘 나타나고 있다. 또한 만일 죽는 일 외에 다른 목적으로 시어머니를 떠나게 된다면 여호와 하나님께서 자기에게 엄중한 벌을 내리시기를 원한다고 했다. 이는 결코 과장된 표현이 아니라 언약의 민족에 연관된 그녀의 비장한 각오를 드러내 보여주고 있는 것이다.

우리는 여기서 룻이 여호와 하나님에 대한 경외감을 가진 신실한 신앙인이라는 사실을 엿볼 수 있다. 그녀는 혈통적으로는 모압 여성이었지만 신앙적으로는 완벽한 언약의 자손이 되어 있었다. 그것을 확인하게 된 나오미는 더 이상 룻에게 모압의 친정으로 돌아가라는 말을 하지 않았다.

4. 나오미의 베들레헴 귀환(룻 1:19)

나오미는 가나안 본토로 귀환할 때 이방 며느리 룻을 데리고 모압 땅을 떠나 베들레헴에 도착했다. 나오미는 자신의 고향 땅에 돌아온 것이었지만 룻에게는 생면부지生面不知의 곳이었다. 남편을 잃은 고부姑婦 관계에 놓인 두 여인에게는 그 성읍이 결코 마음 편한 곳이 될 수 없었다.

나오미는 옛날부터 알고 있던 그곳 사람들의 눈길을 의식하지 않을 수 없었을 것이 분명하다. 그녀가 베들레헴을 떠나 모압 땅으로 떠날 때는 믿음직한 남편과 두 아들이 있었다. 그들이 극심한 흉년을 피하여 베들레헴을 떠날 때 내심 저들을 부러워하는 사람들이 많이 있었을 것이다. 하지만 다른 한편으로는 고향을 버리고 등진 저들에 대하여 부정적인 시각을 가진 자들도 없지 않았을 것이다.

나오미가 온 가족과 더불어 베들레헴을 떠날 때와 십여 년의 세월이 지나 다시금 고향으로 되돌아올 때, 즉 처음과 나중을 비교해볼 때 정반대의 상황이 되어 있었다. 남편과 자식들을 모압 땅에서 모두 잃은 나오미는 베들레헴 사람들의 냉소적이며 차가운 눈길을 의식하지 않을 수 없었을 것이다. 그와 같은 형편 가운데서 당당한 자세를 유지하기란 결코 쉽지 않은 일이었다.

나아가 룻은 자기 시어머니보다 훨씬 더 어려운 형편에 놓였을 것으로 보인다. 그녀가 당도한 베들레헴 성읍에는 자신을 이해하고 받아들여줄 사람들이 있지 않았다. 외지인으로서 언어와 습성과 문화가 상당히 다른 낯선 지역에 들어와 정착한다는 것은 결코 쉬운 일이 아니었다.

그럼에도 불구하고 저들에게는 달리 어떻게 할 수 있는 특별한 방도가 없었다. 나오미가 흉년이 든 베들레헴을 떠나 모압 땅으로 갈 때 나름대로 장래에 대한 꿈을 가지고 있었다면 모압 땅에서 베들레헴으로 돌아올 때는 전혀 그렇지 못했다. 그전에는 능력을 갖춘 남편을 따라갔으나 이제는 힘없고 나약한 이방 출신 며느리 룻을 데리고 왔다. 그것은 누가 봐도 안타까운 실제적인 상황으로 드러났던 것이다.

5. 베들레헴 사람들의 반응(룻 1:19)

나오미가 베들레헴에 도착했을 때 그녀를 본 지역 거민들은 깜짝 놀라지 않을 수 없었다. 따라서 사람들은 그 여인이 과연 예전의 그 나오미가 맞는지 수군대기까지 했다. 십여 년 전의 우아했던 여인의 모습과 비교해 볼 때 너무나 심하게 달라져 있었기 때문이다. 전체적인 상황을 감안한다면 사람들이 충분히 놀랄 만 했다.

부유한 상태로 나갔던 나오미가 모든 것을 잃어버리고 가난한 여인이 되어 고향 땅에 되돌아왔을 때 그것은 베들레헴에서의 부를 모압 땅의 가난과 맞바꾼 형국이 된 셈이었다. 나아가 많은 재산을 잃었을 뿐 아니라 남편과 자식들마저 모두 잃어버렸다. 그것도 저들이 부정하다고 여기는 모압 땅의 이방인들 가운데서 그렇게 된 것이다.

거기다가 나오미는 죽은 아들의 아내였던 모압 출신의 며느리 룻을 데리고 왔다. 실상은 남편과 자식을 포함한 모든 가족을 죽음에 내어주고 아무런 상관이 없던 이방 여인 룻을 얻어온 것과 마찬가지였다. 이스라엘 민족의 입장에서 본다면 그 모압 여인을 기쁘게 받아들일 만한 처지가 되지 못했다.

모압 땅으로 이주해 가기 전 엘리멜렉의 집안은 베들레헴에서 유명한 집안이었다. 물론 그 가족에 속한 나오미와 그의 자식들 역시 마찬가지였을 것이 틀림없다. 그러므로 나오미가 고향 땅으로 되돌아 왔을 때 그녀의 크게 변한 모습에도 불구하고 많은 사람들이 저를 금방 알아보고 관심을 가지게 되었다.

한편 베들레헴 사람들이 나오미와 룻에게 관심을 가지면 가질수록 저들에게는 부담만 커져갔을 따름이었다. '나오미' 는 자신의 이름이 가진 말뜻인 '기쁨' 이라는 말 자체가 부담스럽게 느껴질 정도였다. 하지만 이방 지역으로 갔다가 완전히 실패하고 돌아온 나오미와 룻은 사람들에게 이야기 거리가 되어 입술에 오르내리지 않을 수 없었다.

6. 나오미의 낙심과 베들레헴의 형편(룻 1:20-22)

나오미와 룻이 모압 땅에서 베들레헴에 도착할 당시에는 보리 농작물을 추수하던 시기였다. 이는 사람들이 일 년 동안 열심히 농사를 지은 것에 대한 수확과 더불어 하나님의 은혜에 감사하던 시기였다는 말과도 같다. 그것은 베들레헴 거민들의 기쁨을 말해주며 그 지역의 풍요로운 형편을 어느 정도 보여주고 있다.

한편 그와 같은 상황이 나오미에게는 더욱 어렵고 힘들게 느껴졌을 것이 분명하다. 많은 사람들이 즐거움으로 추수할 때 나오미와 룻은 수확할 수 있는 것이 아무것도 없었다는 말이 되기 때문이다. 과거 나오미의 가족이 농사를 짓던 땅에는 다른 사람들이 씨를 뿌리고 수확물을 거두고 있었던 것이다.

우리는 이와 같은 상황이 나오미로 하여금 더욱 힘들게 했으리라는 사실을 쉽게 짐작할 수 있다. 나오미는 생활 형편도 어려웠지만 사람들의 수군거림과 눈총이 더욱 견디기 어려웠을 것이 틀림없다. 따라서 그녀는 '기쁨' 이라는 뜻을 지닌 이름인 '나오미' (Naomi)라 불리는 것조차도 부담스럽게 생각했다. 그러므로 그녀는 사람들에게 더 이상 자기를 '나오미' 라 부르지 말고 차라리 '마라' (Mara)라 불러줄 것을 주문할 정도였다. 그 말뜻은 '괴로움' 이란 의미를 지니고 있었다.

나오미는 자기가 처한 고통스런 형편이 여호와 하나님의 징계로 말미암은 것이라 믿고 있었다. 과거와 달리 그와 같은 어려움을 당하게 된 것은 전능하신 하나님께서 자기를 그렇게 하셨기 때문이라는 것이었다. 그녀는 나름대로 현실을 정확하게 파악하고 있었다. 베들레헴에서 나갈 때는 풍족한 상황이었지만 그곳으로 다시 돌아왔을 때는 완전히 빈털터리가 되어 있는 현실 때문이었다.

그렇지만 엄밀한 의미에서 볼 때 그것은 단순한 개인적인 징계에 머물지 않는다. 나오미 자신의 판단과 많은 사람들의 눈에는 분명히 그렇게 보였겠지만 하나님의 뜻은 전혀 다른 데 있었기 때문이다. 거기에는 인간들의 인식을 초월한 하나님의 놀라운 섭리와 경륜이 작용하고 있었다. 즉 모든 문제의 근본적인 의미는 메시아의 조상이 될 이방 여인 룻에게 집중되어 있었던 것이다.

제3장

룻과 보아스의 집

(룻 2:1-13)

1. 엘리멜렉의 친족 보아스(룻 2:1)

엘리멜릭이 모압 땅에서 죽고 그의 두 아들이 동일한 이방 지역에서 죽은 후 나오미는 남겨진 며느리 룻과 함께 베들레헴으로 돌아왔다. 그때 저에게는 다른 사람에게 넘어간 자기의 기업基業인 유산(inheritance)을 무를 수 있는 친족 곧 저들의 삶을 책임지고 모든 것을 회복해줄 집안사람이 필요했다. 이는 토지와 연관되는 것으로서 그에 관한 권리를 소유하지 않는 자가 아무렇게나 그 일을 행할 수 없었다.

당시 베들레헴에는 보아스(Boaz)라는 인물이 살고 있었다. 그는 엘리멜렉의 가까운 친족으로서 부유한 유력자(a mighty man of wealth; KJV)였다. 엘리멜렉과 보아스는 가까운 친족 관계였지만 엘리멜렉이 가족을 데리고 모압 땅으로 이주해 간 후로는 서로간 내왕이 단절된 상태로 있었다.

우리는 하나님께서 엘리멜렉의 유가족인 나오미와 룻을 위해 특별히 보아스를 베들레헴에 예비해 두고 계셨다는 사실을 기억해야 한다. 엘리멜렉의 가족이 가나안을 떠나 모압 땅으로 이주해 갔을 때도 하나님께서는 베들레헴에서 다음 단계에 연관된 준비를 하고 계셨던 것이다. 그것은 구속사와 직접 연관되는 개념이다. 물론 보아스는 하나님께서 자신을 구속 사역을 위한 특별한 도구로 들어 쓰기로 작정하고 계신다는 사실을 전혀 인식하지 못하고 있었다.

보아스는 당시 혼인을 하지 않은 청년이었을 것으로 보인다.[6] 그가 결혼하여 가정을 가진 적이 있는 사람으로 보기 어렵기 때문이다. 만일 그가 나이가 많아 혼인을 하여 부인과 살면서 자녀들을 두고 있었다면 모압 출신의 이방 여인이었던 룻을 아내로 받아들일 수 없었을 것이 틀림없다. 그는 나이가 많이 든 인물이 아니었음에도 불구하고 많은 재산을 소유한 유력한 인물이었던 것이다.

2. 생계를 책임져야 할 룻(룻 2:2)

나오미와 룻이 초라한 모습으로 베들레헴으로 돌아왔을 때 저들을 환영하는 사람들은 아무도 없었다. 따라서 그들에게는 우선 날마다 먹고 살아가는 생계를 해결하는 것이 눈앞에 펼쳐진 급선무急先務였다. 낯선 성읍에 도착한 룻은 처음부터 고생길에 들어서지 않으면 안 되었다.

양식을 가져다주는 사람이 아무도 없는 상태에서는 직접 노동을 하여 먹거리를 마련하는 길 외에 달리 방법이 없었다. 이는 저들이 전혀 예측하지 못했던 상황이 아니라 충분히 예견할 수 있는 상황이었다. 그리하여 룻은 시어머니 나오미에게 자기가 성읍 밖에 있는 밭으로 나가 곡식의 이삭

---

6) 룻기 2:8과 3:10에서, 보아스가 룻을 향해 '내 딸' (My daughter)이라고 묘사한 것은 나이 많은 남자와 젊은 여자 사이의 연령 차이로 말미암아 발설된 말이라기보다 자기가 그 여인에 대한 '보호자' 란 사실을 언급한 것으로 이해하는 것이 바람직하다. 단순히 나이가 많다는 이유만으로 젊은 여성에게 '자신의 딸' 이라고 부를 수 있는 것은 아니다. 또한 3:10에서 보아스가, '젊은 남자들' (young men)을 따르지 않은 것에 대한 언급을 하며 룻을 칭찬한 것은 보아스 자신이 나이가 많다는 사실을 말하고자 한 것이 아닐 뿐더러 혼인에 직접 연관된 말로 받아들이지 않아도 된다. 우리는 한글 개역성경에 '연소한 자' 로 묘사된 단어가 단수가 아니라 복수라는 사실을 기억할 필요가 있다.

을 주워오겠다는 말을 했다.

어떤 밭주인이 자기에게 호의를 베풀어 밭에 떨어진 이삭을 줍도록 허락하면 그곳에 들어가 양식을 구해 오겠다는 것이었다. 어렵고 힘들게 살아가는 과부들이 된 고부姑婦가 그것으로써 생계를 이어갈 수 있게 된다. 아직 나이가 젊은 룻이 자기와 시어머니를 위해 밖으로 나가 이삭을 줍겠다는 말을 했던 것이다.

다른 사람의 밭에 들어가서 이삭을 줍는다는 것은 오늘날 우리의 상황에서 본다면 마치 구걸을 하는 행위와도 유사하다. 밭의 주인이 그것을 허락해야만 그곳에 들어가 떨어진 이삭을 주울 수가 있었다. 당시는 때마침 농작물을 수확하는 계절이었으므로 그것이 가능했다. 이 역시 하나님의 세밀한 경륜 가운데 때에 맞추어 저들이 베들레헴으로 돌아왔던 것으로 이해해야 한다.

룻은 낯선 지역 낯선 사람들 사이에서 종일토록 막노동을 하지 않으면 안 되었다. 그것은 이방 출신의 여인에게는 매우 힘든 일이었다. 하지만 시어머니와 자신의 생계를 잇기 위해서는 불가피했다. 따라서 나오미는 룻에게 남의 밭에서 이삭을 줍은 그 일을 하도록 허락하지 않을 수 없었다.

이처럼 룻이 직면한 베들레헴에서의 삶은 처음부터 힘들고 고달픈 일이었다. 그렇게 살아가야 할 것을 뻔히 알면서도 룻은 남편이 죽고 없는 상태에서 시어머니를 따라 언약의 땅으로 오게 되었다. 이는 그것이 단순한 선택이 아니라 언약의 백성된 자로서 마땅히 취해야 할 행동이었음을 보여주고 있다.

3. 보아스가 룻을 보게 됨(룻 2:3-7)

룻은 곡식을 구하기 위해 베들레헴 성읍 바깥으로 나갔다. 그녀는 특별히 정해진 곳으로 찾아간 것이 아니라 발길 닿는 데로 갈 수밖에 없었다. 아마도 주변의 다른 사람들의 눈치를 살피며 적절하게 보이는 한 밭으로 들어갔을 것이다. 하지만 하나님께서 이방인 출신인 그 여인의 발걸음을 인도하고 계셨다.

그러므로 룻이 들어간 밭의 주인은 하나님께서 미리 예비해 두신 보아스였다. 겉으로 보기에는 우연하게 일어난 일처럼 보였지만 실상은 그렇지 않았다. 보아스는 엘레멜렉의 가까운 친족관계에 있는 사람으로서 하나님의 구속사적인 계획이 그 가운데서 드러나지 않게 진행되고 있었던 것이다.

룻이 떨어진 이삭을 줍고 있을 때 마침 보아스가 베들레헴 성읍으로부터 자기의 밭으로 나아왔다. 보아스는 곡식을 베며 수확하고 있던 일군들에게 인사를 나누었고 일군들도 밭주인인 그에게 인사를 했다. 그들은 모두 언약의 자손이었기 때문에 여호와 하나님의 이름으로 복을 빌며 인사를 주고받았다(룻 2:4).

그때 보아스는 약간 먼발치에서 처음 보는 낯선 한 젊은 여인을 보게 되었다. 아마 그 지역에 살고 있는 웬만한 사람이라면 얼굴을 알거나 안면이 있었을 것이다. 그런데 룻은 그가 처음 보는 인물이었다. 아마도 이방 지역에서 이제 막 도착한 룻의 행동이 자연스럽지 못하고 뭔가 어색했을 가능성도 없지 않았다.

그러므로 보아스는 밭에서 일하는 자들을 감독하는 사람에게 떨어진 이삭을 줍고 있는 그 소녀(damsel)가 누구인지 물었다. 혼인한 지 오래지 않아 남편을 잃게 된 룻은 아직 앳된 모습을 띠고 있었으므로 그의 눈에는 소녀로 비쳐졌다. 그때 보아스는 룻에게 특별한 의도를 가진 것이 아니라 처음 보는 그 여인이 누구인지 자연스럽게 물어보았을 따름이었을 것이 분명하다.

밭주인인 보아스의 질문을 들은 감독자는 그 앳되게 보이는 여인이 나오미와 함께 모압 지방에서 왔다는 말을 했다. 아마도 곡식을 수확하는 일을 감독하고 있던 그는 주인의 밭에 들어오는 모든 사람들의 신분을 사전에 꼼꼼하게 확인했던 것으로 보인다. 따라서 그는 룻의 신상에 대해 어느 정도 알고 있었던 것이다.

그가 보아스에게 룻을 가리키며 지칭할 때는 다소 경멸하는 태도를 보이고 있었던 것으로 여겨진다. '모압 소녀' 라는 말 가운데는 하나님의 언약 밖에 있는 자라는 의미가 내포되어 있었기 때문이다. 이는 또한 주인에게 그런 하찮은 여인에게 별로 신경쓸 필요가 없다는 식의 마음을 드러내 보여주고 있다.

밭일을 감독하던 그 사람은 또한 룻이라는 모압 출신 여인이 자기에게 와서 밭에 들어와 이삭을 줍도록 허락해 달라는 당부를 하기에 긍휼히 여겨 그렇게 하도록 했노라는 말을 했다. 그리하여 그녀는 아침 일찍부터 와서는 열심히 이삭을 줍고 있다는 것이었다. 그녀는 밭에 붙어있는 허름한 밭집에서 잠시 숨을 돌리는 것 외에는 지금까지 계속해서 쉬지 않고 자기 일을 하고 있다는 사실을 말했다. 그 말을 들은 보아스는 그 모압 여인에게 특별한 관심을 기울이기 시작했다.

4. 룻에게 은혜를 베푸는 보아스(룻 2:8,9)

보아스가 룻에게 남다른 관심을 기울이게 된 것은 그가 '앳된 젊은 여인' 이었기 때문이 아니었으며 '모압 여인' 이었기 때문도 아니었다. 그가 관심을 가졌던 유일한 이유는 그녀가 나오미의 며느리라는 사실을 알게 되었기 때문이다. 이는 룻이 보아스의 친족인 엘리멜렉의 집안에 속한 여인이라는 점이 저로 하여금 그녀에게 각별한 관심을 가지게 했음을 말해 준다.

룻이 모압 출신의 여인이었음에도 불구하고 보아스는 자기에게 기업을 무를 권한이 있었기 때문에 그녀를 돌봐주어야 할 어느 정도의 책임이 있는 것으로 받아들이고 있었다. 따라서 룻에게 이삭을 줍기 위해 다른 사람의 밭으로 가지 말고 앞으로도 자기 밭에 들어와 이삭을 주우며 일하도록 당부했다(룻 2:8). 그러면 그곳에서 자기가 안전하게 그녀를 보호해 주리라는 것이었다.

그러므로 보아스는 젊은 남자 일군들에게 지시하여 그 여인을 함부로 대하지 못하도록 엄격하게 지시했다. 또한 룻에게는 이삭을 줍다가 목이 마르면 일군들이 길어 온 물을 마시며 일을 계속하도록 해주었다. 이는 보아스가 이방 출신 여인인 룻에게 깊은 관심을 가지고 특별히 예우한 사실을 잘 보여주고 있다. 하지만 룻은 그가 왜 자기에게 그와 같은 호의를 베푸는지 그 의미에 대해 잘 깨닫지 못하고 있었다.

5. 보아스의 이유 있는 환대(룻 2:10,11)

앞서 말한 대로 보아스가 룻을 친절한 자세로 환대했던 것은 단순히 그의 온화한 성품 때문이 아니었다. 그리고 룻이 젊은 여성이었기 때문도 아니었다. 그가 룻을 환대했던 이유는 오직 그녀가 나오미가 데려온 엘리멜렉의 며느리였기 때문이었다.

밭의 주인인 보아스가 이방인 출신인 자기에게 과분한 대우를 하자 룻이 도리어 당황스러워 했다. 그것은 결코 일상적인 상황이라 말할 수 없었다. 그리하여 룻은 엎드려 얼굴을 땅에 대고 그에게 절했다.[7] 이방인 출신이라는 신분을 가진 자기처럼 비천한 여인에게 그와 같은 큰 은혜를 베풀고 돌봐주는 것이 감당하기 어려울 정도로 감사하다는 것이었다. 그것은 룻의 진심어린 마음의 표현이었다.

---

7) 여기서 룻이 보아스에게 절하는 것은 장차 도래하게 될 교회와 그리스도 사이의 관계를 예표하는 것으로 이해되기도 한다.

룻의 행동을 보고 그녀가 한 모든 말을 들은 보아스는 자기가 그렇게 환대하는 것은 룻이 남편을 잃고 나서 시어머니 나오미에게 행한 모든 것과 그녀가 태어난 고국인 모압과 부모 친척을 떠나 전혀 알지 못하는 백성에게로 온 일을 들었기 때문이라는 사실을 말했다. 물론 여기서 언급된 시어머니를 위한 룻의 모든 행동은 윤리적인 것을 넘어 하나님의 언약에 연관되는 것으로 이해해야 한다.

보아스가 룻을 진심으로 환대하고자 했던 것은 개인적인 욕망으로 인한 것이 아니었음은 물론 그 이상의 특별한 영적인 의미를 깨달았기 때문도 아니다. 즉 그는 개인적인 목적을 위해 룻을 환대한 것도 아니었으며 장차 오시게 될 메시아와 연관지어 그렇게 했던 것도 아니었다. 단지 다른 사람에게 넘어간 유산을 무를 수 있는 권리를 가진 자로서 자기가 엘리멜렉과 가까운 인척이라는 사실이 중요하게 인식되었을 따름이다.

이는 사실 룻이 아브라함과 이삭과 야곱의 핵심적인 혈통 계보에 가까이 접근해 가고 있음을 보여주고 있다. 이는 그녀가 하나님의 아들 메시아를 보내는 통로로서 준비되어 가고 있다는 사실을 말해준다. 물론 보아스를 만나는 과정에서 룻이 그에 대한 구체적인 인식을 하고 있었던 것은 아니다.

6. 룻에 대한 보아스의 축복(룻 2:12,13)

보아스는 룻이 모압 출신 여성인줄 알면서도 그에게 여호와 하나님의 복을 빌어주었다. 그것은 단순한 입술의 표현에 지나는 것이 아니라 효력 있는 축복이었다. 보아스는 언약의 땅과 백성 곧 하나님의 날개 아래로 피해온 룻에게 여호와 하나님께서 친히 충분한 보상(reward)을 해 주시기를 기원했다.

그런데 이방 출신의 모압 여인에게 하나님의 복을 비는 행위는 결코 평범한 일이라 할 수 없다. 그것은 모세 오경에 기록된 내용을 통해 율법적인 검토를 요구하는 내용으로 비쳐질 수 있는 사안이었다. 이스라엘 백성이 가나안 땅에 들어가기 직전에 주어진 신명기에는 그에 연관된 기록이 분명히 나타나 있기 때문이다.

> "암몬 사람과 모압 사람은 여호와의 총회에 들어오지 못하리니 그들에게 속한 자는 십대 뿐아니라 영원히 여호와의 총회에 들어오지 못하리라"(신 23:3)

성경은 암몬 사람과 모압 사람은 '여호와의 총회'에 들어오지 못한다는 사실을 밝혔다. 그럼에도 불구하고 보아스는 모압 출신의 이방 여인인 룻에게 여호와 하나님의 이름으로 최상의 복을 빌어주었다. 그는 이스라엘의 하나님 여호와께서 그녀가 행한 모든 일들에 대해 충분히 보상해 주시기를 기원했으며 하나님의 보호를 받기 위해 그의 날개 아래로 피한 그녀에게 온전한 상을 주시기를 원한다고 했다(룻 2:12). 사람에게 이것을 능가하는 더 좋은 축복이란 있을 수 없다.

보아스가 자기를 위해 여호와 하나님의 복을 빌어주는 말을 들은 룻은 그에게 화답하는 반응을 했다. 자기는 앞으로도 보아스로부터 은혜를 입기 원한다는 사실을 말했다.[8] 거기에는 주인을 섬기는 미천한 하녀들 가운데 하나만도 못한 자기를 따뜻하게 위로해주고 마음을 기쁘게 해준 것에 대해 진심으로 깊은 감사를 드린다는 의미가 내포되어 있었다. 이는 또한 보아스에 대한 룻의 깊은 신뢰를 보여주고 있다.

우리는 여기서 나오미와 보아스가 모압 여인 룻을 이스라엘 민족 가운데로 데려오고 축복한 것이 과연 하나님의 율법을 어긴 것은 아닌가 하는

8) 룻이 보아스로부터 은혜를 입고자 원하는 것은 장차 교회가 그리스도의 은혜를 기다리는 것과 연관 지어 이해할 수도 있다.

문제를 생각해 보아야 한다. 신명기에 기록된 것처럼 모압 사람은 '여호와 하나님의 총회' 에 들어오지 못한다는 율법은 분명히 지켜져야 한다. 나아가 그것은 한두 세대나 수십 세대 정도가 아니라 영원토록 여호와의 총회에 들어올 수 없다고 했다.

그런데 나오미와 보아스는 모압 출신 여성인 룻을 이스라엘 민족 가운데 기꺼이 받아들였다. 우리는 이를 과연 어떻게 이해해야 할 것인가? 신명기의 말씀은 모압 사람들을 언약의 백성인 이스라엘 민족과 동일한 관점에서 받아들여서는 안 된다는 사실을 의미하고 있다. 즉 그들이 이스라엘처럼 민족적으로 언약의 백성이 될 수 없는 것이다. 비록 저들의 조상 롯(Lot, 벧후 2:7)이 의인이었다고 하지만 그로부터 출생한 모압과 암몬 자손을 이스라엘 자손과 동일하게 간주할 수는 없었다.

이에 반해 모압 출신의 룻이 하나님의 인도하심에 따라 개별적으로 언약에 속하는 것은 그와는 별개의 문제이다. 하나님께서 구속사역을 위해 모압 여인 룻에게 특별히 역사하신 것은 율법에 언급된 민족적인 의미와는 달리 이해해야 한다. 따라서 보아스가 룻을 특별히 축복했던 것은 구속사와 연관된 하나님의 인도하심에 따른 것으로 받아들이는 것이 바람직하다. 우리는 메시아를 보내 창세전에 선택하신 자기 백성을 죄로부터 구원하시고자 하는 하나님의 놀라운 뜻을 기억해야만 하는 것이다.

제4장

룻에게 특별한 대우를 하는 보아스
(룻 2:14-23)

1. 룻에 대한 보아스의 특별대우(룻 2:14)

룻이 보아스를 처음 만났을 때 그는 넒은 마음을 지닌 유력한 인물이었다. 경제적으로 부유한 그 청년은 가난한 이방여인을 도울 수 있는 충분한 능력을 갖춘 사람으로 비쳐졌다. 하지만 룻에게 그는 그 이상의 별다른 의미를 지닌 것이 아니었다.

그에 반해 보아스에게는 처음부터 모압 출신 룻이 평범한 대상이 아니라 매우 특별한 인물이었다. 그는 룻이 자기의 친족 엘리멜렉과 나오미의 며느리라는 사실을 알고 난 후부터 다른 여성과는 달리 대하기 시작했다. 즉 보아스는 룻을 자기와 가까운 인척관계에 있는 특별한 여인으로 간주하게 되었던 것이다.

그러므로 보아스는 일을 하던 중 식사 시간이 되었을 때 룻에게 자기와 함께 음식을 먹도록 권했다. 자기가 먹는 상에 와서 자기와 함께 떡(bread)을 떼고 저의 떡 조각을 식초(vinegar)에 찍어 먹도록 허락했던 것이다. 본문에 기록된 '초' 란 우리의 관점에서 본다면 주식主食과 함께 먹는 양념이나 반찬 같은 것을 가리킨다. 즉 꿀이나 잼, 혹은 무화과나 토마토 등의 소스

를 의미하는 것으로 이해할 수 있다.[9)]

우리가 여기서 짐작할 수 있는 점은 주인이 주식에 곁들여 먹는 식품은 다른 일군들과 상당한 차이가 났을 것이란 사실이다. 밭의 주인 정도 되는 인물이라면 먹는 음식뿐 아니라 앉아서 먹는 자리도 일반 일군들과 달리 구별하여 마련되었을 것이다. 유력한 인물이었던 보아스 역시 그와 같은 상황에서 식사를 했을 것이 틀림없다. 그런데 보아스가 모압 출신인 룻을 자기가 먹는 식탁에 불러 앉히고 저에게 자기가 먹는 떡과 함께 초를 찍어 먹도록 허락했던 것이다. 이는 당시로 봐서는 결코 자연스런 현상이 아니었을 것이 분명하다. 룻 스스로 고백했듯이 그녀는 이방 모압 출신으로서 가장 미천한 자에 속한 인물이었다(룻 2:10, 참조). 그런 외형적인 신분으로서는 감히 밭주인인 보아스의 식탁에 나란히 앉아 음식을 먹을 수 없었다.

그럼에도 불구하고 보아스의 특별한 허락에 의해 이방인 출신의 룻이 주인의 음식상에 앉아 그와 동일한 식사를 하게 되었다. 한자리에서 음식을 같이 먹는다는 것은 서로간 동급同級이 된다는 사실을 의미한다. 룻의 입장에서 본다면 이는 갑작스런 신분의 격상이 일어난 것과도 같다. 룻이 설령 그에 대한 아무런 인식이 없었다고 할지라도 그와 같은 상황이 진행되어 갔던 것이다. 따라서 옆에 있던 곡식을 베는 자가 룻에게 수종드는 것과 같은 태도를 보였다(룻 2:14, 참조). 이렇게 하여 룻은 보아스와 함께 떡과 식초 즉 소스와 더불어 볶은 곡식을 배불리 먹을 수 있었다. 이제 하나님께서 룻을 베들레헴으로 불러들이신 의미가 실제로 드러나기 시작했던 것이다.

2. 보아스가 주변의 일군들을 단속함(룻 2:15,16)

당시 일반 유대인들은 모압인들을 심하게 경멸했다. 저들은 언약의 백

9) 원용국, 룻기주석, 룻기 2:14, 서울: 호석출판사, 1994.

성인데 반해 모압 땅의 이방인들은 하나님께 저항하는 자들로 인식되고 있었기 때문이다. 그것은 또한 구약성경의 율법에 근거한 것이기도 했다. 더구나 모압의 이방인 출신이었을 뿐 아니라 남편을 사별하고 홀로 지내고 있는 여성일 경우 모든 좋지 않은 조건을 다 갖춘 것과도 같았다.

보아스 역시 당시의 일반 유대인들의 그와 같은 사고에 대해 잘 알고 있었다. 그러므로 그는 자기 밭에서 일하는 자들에게 룻이 비록 모압 출신 여인이라 할지라도 저를 멸시하지 못하도록 했다. 절대로 그녀를 책망하거나 꾸짖지 말도록 특별히 지시했던 것이다.

구약시대 이스라엘 백성들은 하나님의 언약과 상관없는 이방인들을 멸시하는 풍조가 있었다. 그것은 언약적인 측면을 넘어 인간적인 측면에서도 드러났다. 이스라엘 백성의 그와 같은 태도는 이방 여인들에게 더욱 강하게 나타났다. 나아가 이방인 출신으로 이스라엘 민족이 소유한 언약의 범주 안으로 들어왔음에도 불구하고 여전히 그런 식으로 대하는 자들이 많이 있었다.

이에 대해서는 정통 유대인들이 특별한 행동을 취하지 않는다고 할지라도 이방인들 스스로 그런 자세를 취하기도 했다. 즉 굳이 누가 그렇게 하도록 요구하지 않는다 해도 오랜 습성이 그렇게 고착시켰던 것이다. 이는 예수님 당시에도 사라지지 않았다. 우리는 예수님을 만난 사마리아 여인조차도 그런 자세를 가지고 있었던 사실을 기억한다. 요한복음에는 그에 관한 기록이 나타나고 있다.

> "사마리아 여자가 가로되 당신은 유대인으로서 어찌하여 사마리아 여자 나에게 물을 달라 하나이까 하니 이는 유대인이 사마리아인과 상종치 아니함이러라" (요 4:9)

예수님께서 길을 가시다가 우물가의 사마리아 여자에게 마실 물을 좀 달라고 하자 그녀는 예기치 못한 일로 인해 깜짝 놀랐다. 일반적으로 정통 유대인 남자가 천박한 사마리아 여인에게 말을 걸지 않았기 때문이다. 당시 유대인들의 사고에는 저들과 대화를 하는 것마저 부정한 것으로 간주하는 경향이 있었다.

사마리아인들은 유대인과 이방인들 사이에서 태어난 혼혈인이다. BC 722년 앗수르 왕국이 북쪽 이스라엘 왕국을 정복한 후 혼인정책을 펼침으로써 혼혈인들이 생겨나게 된 것이다. 그후 사마리아인들은 스스로 언약의 백성이라 생각하면서도 정통 유대인들에 대해서는 열등감을 가지고 있었다.

사마리아인들은 저들 나름대로 여호와 하나님을 섬겼으며 모세가 기록한 율법책인 이른바 '사마리아 오경'(Samaritan Pentateuch)을 경전으로 받아들였다. 그것을 통해 저들은 여호와 하나님의 백성이라 여기고 있었던 것이다. 그럼에도 불구하고 그 사람들은 정통 유대인들에 의해 수백 년에 걸쳐 심한 멸시를 당했다. 하지만 사마리아인들은 그런 상황을 별 저항감 없이 받아들일 수밖에 없었다.

이처럼 사마리아 여인이 유대인들에 의해 멸시를 당하는 터에 모압 출신의 여인들에 대해서는 두말 할 나위 없다. 그런데도 보아스는 그런 룻을 실제적인 언약의 백성으로 받아들이려 했다. 그리고 상속과 연관하여 자기와 밀접한 관계가 있음을 숨기려 하지 않았다. 따라서 그는 밭에서 일하는 젊은이들에게 룻으로 하여금 이삭을 곡식 단 사이에서 편안하게 줍도록 특별히 배려하도록 했다.

원래는 누구든지 곡식 단 사이에서 이삭을 줍는 것이 아니라 뒤에 떨어진 것을 주울 수 있었다. 보아스는 룻에게 특혜를 베풀었으며 그녀가 곡식 단 사이에서 이삭을 줍더라도 책망하지 말도록 했다. 나아가 룻을 위하여 곡식 다발에서 조금씩 뽑아 뒤에 남겨둠으로써 쉽게 줍도록 해 주었다. 그러면서 절대로 그녀를 책망하거나 꾸짖지 못하게 했다. 여기에는 하나님의 놀라운 인도하심이 작용하고 있었던 것이다.

3. 룻이 시어머니의 생계 문제를 책임짐(룻 2:17,18)

보아스의 밭에서 이삭을 줍도록 허락받은 룻은 저녁이 될 때까지 종일토록 일했다. 그녀는 자기와 시어머니 나오미의 생계를 유지하기 위해 몸을 아끼지 않고 최선을 다했던 것이다. 하루해가 저물어갈 때 즈음에는 한 에바(ephah)[10] 정도 되는 적지 않은 양의 식량을 마련할 수 있었다.

룻은 밭에서 주운 곡식을 베들레헴 성읍으로 가지고 들어가 시어머니에게 보여주었다. 그리고는 함께 배불리 먹고 나서 남은 곡식을 모두 시어머니에게 드렸다. 시어머니 나오미에게는 이방 출신의 며느리가 여간 고맙게 여겨지지 않았을 것이다.

나오미는 아마도 아침 일찍 모압 출신의 며느리를 남의 밭에 들어가 이삭을 줍도록 내보내고 나서 적잖게 염려되었을지 모른다. 베들레헴에 대해 전혀 익숙하지 않은 이방 여인으로서 낯선 곳에서 그와 같은 노동을 하는 것이 힘들리라는 것은 누구나 알 수 있다. 그런데 며느리 룻이 아무 탈 없이 하루 종일 밭에서 일하여 많은 양의 곡식을 구해온 것을 보고 감사하지 않을 수 없었을 것이다.

나아가 룻이 남의 밭에서 하루 동안 이삭을 주워 얻게 된 곡식은 너무 많았다. 그 많은 양을 본 나오미는 그것이 예사로운 일이 아니라는 사실을 깨달았다. 누군가 구체적으로 자기 며느리에게 도움을 주지 않고는 그 정도의 곡식을 구할 수 없었다. 이는 분명히 룻에 대해 특별한 은혜를 베푼 사람이 있었다는 사실을 말해준다.

---

10) 한 에바(ephah)는 약 11Kg 정도로 한 말 조금 더 되는 양으로 본다('현대인의 성경' 참조).

4. 나오미의 관심 대상(룻 2:19)

나오미는 며느리 룻이 가져온 곡식을 보며 감사한 마음이 들었지만, 곡식자체보다 누구의 밭에서 일했는가 하는 문제가 더 큰 관심사였다. 이는 나오미가 다른 사람에게 넘어간 자신의 상속분을 무를 수 있는 자와 접촉되기를 기대하고 있었던 것과 연관된다. 나오미는 유대인들이 지켜야 할 모세의 율법에 대해서 알고 있었을 것이 틀림없다.

그러므로 나오미는 룻에게 오늘 어디서 일했으며 그만한 양의 곡식을 구할 수 있었는지 물었다. 이는 곧 누구의 밭에서 일했는지 묻는 것이었다. 나오미는 속으로 자신의 가까운 친족 가운데 한 사람의 밭에서 일했기를 바랐던 것이다. 그러므로 이방인 출신의 자기 며느리에게 후대厚待한 자에게 하나님의 복이 임하도록 빌었다. 시어머니의 물음에 룻은 자기가 일한 밭의 주인이 '보아스'라는 사실을 말했다. 물론 룻은 아무런 의도 없이 자기에게 고맙게 해 준 그 사람의 이름을 언급했을 따름이다. 룻은 그 이상의 특별한 마음으로 답변하지는 않았다.

그렇지만 시어머니 나오미의 생각과 입장은 그와 전혀 달랐다. 나오미는 '보아스'라는 이름을 듣는 순간 그가 죽은 자기 남편과 아들의 가까운 친족관계에 있는 자라는 사실을 염두에 떠올리게 되었을 것이 분명하다. 그 사람은 다른 사람의 관할 아래로 넘어간 자신의 기업을 무를 수 있는 권리를 소유하고 있었던 것이다. 그가 룻에게 특별한 후대를 한 것도 그와 연관되어 있었다. 이렇듯이 룻은 아무것도 모르고 있었지만 나오미와 보아스는 저들이 처한 상황을 정확하게 파악하고 있었던 것이다.

5. 보아스에 대한 나오미의 축복(룻 2:20,21)

룻으로부터 '보아스'라는 이름을 듣게 된 나오미는 자신의 기업을 무를 가능성이 있음을 적극적으로 기대하게 되었다. 그러므로 그가 여호와 하나님으로부터 복을 받도록 기원했다. 나오미는 여기서 보아스가 살아있는 자와 죽은 자에게 끼치는 은혜가 그치지 않는다는 말을 했다(룻 2:20). 이는 물론 죽은 사람이 그로부터 어떤 은혜를 입게 된다는 말이 아니라 저들로부터 발생한 문제를 그가 해결할 수 있다는 의미이다.

그러므로 나오미는 룻에게, 그 사람이 자기 집안과 매우 가까운 친족이므로 그가 남에게 넘어간 저들의 토지를 무를 사람들 가운데 한 사람이라는 사실을 언급했다. 그에게 그렇게 할 수 있는 권리가 주어져 있다는 것이었다. 이스라엘 민족에게 있어서 기업을 무르는 것은 매우 중요한 것으로서 하나님의 율법에 명시되어 있었다. 따라서 레위기에서는 그에 대한 기록이 분명하게 나타난다.

> "토지를 영영히 팔지 말것은 토지는 다 내 것임이라 너희는 나그네요 우거하는 자로서 나와 함께 있느니라 너희 기업의 온 땅에서 그 토지 무르기를 허락할찌니 만일 너희 형제가 가난하여 그 기업 얼마를 팔았으면 그 근족이 와서 동족의 판 것을 무를 것이요 만일 그것을 무를 사람이 없고 자기가 부요하게 되어 무를 힘이 있거든 그 판 해를 계수하여 그 남은 값을 산 자에게 주고 그 기업으로 돌아갈 것이니라" (레 25:23-27)

이스라엘 백성에게 있어서 토지는 개인의 절대적인 소유가 될 수 없었다. 즉 모든 토지는 여호와 하나님께 속한 것이며 백성들은 일시적으로 그것을 소유하게 되는 관리자에 지나지 않았다. 언약의 자손들은 이에 대한 올바른 이해를 하지 않으면 안 되었다.

애굽의 압제에서 벗어나 40년의 시내광야 생활을 거쳐 가나안 땅에 진입한 이스라엘 백성이 그 땅을 정복해 획득했던 것은 그것이 하나님의 것이었기 때문이다. 즉 이방 족속들의 땅을 빼앗아 이스라엘 민족 전체나 개인의 소유로 만드는 것이 주된 목적이 될 수 없었다. 도리어 그 약속의 땅을 정복함으로써 그것이 '하나님의 소유'라는 사실을 만방에 선언하는 의미를 지니고 있었다.

사실 이는 우리를 포함한 지상의 모든 인간들에게 매우 중요한 의미를 지니고 있다. 이스라엘 백성이 하나님의 소유인 약속의 땅 가나안을 획득하게 되지만, 실상은 그것을 통해 지구 위에 있는 모든 땅들이 여호와 하나님의 소유라는 사실을 선언하고 있기 때문이다. 우리가 여기서 분명히 깨달아야 할 점은 이 세상의 모든 땅은 궁극적으로 여호와 하나님의 소유라는 명백한 사실이다.

따라서 세상에 살아가는 모든 인간들은 하나님의 소유인 토지에 대하여 일시적인 선한 관리자로서 자기가 맡은 땅을 관리하며 살아가야만 한다. 인간들이 그것을 마치 자기의 영원한 소유인양 생각한다면 한없이 오만한 자리에 앉게 된다. 그런 잘못된 사고를 버리지 않는 한 하나님의 진정한 은혜를 깨달을 수 없다.

지금도 대다수 인간들이 땅을 자기 개인의 소유인 양 인식하는 차원에 머물게 됨으로써 하나님의 진정한 은혜를 깨닫지 못하고 있다. 땅은 개인이 완전히 소유하는 것이 아니라 올바르게 관리하면서 후대에 상속해 가는 것이다. 이와 같은 원리는 오늘날 우리에게도 여전히 그 효력이 남아 있는 것으로 이해해야 한다.

과거 이스라엘 자손들 가운데서는 어떤 사람이 경제적인 이유든 아니면 다른 지역으로 이사를 가든 특별한 사유로 인해 토지를 매매한다고 할지라도 그것을 산 사람이 절대적인 소유권을 가지지 못한다. 그러므로 희년禧年을 비롯한 때가 이르거나 법적인 조건이 형성되면 그의 가족이나 친족이 적절한 가격을 지불하고 무를 수 있다.

모압 땅에서 베들레헴으로 돌아온 나오미는 자기 남편이 팔고 간 그 땅이 자신을 위해 회복되기를 원하고 있었다. 그런 중에 며느리 룻이 보아스의 밭에 가서 이삭을 주워오자 비로소 자기 집안 소유에 대한 상속의 가능성을 보게 되었던 것이다. 이는 하나님의 율법이 저들의 삶에 적용되기를 바라는 것과 같다.

보아스의 밭에서 이삭을 주워온 것에 대한 시어머니 나오미의 반응을 지켜본 룻은 한층 더 진척된 말을 했다. 그것은 보아스가 자기에게 곡식 수확이 다 끝날 때까지 자기의 관할 아래 있는 일군들 가까이 머물러 있으라고 언급했다는 것이다. 이는 날마다 자기 밭으로 나아오라는 의미를 지니고 있다. 이 말을 들은 나오미가 더욱 큰 희망을 가졌을 것은 지극히 당연한 일이다.

6. 룻에게 주의를 시키는 나오미(룻 2:22,23)

나오미는 룻으로부터 보아스의 이름을 듣고 단순히 기업을 무르는 것뿐 아니라 집안의 상속까지 염두에 두게 되었다. 그러므로 나오미는 자기 며느리를 특별히 단속하며 보호해야 한다는 생각을 했다. 따라서 보아스의 밭에서 일하는 소녀들과 함께 다니고 다른 사람들을 만나지 않는 것이 좋으리라는 점을 강조하기에 이르렀다. 이는 보아스가 룻에게 했던 말과 맥락을 같이 한다.

룻은 시어머니의 말을 순종하여 따르고자 했다. 자기에게 호의를 베풀어주는 보아스가 자기에게 요구한 내용과 동일한 터에 굳이 그것을 거절할 이유가 없었다. 그리하여 룻은 보아스와 나오미가 요구하는 대로 보리와 밀 수확이 끝날 때까지 보아스의 밭에서 이삭을 주우며 시어머니와 함께 거주했다. 물론 그것은 룻이 자기의 개인적인 작정이나 욕망을 따름으로써 발생한 결과가 아니었다. 거기에는 인간들의 눈에 보이지 않는 하나님의 놀라운 경륜이 진행되고 있음이 드러나고 있었던 것이다.

제5장

나오미와 룻과 보아스의 특별한 관계
(룻 3:1-18)

1. 나오미의 특별한 요구(룻 3:1-5)

시어머니 나오미는 며느리 룻에게 매우 특별한 말을 했다. 그것은 자기가 며느리를 위해 '안식할 곳' 을 구해주겠다는 것이었다. 나오미는 그렇게 함으로써 며느리를 복되게 해주는 것이 자기에게 주어진 임무라고 했다.

여기서 말하는 '안식할 곳' 이란 안식처(rest) 혹은 안전한 보호처(security)로서 가정(home)을 의미하고 있다. 이는 룻에게 새로운 가족(new family)을 가지도록 해주겠다는 사실에 밀접하게 연관되어 있다. 룻에게는 언약의 백성이 된 자로서 그렇게 하는 것이 삶의 진정한 복이 된다는 것이었다. 이 말은 사적인 개념이 아니라 언약적인 배경을 지니고 있는 것으로 이해해야 한다.

그런데 나오미의 그에 대한 구체적인 수행 계획은 결코 일반적이지 않았다. 그것은 보아스의 타작마당에 가서 밤중이 되면 몰래 저의 잠자리로 들어가라는 주문으로부터 시작되었다. 그 말은 시어머니가 며느리에게 다른 남자에게 저의 몸을 내맡기라는 의미를 지니고 있었다.

일반적인 경우라면 그와 같은 요구는 결코 있을 수 없는 일이다. 그럼에도 불구하고 나오미는, 그 사람이 자기 집안의 가까운 친족이기 때문에 룻이 그렇게 해도 아무런 문제가 없다고 했다. 즉 그것은 악한 행위가 아니므로 염려할 것이 전혀 없다는 것이었다.

나오미는 이를 위해 마치 군사 작전을 펼치듯이 사전事前에 보아스의 모든 일정을 확인하고 룻에게 취할 행동과 더불어 구체적인 지침을 일러주었다. 나오미는 당일 저녁에 보아스가 자신의 집 타작마당에서 보리를 까불게 된다는 정보를 입수했다. 그러므로 룻에게 몸을 깨끗이 씻고 몸에 향수를 바르고 고운 옷으로 단장한 후 몰래 보아스의 타작마당 안으로 들어가도록 요구했다(룻 3:3).

보리를 까부는 타작마당은 주변이 온통 먼지투성이였을 것이다. 일하는 모든 사람들은 먼지를 뒤집어써서 단정하지 못한 외모와 옷차림이었을 것이 틀림없었다. 그런 형편 가운데 몸에 향수를 바르고 예쁜 옷으로 치장한 여인의 복색은 타작마당과는 어울리지 않는다. 그럼에도 불구하고 룻을 향한 나오미의 요구는 그러했다.

나오미는 룻에게 그와 같은 지시를 하면서 보아스가 타작하는 일을 끝내고 저녁식사와 더불어 일과를 완전히 마무리하기 전에는 그의 눈에 띄지 않도록 하라는 주의를 주었다. 또한 그가 곡식단 주변에 마련된 간이침실로 들어가 잠자리에 눕게 되면 그 장소를 알아두도록 했다. 그리고는 아무도 모르게 그곳으로 들어가 저의 발치 이불을 들고 거기 누우라고 했다.

일반적인 경우라면 그것은 쉽게 이해가 되지 않을 뿐더러 엄청난 모험이 아닐 수 없었다. 나아가 그것은 건전한 삶을 살아가는 여인이 취할 만한 행동이 아니었다. 또한 보아스가 나중에 그 사실을 알고 나면 엄청난 오해를 할지도 모를 일이었다. 하지만 나오미는 룻에게 그런 무리한 요구를 했다.

우리는 그 모든 일들이 하나님의 특별한 섭리와 경륜 가운데 행해지고 있다는 사실을 기억하지 않으면 안 된다. 따라서 나오미는 룻에게 아무런 걱정을 하지 말고 자기가 시키는 대로 하도록 요구했다. 룻 자신도 그런 요구를 듣고 쉽게 받아들이기 어려웠을지도 모른다. 그러나 나오미는 룻이 그 지시를 따라 행하면 보아스가 어떻게 처신해야 할지 알려줄 터이니 염려하지 말고 그대로 따르면 된다고 했다.

놀랍게도 룻은 예사롭지 않은 상황임에도 불구하고 시어머니의 요구에 저항하지 않고 순종하고자 했다. 시어머니가 며느리인 자기에게 다른 남성의 잠자리에 들어가도록 요구했지만 자신의 기업을 무르는 방편으로서 그것이 지니는 중요한 의미를 룻이 깨달아 알고 있었기 때문이다. 나오미와 룻은 다른 사람에게 넘어간 저들의 재산을 회복하기 위한 보아스와의 구체적인 약속이 이루어지지 않은 상태에서 하나님의 뜻 가운데 그와 같은 일을 진행시키고 있었던 것이다.

2. 매춘부와 현숙한 여인 사이(룻 3:6,7)

젊은 여성인 룻이 곡식단 옆에 마련된 보아스의 잠자리에 몰래 접근한다는 것은 결코 상식적인 행동이라 할 수 없다. 다른 사람들의 눈에 띄지 않게 밤중에 그런 시도를 했을 뿐 아니라 보아스 자신도 그 사실을 전혀 알지 못했다. 부부관계가 아닌 사이에 그런 일이 발생한다는 것은 비난받아 마땅한 일이었다.

정숙한 여인으로서 목욕을 한 후 몸에 향수를 바르고 고운 옷을 입고 다른 남성의 잠자리에 몰래 들어가는 것은 일반적이지 않다. 그것은 몸을 파는 창녀가 아니라면 결코 취할 수 없는 행동이다. 그런데 룻은 시어머니 나오미의 요청에 따라 그와 같은 돌발적인 행동을 서슴지 않았다.

그럼에도 불구하고 우리는 성경이 룻을 현숙한 여인이었음을 증거하고 있다는 사실을 기억해야만 한다(룻 3:11). 그녀는 결코 성적으로 방탕한 행동을 하고자 한 것이 아니었다. 이는 룻의 행동이 개인적인 욕망이 아니라 하나님의 언약에 기초하고 있었다는 사실을 말해준다. 하지만 그 현숙한 여인이 왜 굳이 몸을 파는 매춘부들이나 행할 수 있는 그런 방법을 취하게 되었을까 하는 점은 여전히 생각해 봐야 할 중요한 문제이다.[11)]

우리가 여기서 반드시 기억해야 할 바는 '대가' 代價에 관한 문제이다. 즉 일반 매춘부는 자기의 성을 남성에게 팔고 그에 대한 대가로 돈이나 값어치 있는 물품을 받는다. 아무런 대가 없이 자신의 몸을 파는 매춘이란 존재할 수 없다.

이처럼 룻은 보아스에게 자기의 몸을 바침으로써 적절한 대가를 치르고자 했다. 이는 일종의 배상賠償에 연관된 것으로 생각할 수 있다. 우리는 그녀가 그런 과정을 통해 자기 집안의 상속을 회복하고자 했던 것으로 이해해야 한다.

보아스는 나오미와 룻의 기업을 무를 수 있는 권리를 소유하고 있었지만 그것이 당연한 의무라고 할 수는 없다. 즉 그에게는 그것을 받아들이지 않고 거부할 수 있는 권리도 주어져 있었다. 나오미는 그에 연관된 모든 사실을 잘 알고 있었으며 보아스도 그 의미를 분명히 이해하고 있었던 것이 분명하다.

그러므로 룻은 시어머니 나오미의 간곡한 요청에 따라 매춘행위를 하는 것이 아니면서, 집안의 기업을 무를 수 있는 권리를 소유한 보아스에게 '특별한 대가' 를 바라고 일종의 배상 개념으로 자신의 몸을 바치려고 했

---

11) 기업을 무르기 위해 보아스에게 시도한 룻의 특별한 행동을 당시의 일반적인 관행으로 보기는 어렵다. 만일 그러했다면 그것은 그야말로 매춘행위 이상이 되지 않는다. 나아가 기업을 무르는 율법이 적법을 가장한 범죄의 이용물이 될 따름이다. 보아스와 룻의 경우는 경건한 하나님의 사람들로서 그 본질적인 의미를 깨닫고 있었지만 다른 사람들도 그와 같았던 것으로 보기 어렵다. 따라서 이 일은 하나님께서 룻과 보아스에게 특별히 허락하신 구속사적인 방편으로 이해하는 것이 바람직하다.

다. 물론 보아스는 하나님 앞에서 경건한 사람이었기에 함부로 여인의 몸을 탐하지 않았다. 도리어 그는 나중 나오미와 룻의 적극적인 행동을 보며 그 의미를 충분히 받아들이려 준비하고 있었다.

그런 상황이 조성되어 가고 있을 시점에 보아스는 곡식을 타작하는 하루 동안의 모든 일과를 마치고 즐거운 마음으로 저녁식사를 한 후 곡식단 옆에 마련된 간이 침실에 편안하게 누웠다. 보아스는 잠을 자려고 했을 뿐 지금 자기에게 일어나게 될 일에 대해서는 전혀 눈치채지 못했다. 그는 자리에 눕자마자 곧장 잠이 들었다. 그 사이 룻은 시어머니의 말에 따라 잠에 빠진 보아스의 곁으로 몰래 접근해 그의 발치 아래 이불을 들고 그 안에 들어가 누웠다.

그런 상황에서 룻은 쉽게 잠들 수 없었을 것이 틀림없다. 아마도 그녀는 자기가 태어난 고향 모압을 떠나 베들레헴에 와서 행하고 있는 예기치 못한 자신의 삶과 행동에 대해 깊은 상념에 빠져 있었을 것이다. 우리가 쉽게 짐작할 수 있는 점은 그 가운데서도 룻이 하나님의 전체적인 경륜을 마음에 새기고 있었을 것이란 사실이다.

3. 놀란 보아스와 룻의 합당한 변명(룻 3:8,9)

하나님을 경외하는 경건한 신앙을 지닌 보아스는 자기 발치에 어떤 여자가 누워있다는 사실을 알고 깜짝 놀라지 않을 수 없었다. 그보다 더 황당한 일은 있을 수 없다. 이는 비단 보아스가 아니라 어느 누구라 할지라도 정상적인 사고를 하는 자라면 동일한 반응을 하게 될 것이 분명하다.

보아스는 잠을 자던 중 모르는 사람의 인기척을 느꼈다. 즉 자기 혼자 누워 자고 있어야 할 잠자리에 외부인이 접근해 있었던 것이다. 그 사실을 느끼고 몸을 돌이켜보니 어떤 여자가 자기의 발치에 누워 있는 것을 확인할 수 있었다. 놀란 그는 그 여자에게 누구냐고 낮은 음성으로 소리치듯

물었다.

보아스의 말을 들은 여자는 스스로 저의 '시녀'(maid)인 룻이라고 답변했다. 이는 자신이 그에게 속한 사람이라는 의미를 지니고 있었다. 그러니 저의 옷자락으로 자신의 몸을 덮어달라고 간청했다. 이는 자기의 몸을 받아달라고 부탁하는 것과 동일한 뜻이다. 룻은 그때 자기가 그렇게 요구하는 이유는 보아스가 자신의 기업을 무를 수 있는 사람이기 때문이라는 사실을 언급했다.

4. 룻을 축복하는 보아스의 깨달음(룻 3:10,11)

자신의 잠자리에 몰래 들어와 발치 아래 누워있는 여자가 룻이라는 사실을 알게 된 보아스는 그 여인을 책망하기는커녕 도리어 축복해 주었다. 여호와 하나님께서 저에게 복을 주시도록 기원했던 것이다. 이는 룻이 모압에서부터 그때까지 가난하건 부유하건 젊은 남자를 따라가지 않고 시어머니 나오미를 따라 언약의 나라로 들어온 사실과 연관되어 있었다.

이 말은 개인적인 인생을 위해 다른 젊은 남자와 재혼하지 않고 거기까지 이른 것에 대해 높이 인정하는 의미를 지니고 있다. 따라서 보아스는 그동안 룻이 어렵고 힘든 환경 가운데서도 온전한 삶을 살아온 것으로 말했다. 즉 그녀의 마음씨와 모든 행동이 신앙을 가진 성도로서 훌륭하다는 것이었다.

나아가 이제까지 행해온 모든 것들이 그러했거니와 그녀가 소유한 신앙의 자세는 점점 성숙해져 더욱 값지고 소중하게 자라났다는 사실을 강조했다. 이는 룻이 자기의 시어머니 나오미의 요구를 언약 안에서 따르며 그의 모든 말에 순종하는 자세와 밀접하게 관련되어 있었다. 이와 같이 보아스는 룻의 삶이 언약의 자녀로서 온전한 삶을 살아왔음을 입증해 주었던 것이다.

이렇게 하여 보아스는 룻이 거기서 두려워하거나 염려하는 마음을 가지지 않도록 안심시켰다. 이는 룻이 당시 진행되는 상황에 대해 한편으로는 불안한 마음을 가질 만 했다는 사실을 말해주고 있다. 룻은 그때 자기의 개인적인 판단에 따라 보아스의 잠자리에 들어갔던 것이 아니라 시어머니 나오미의 지시에 따라 움직인 것이었다. 이는 그것이 눈에 보이지 않는 하나님의 언약에 연관된 문제라는 사실을 드러내 보여준다.

그렇지만 몸을 파는 매춘부가 아니면서 다른 남자의 잠자리에 몰래 들어가 자신의 몸을 바치고자 한다는 것은 오해를 사기에 충분했다. 룻 역시 그에 대한 염려가 없지 않았던 것으로 보인다. 따라서 그와 같은 상황을 잘 파악하고 있던 보아스는 룻에게 그것으로 인한 염려는 완전히 버려도 좋다고 말했던 것이다. 룻이 현숙한 여성이라는 사실은 베들레헴 성읍의 모든 사람들이 알고 있으며 보아스 자신도 잘 알고 있다는 것이었다(룻 3:11).

그러므로 보아스는 나오미와 룻이 원하는 대로 저들의 기업을 무를 수 있도록 최선을 다하리라는 말을 했다. 이 말은 자기가 직접 그렇게 하든지 혹은 그 권리를 가진 다른 친족들 가운데 누가 그렇게 하든지 반드시 저들이 소유해야 할 기업을 무를 수 있도록 책임을 다하겠다는 약속이다. 이렇게 하여 보아스와 룻 사이에는 아무도 없는 공간에서 구두 계약이 맺어지게 되었던 것이다.

5. 욕망에 끌리지 않고 율법에 순종하는 보아스(룻 3:12,13)

보아스는 자신이 룻을 위해 기업을 무르는 일을 감당해야 할 가까운 친족이라는 사실을 기억하고 있었다. 따라서 그는 모든 것을 하나님의 율법에 따라 시행하고자 했다. 즉 자기의 개인적인 목적이나 이익을 추구하지 않을 뿐더러 인간적인 욕망에 따라 움직이지 않으리라 다짐하고 있었다.

그러므로 보아스는 룻에게, 자기가 그 기업을 무를 수 있는 권리를 소유한 사람이기는 하나 그에 대해 자기보다 앞선 권리를 소유한 친족이 있다는 사실을 언급했다. 그것은 엘리멜렉의 친족 가운데 자기보다 더 가까운 혈족이 있다는 것을 의미한다. 따라서 자기는 하나님의 율법에 따라 모든 것을 행하겠다는 입장을 분명히 했다.

우리가 여기서 주의깊게 이해해야 할 점은 룻이나 보아스가 성적인 욕망의 지배를 받은 것이 아니었다는 사실이다. 또한 우리시대에 흔히 말하는 소위 이성에 대한 관심과 사랑의 감정 때문도 아니었다. 그들은 하나님의 언약과 그 실행을 마음에 담아두고 있던 경건한 성도들이었던 것이다.

그러므로 보아스는 밤중에 자신의 간이 침실에 들어와 향수를 뿌리고 단장한 채 발치에 누워있는 룻을 보고도 일절 성적인 행동을 하지 않았다. 사실 그렇게 하고자 하는 심적인 유혹 정도도 받지 않았던 것이 틀림없다. 그는 침착하고 단호한 태도로 룻에게 그날 밤을 거기 머물러 있도록 했다. 이는 인적이 끊어진 한밤중에 젊은 여인을 집으로 돌려보내기 곤란했던 것으로 보인다.

보아스는 이제 상속에 연관하여 룻과 나오미가 원하는 바를 확인했으니 아침이 되어 날이 밝으면 자기보다 앞서 기업을 무를 권리와 의무를 가진 자를 만나 그에게 모든 상황을 설명하고 물어보겠다는 의사를 보였다. 만일 그 사람이 그 기업을 무르고자 한다면 기꺼이 저로 하여금 그렇게 할 수 있도록 도와주리라는 것이었다.

하지만 그 사람이 그렇게 하기를 원하지 않고 거부한다면 보아스 자신이 그 책임을 감당하겠다고 했다(룻 3:13). 자기가 그렇게 할 것을 여호와 하나님의 살아계심을 두고 맹세한다는 것이었다. 우리가 여기서 분명히 알 수 있는 점은 보아스가 결코 룻을 이성적인 감정으로 사랑한 것이 아니었다는 사실이다. 그에게 소중한 것은 하나님으로 말미암은 언약적인 책무였던 것이다.

보아스는 자신의 잠자리에 몰래 찾아든 룻을 책망하지 않은 것을 통해 하나님을 경외하는 저의 속마음을 드러내 보여주고 있다. 그리고 룻에게 이른 아침이 되어 안전하게 밖으로 나갈 수 있을 때까지 그대로 자신의 간이 침실 안을 떠나지 말도록 함으로써 보호자의 면모를 보여주었다. 그때 보아스와 룻은 한 공간 안에 각각 따로 누워 있으면서 하나님의 놀라운 경륜에 대한 묵상을 하며 기도하는 마음을 가지고 있었을 것이 분명하다.

총체적인 이야기이기는 하나, 우리는 여기서 그리스도인들의 혼인에 대한 생각을 해 볼 수 있어야 한다. 성도들은 단순히 이성적으로 서로 사랑하기 때문에 남녀가 혼인을 하게 된다는 생각을 어느 정도 유보하지 않으면 안 된다. 즉 성도들에게는 세속적인 사랑의 욕망이 혼인을 위한 조건이 되어서는 곤란하다. 즉 단순히 남녀간의 애정에 연관된 욕망을 혼인의 근본 조건으로 삼아서는 안 되는 것이다.

이는 물론 성도들이 혼인을 하는 조건에 이성적인 사랑의 감정이 완전히 배제되어야 한다는 의미가 아니다. 혼인을 위해서는 말씀에 의한 숭고한 사랑이 먼저 확인되어야 하며 하나님의 경륜에 대한 본질적인 인식이 더욱 중요하다. 다시 말해 하나님께서 그 가정을 세우고자 하는 원래의 뜻이 무엇인지 생각해 볼 수 있어야 하는 것이다.

6. 신중하게 책무를 감당하는 보아스(룻 3:14,15)

룻은 보아스에게 무례하거나 경우 없이 행동한 것이 아니라 하나님의 언약 가운데서 매우 신중하게 처신했다. 그것은 물론 인간들의 보통 상식으로는 납득하기 어려운 매우 특별한 상황이었다. 하지만 우리가 깨달아야 할 분명한 사실은 그 과정이 결코 성적인 욕구를 채우고자 하는 것이 아니었다는 점이다. 이에 대해서는 룻뿐 아니라 보아스 역시 마찬가지였다.

그러므로 보아스는 한밤중에 몸에 향수를 뿌리고 단장한 채 자기의 잠자리 발치에 누워있던 룻을 발견하고도 그녀를 전혀 나무라지 않았다. 도리어 그 여인을 격려하며 원하는 모든 도움을 베풀어 주고자 했다. 그것은 보아스가 모든 상황을 올바르게 파악하고 있었다는 사실을 말해준다. 룻에 대한 보아스의 자세는 인간적인 연민이 아니라 하나님의 언약에 연관되어 있었던 것이다.

룻은 보아스가 지시한 대로 새벽까지 그의 잠자리 옆에 누워 있다가 사람들이 쉽게 알아보기 어려울 정도의 이른 시간에 자리에서 일어났다. 보아스는 어떤 여인이 자신의 타작마당에 있는 간이 침실로 들어온 사실을 다른 사람들이 알지 못하도록 단속했다(룻 3:14). 그 과정을 통해 내부적으로는 보아스와 룻이 하나님의 뜻을 알게 되었지만 아직 외부인들에게 알려져서는 안 된다는 것이었다.

보아스는 새벽에 일어나 룻에게 저의 겉옷을 가져와 그것을 손으로 펴서 잡도록 했다. 그는 거기다가 보리 여섯 되(six measures)를 담아 룻에게 지워주었다. 그것은 단순한 구제나 배려 차원이 아니었으며 일종의 책임과 의무에 해당되는 일이었다. 즉 룻이 노동을 하지 않는다 할지라도 보아스에게는 그를 보호해야 할 책임이 있었던 것이다. 보아스는 룻에게 양식을 주고 난 후 저들은 각기 베들레헴 성읍 안으로 들어갔다.

우리는 여기서 이와 더불어 구제와 그 범위를 잘 생각해 볼 필요가 있다. 일반적으로 말하는 구제란 의무가 없는 상태에서 다른 사람을 물질적으로 배려하고 도와주는 행동을 의미한다. 그렇지만 가족 관계속에 들어있는 식구들 사이에는 구제라는 말이 적용되지 않는다. 가족간에는 마땅히 감당해야 할 삶에 대한 상호 의무가 존재할 따름이다. 즉 가족들 사이에는 상호 보호의무만 있을 뿐 선행으로서의 구제란 존재하지 않는 것이다.

이와 같은 내용은 가정뿐 아니라 지상의 교회 가운데도 그대로 적용되어야 한다. 교회 내부에서는 일반적인 개념에서 말하는 구제가 이루어지지 않는다. 그것은 동일한 개체 교회에 속한 경제적으로 어려운 성도들에 대해서도 마찬가지다.

교회에 속한 성도들 상호간에는 선행으로서의 구제가 아니라 마땅히 행해야 할 의무가 존재할 따름이다. 따라서 예수 그리스도의 보혈로 말미암아 하나님의 몸된 교회에 속한 모든 성도들의 삶은 전체적으로 공유되는 성격을 지니고 있어야 한다. 만일 거기서 이탈하여 공동체적인 삶의 정신을 버리게 된다면 참 그리스도인이라 말할 수 없다.

7. 조급해진 시어머니 나오미(룻 3:16-18)

룻은 새벽 일찍 보아스의 타작마당에 있는 간이 잠자리에서 조용히 나와 자기 집으로 돌아왔다. 그의 손에는 상당량의 곡식이 들려져 있었다. 그것을 본 시어머니 나오미는 며느리에게 지난 밤에 어떤 일이 있었느냐고 물어보았다. 룻은 보아스가 자기에게 행한 모든 행동과 말을 있는 그대로 이야기했다. 그리고 보아스가 자기에게 보리 여섯 되를 담아주면서 빈손으로 시어머니에게 가지 말라고 한 사실도 언급했다.

모든 것의 자초지종自初至終을 듣고 난 나오미는 며느리 룻에게 그에 관한 일이 어떻게 진행될지 알기까지 다른 데 가지 말고 집 안에 머물러 있도록 당부했다. 그 사람 보아스가 자기와 연관된 기업을 무르는 일을 성취할 때까지 쉬지 않고 최선을 다하리라는 것이었다. 나오미에게는 자신의 기업을 무르는 것이 최상의 과제가 되어 있었던 것이다.

나오미는 보아스가 룻에게 한 말과 행동을 듣고 나서 모든 것이 순조롭게 진행되리라는 확신을 가지게 되었다. 보아스는 엘리멜렉의 친족으로서 마땅히 감당해야 할 일이 무엇인지 잘 알고 있었기 때문에 룻에게 그렇게 대했다. 또한 보아스가 나오미에게 특별히 양식을 보냈다는 것은 자기에게 그렇게 해야 할 책무가 있음을 드러내 보여주는 것과 동일한 의미를 지니고 있었던 것이다.

第6장

기업 무를 자인 보아스와 룻을 통한 메시아 예언

(룻 4:1-22)

1. 기업을 무르기 위한 우선권자를 부른 보아스(룻 4:1)

새벽 일찍 자기의 타작마당의 간이 침실로부터 룻을 집으로 돌려보낸 보아스는 베들레헴 성문으로 올라갔다. 그는 거기 앉아 있으면서 엘리멜렉의 가장 가까운 근족으로서 룻의 기업을 무를 수 있는 우선권을 가진 사람이 지나가기를 기다렸다. 언제 그곳을 지나갈지 모르는 상태에서 그를 만나 기업 무르는 일에 대한 담판을 벌이고자 했던 것이다.

우리가 여기서 주의를 기울여 생각해 보아야 할 점은 보아스는 왜 그의 집으로 직접 찾아가지 않았을까 하는 점이다. 그 사람은 보아스와도 가까운 친족이었으므로 그가 살고 있는 집이 어디 있는지 알았을 것이 틀림없다. 그럼에도 불구하고 그는 성문에 앉아서 자기의 친족이 되는 그 사람이 지나가기를 기다리고 있었다.

보아스가 성문에 앉아 있었다는 것은 그곳을 오가는 모든 사람들이 그를 보게 된다는 사실을 의미하고 있다. 이는 그가 아무도 모르는 곳에서 숨어서 문제를 해결하려고 했던 것이 아니라 모든 사람들이 알 수 있도록 공개적인 행동을 하고 있음을 말해주고 있다. 이와 같은 보아스의 행동은 지난 밤 아무도 모르게 룻과 비밀리에 대화하며 기업을 무르는 일에 적극적으로 협조하겠다는 약속을 했던 것과 크게 대비된다.

보아스가 마음에 작정을 하고 성문에 앉아 있을 때 마침 엘리멜렉의 가장 가까운 친족으로서 저의 기업을 무를 수 있는 권리를 소유한 자가 그곳을 지나갔다. 물론 그 사람은 보아스가 성문에서 자기를 기다리고 있다는 사실을 까맣게 몰랐다. 나아가 그는 죽은 엘리멜렉의 며느리의 문제로 인해 자신이 해결해야만 할 일이 남아 있는 것으로 생각지 않았던 것으로 보인다.

보아스는 성문을 지나가는 그 사람을 보자 자기가 있는 곳으로 불러 자리에 앉혔다. 그때 그는 곧바로 죽은 엘레멜렉과 그의 며느리 룻의 상속분에 대한 토지를 무르는 문제에 대한 이야기를 나누었을 것이다. 하지만 그들은 그곳에서 권리 이행에 대한 문제를 최종적으로 결정짓지 않고 증인이 될 만한 권위를 가진 장로들을 불러 저들 앞에서 그에 대한 확증을 하고자 했다.

이제 저들에게 필요한 것은 기업을 무르는 것에 관련된 모든 내용들을 보증해 줄 만한 증인들 앞에서 문제를 해결하는 것이었다. 즉 그것은 개인과 개인이 만나 사사로이 결정할 수 있는 성질의 것이 아니었다. 따라서 그들은 객관적인 자격을 갖춘 여러 증인들을 불러 저들이 보는 앞에서 그에 대한 모든 사실을 확증지어야만 했던 것이다.

2. 보아스가 당사자와 증인들을 청하여 의사를 밝힘(룻 4:2-4)

보아스는 베들레헴 성읍의 장로 열 명을 성문으로 초청했다. 특별히 증인을 서게 된 열 명의 장로들은 그의 청에 따라 준비된 자리에 앉았다. 그들은 이제 보아스와 그의 친족이자 죽은 엘리멜렉의 아내 나오미의 기업을 무를 수 있는 첫번째 권리를 가진 자 사이에서 증인이 되어야만 했다.

여러 증인들 앞에서 보아스가 먼저 그 기업 무를 권리를 가진 자를 향해 말했다. 모압 지방에서 돌아온 나오미가 저들의 형제인 엘리멜렉의 소유지를 관할하고 있으므로 그 권리를 팔려고 한다는 것이었다(룻 4:3,4, 참조) 우리는 여기서 매우 주의 깊은 이해를 하지 않으면 안 된다.

왜냐하면 보아스의 말 가운데는 죽은 엘리멜렉에게 속했던 소유지가 이제 나오미의 소유지가 되어 있는 것처럼 언급되고 있기 때문이다. 즉 나오미가 그 땅을 직접 소유하지 않고 있었음에도 불구하고 보아스는 그에 대한 권리를 죽은 자의 아내인 나오미가 소유하고 있는 것으로 말하고 있다. 우리는 이 말을 어떻게 이해해야 할까?

이 말은 나오미가 그 토지의 직접 소유자라는 의미가 아니다. 이는 원래 엘리멜렉의 소유지였던 그 땅을 무를 수 있는 원천적인 권리가 나오미에게 존재한다는 사실을 의미한다.[12] 나오미가 이제 순위 안에 있는 능력을 갖춘 친족에게 그 권리를 팔려고 한다는 것이다. 이것은 그 토지에 대한 현재적인 직접 소유권이 아니라 그것을 무를 수 있는 원천적인 권리에 대한 언급으로 보아야 한다.

보아스는 이처럼 거기 앉아있는 여러 장로들 앞에서 자기의 친족에게 그에 대한 구체적인 설명을 했다. 그 말은 증인으로 나온 열 명의 장로들뿐 아니라 거기 모여 있던 모든 백성들이 들을 수 있었다. 엘리멜렉이 소유했던 토지에 대한 원천적인 권리를 소유한 나오미가 그것을 팔려고 하니 만일 그가 사려면 그렇게 하라는 것이었다.

만일 그가 원한다면 그렇게 하고 그것을 포기한다면 자기에게 의사를 표시해 달라고 말했다. 그러면 그 사람 다음으로 권리를 소유하고 있는 유일한 친족인 자신이 그 토지를 무르겠다는 것이었다. 보아스의 말을 들은 그 사람은 자기가 그 토지를 무르겠다는 말을 했다. 아마도 당시 그는 그

12) 공동번역 룻 4:3, 참조.

렇게 하는 것이 자기에게 상당한 이득이 있을 것으로 판단했던 것으로 보인다.

3. 토지와 혈통의 관계에 대한 설명과 요구(룻 4:5,6)

엘리멜렉의 친족인 그 사람이 나오미의 토지를 무르겠다는 의사를 표명하자 보아스는 그에게 중요한 조건을 언급했다. 그것은 그가 나오미의 밭을 사는 날 엘리멜렉의 죽은 아들의 아내인 모압 여인 룻으로부터 그것을 사서 룻과 혼인함으로써 그 죽은 자의 기업을 저의 이름 곧 룻의 전 남편의 이름으로 세워야 한다는 것이었다.

이것이 과연 무슨 의미인가? 보아스가 룻기의 마지막 부분에서 언급한 이 말은 토지를 무르기 위한 특별한 이중구조二重構造와 연관되어 있다. 이는 특이한 경우로서 단순히 원 소유자의 토지만 무르면 되는 것이 아니라 그 권리를 소유한 자의 아내였던 여성을 맞아들여 그와 혼인해야 한다는 의미를 지니고 있다. 보아스가 제시한 조건을 듣게 된 그 사람은 그것을 받아들일 수 없다는 입장을 취했다.

그 사람은 엘리멜렉 집안의 토지에는 관심이 있었지만 그의 며느리였던 룻과 혼인할 마음은 추호도 없었다. 따라서 그는 자신의 모든 권리를 포기하겠다는 의사를 공개적으로 밝히기에 이르렀다. 그 사람은 그와 같은 조건을 받아들일 경우 도리어 자기의 인생에 손해가 있을 것으로 생각했던 것이다.

그리하여 그는 자기의 이득을 위해 나오미의 기업을 무르지 못하겠다는 입장을 분명히 표명하게 되었다. 즉 자신이 소유한 권리를 전부 포기하겠으니 다음 권리자가 되는 보아스가 알아서 처리하라는 것이었다. 아마도 그 사람은 엘리멜렉의 토지에 대해서는 알고 있었지만 홀로 남은 그의 며느리에 대해서는 잘 인식하지 못했던 것으로 보인다.

그 사람이 기업 무르기를 포기한 것은 개인적인 손해를 보기 싫어서였다. 그는 자기를 위해 토지를 무르기를 원했지만 죽은 자에 연관된 인적人的인 상속에 대해서는 받아들일 마음이 전혀 없었다. 즉 자신의 취할 권리와 이득에만 관심을 가지고 그보다 더욱 소중한 집안의 상속에 참여하기를 원하지 않았던 것이다. 하지만 당시 기업을 무를 때 진정으로 중요했던 것은 집안과 언약의 상속이었다.

4. 계약의 성립과 증거물(룻 4:7-10)

보아스는 이렇게 하여 나오미의 토지를 무를 수 있는 권리를 가진 그의 친족으로부터 권리를 양도받아 계약을 성사시키기에 이르렀다. 그것은 여러 장로들이 증인이 되어 보는 앞에서 이루어졌으므로 법적인 효력을 지니고 있었다. 나아가 주변에 모여 있던 백성들도 그에 대한 증인이 되었다. 이제 양자 사이에 계약이 완료되면 모든 것은 새로운 국면을 맞게 된다.

이스라엘 백성들은 오래 전부터 저들 사이에 무언가 무르거나 교환하고자 하는 의사가 있을 때 그 계약을 확정짓기 위하여 당사자가 자신의 신발을 벗어 상대방에게 전하는 풍습이 있었다. 그것이 백성들 사이에 계약이 성사되었음을 확인하는 중요한 증거물이 되었다. 그와 같은 행위는 당시 백성들에게 일반적으로 행해지는 관습이었다.

엘리멜렉의 가장 가까운 친족으로서 그의 기업을 무를 권리를 가졌던 사람은 보아스에게 그 토지를 사도된다는 말을 하면서 자신의 신발을 벗었다. 이는 자기가 소유한 권리를 포기하고 상대방에게 그 모든 권리를 넘겨주는 것과 연관되어 있다. 즉 스스로 여러 증인들이 보는 앞에서 그에 대한 모든 것을 확증짓는 것과 동일한 의미를 지니고 있었다. 그러자 보아스는 증인으로 참여한 열 명의 장로들과 거기 모인 모든 백성들을 향해 말했다.

> "내가 엘리멜렉과 기룐과 말론에게 있던 모든 것을 나오미의 손에서 산 일에 너희가 오늘 증인이 되었고 또 말론의 아내 모압 여인 룻을 사서 나의 아내로 맞이하고 그 죽은 자의 기업을 그의 이름으로 세워 그의 이름이 그의 형제 중과 그 곳 성문에서 끊어지지 아니하게 함에 너희가 오늘 증인이 되었느니라" (룻 4:9,10)

보아스는 증인으로 선 열 명의 장로들과 많은 백성들이 지켜보는 앞에서 죽은 엘리멜렉과 기룐과 말론에게 속해 있던 모든 것을 나오미의 손에서 자기가 사게 되었음을 선언했다. 위 본문 가운데서 보아스는 "내가" 그 기업을 샀으며 "내가" 룻을 사서 아내로 맞아들이게 되었다고 강조하고 있다.

보아스의 이 말 가운데는 매우 중요한 의미가 나타나고 있다. 이는 그 토지에 대한 나오미의 원천적인 모든 권리를 보아스 자신이 소유하게 되었다는 사실을 선포하는 성격을 지니고 있다. 나아가 토지뿐 아니라 나오미의 집안에 연관된 전체적인 기업은 이제부터 보아스가 맡게 되었음을 말해준다.

상황이 이렇게 진행되어 가는 것은 나오미가 진정으로 원하던 바였다. 이제 나오미의 모든 권리가 보아스에게 양도되고 또다시 나오미와 룻은 보아스에게 속하게 되었다. 그동안 나오미가 자신의 기업을 보아스가 무르게 되기를 간절히 바랐던 것은 자기와 룻이 보아스에게 속하기를 원했던 것을 의미하고 있다. 이는 물론 하나님의 섭리와 경륜에 의한 것으로서 나오미와 룻에게도 다행하고 복된 일이 아닐 수 없었다.

이렇게 하여 보아스는 나오미의 손에서 토지에 대한 원천적인 권리뿐 아니라 그 집안에 속한 모든 것을 소유하게 되었다. 그러므로 이제 모압 여인 룻을 자기의 아내로 맞이할 수 있었다. 또한 죽은 친족의 기업을 그의 이름으로 보존되도록 하여 저의 이름이 형제들과 그 성문에서 끊어지지 않게 하리라고 했다. 이는 보아스 자신이 저들의 보호자이자 주체적인 상속자가 된다는 사실을 의미한다(룻 4:10, 참조). 보아스는 거기 있던 여러 장로들과 백성들이 그에 대한 증인이 되었다는 사실을 선언했다.

5. 이스라엘 백성들의 축복(룻 4:11,12)

보아스의 친족이자 죽은 엘리멜렉의 가장 가까운 친족인 그 사람이 신발을 벗음으로써 자기의 모든 권리를 보아스에게 넘겨준다고 표명한 것을 거기 모여 있던 모든 사람들이 목격했다. 따라서 성문에 있던 열 명의 장로들과 모든 백성들이 그에 대한 증인이 되었음을 선포했다. 우리는 이를 일반적인 경우가 아니라 하나님께서 관여하신 매우 특별한 선언으로 받아들여야 한다.

> "여호와께서 네 집에 들어가는 여인으로 이스라엘의 집을 세운 라헬과 레아 두 사람과 같게 하시고 네가 에브랏에서 유력하고 베들레헴에서 유명하게 하시기를 원하며 여호와께서 이 젊은 여자로 말미암아 네게 상속자를 주사 네 집이 다말이 유다에게 낳아준 베레스의 집과 같게 하시기를 원하노라" (룻 4:11,12)

토지에 대한 권리 양도에 대한 증인이 된 열 명의 장로들을 비롯한 거기 함께 있던 백성들의 이 증언과 기원은 매우 중요한 의미를 지니고 있다. 그것은 부지중에 선포된 메시아 언약과 밀접하게 연관되어 있었기 때문이다. 그들은 여호와 하나님께서 보아스의 집에 들어가는 룻이 이스라엘의 집을 세운 라헬과 레아 두 사람과 같이 되게 하기를 바란다고 말했다. 그 여인들은 이스라엘 여러 지파 조상들의 모친들이다. 하나님께서 저들의 몸을 통해 많은 자녀들을 허락하신 것은 이스라엘 왕국을 건립하기 위해서였다.

그리고 그들은 여호와 하나님께서 보아스로 하여금 베들레헴 에브랏 즉 베들레헴에서 유명하게 하시기를 원한다고 말했다. 이제 보아스는 나오미의 권리를 이어받아 엘리멜렉의 토지를 회복한 실제적인 주인이 되었다. 그것을 확인한 백성들과 장로들이 노래한 것은 저의 이름이 단순히 널리 알려지기를 원한다는 의미가 아니라 구속사 가운데서 그의 역할에 관한 의미를 담고 있다.

또한 백성과 장로들은 하나님께서 보아스의 아내가 된 룻의 몸을 통해 저에게 언약의 상속자를 주어 그 집이 다말이 유다에게 낳아준 베레스의 집과 같게 해 주시기를 원한다고 말했다. 베레스는 유다가 자기의 며느리의 몸을 통해 특별한 방법으로 얻은 아들이었다(창 38:15-29, 참조). 그는 이스라엘의 초대 왕인 다윗의 조상의 족보에 들게 된 중요한 인물이었다.

이처럼 장로들의 예언적인 선포는 보아스와 룻을 통해서 허락되는 아들도 그와 같이 장차 오실 그리스도의 조상이 되게 해주시기를 기원하는 것과 연관되어 있다. 거기 모인 증인들은 부지중에 그렇게 기원했을지 모르지만 그 말은 매우 중요한 구속사적인 의미를 지니고 있었다. 여기서 우리는 룻이 평범한 여인이 아니라 구속사적으로 보아 메시아의 조상의 자리에 앉게 되는 매우 특별한 인물이라는 사실을 알게 된다.

6. 보아스와 룻의 혼인과 출산(룻 4:13-17)

죽은 엘리멜렉이 베들레헴에서 소유하고 있던 모든 것들은 이중적二重的으로 무르는 과정을 거쳤다. 먼저는 보아스가 엘리멜렉의 소유였던 토지를 나오미와 룻을 위해 회복해 주는 것이었다. 그러기 위해서는 나오미의 권리를 보아스가 우선 소유해야만 했다. 그런 다음에는 보아스가 모든 것들을 획득함으로써 룻과 엘리멜렉에 속한 모든 것들을 자신을 위해 회복하게 되었다. 그리하여 전자가 후자의 것에 자동적으로 편입됨으로써 모든 것이 완료되는 성격을 지니고 있었다.

그러므로 보아스는 죽은 엘레멜렉의 아내 나오미로부터 취하게 된 권리로써 기업을 무르고 그와 더불어 저의 며느리 룻을 자기의 아내로 맞아 혼인하게 되었다. 이는 나오미가 말했던 것과 같이 보아스가 룻의 '안식처'가 되었음을 의미한다(룻 3:1). 이 말은 하나님의 보호하심과 밀접하게 연관되어 있으며 거기에는 저들을 통해 특별한 자녀를 허락하고자 하시는 하나님의 섭리적인 의도가 드러나고 있다. 그로 말미암아 룻은 보아스를 통해 아기를 임신하게 되었던 것이다.

때가 이르러 룻은 남자 아기를 출산했다. 그는 보통 아기가 아니라 언약에 직접 연관된 자로서 다윗 왕의 조부가 될 뿐 아니라 장차 인간의 몸을 입고 이땅에 오실 메시아의 조상이 될 아기였다. 이처럼 하나님께서는 아무도 알지 못하는 사이 이방의 모압 여인을 언약의 왕과 메시아의 조상으로 삼으셨다. 이는 전체 이스라엘 민족보다 이방인 출신인 룻이 더욱 중요한 역할을 감당하고 있다는 사실을 말해준다. 이로 말미암아 이스라엘 자손들은 허탄한 민족주의적인 자부심을 가질 수 없었다.

모압 출신의 룻이 아기를 출산했을 때 베들레헴의 여인들은 나오미 앞에서 크게 환호했다. 이는 그동안 심한 고통에 빠져있던 나오미에게 큰 전환이 일어났음을 보여준다. 그들은 그것으로 인해 여호와 하나님을 찬송하게 되었다. 그 여인들은 하나님께서 저에게 기업 무를 자를 허락하셔서 특별히 주신 아기의 이름이 이스라엘 민족 가운데 유명하게 되기를 기원했다. 그것은 메시아 언약에 밀접하게 연관되어 있는 예언적인 말씀이었다.

이스라엘 백성은 보아스와 룻 사이에서 출생한 그 아기가 나오미의 '생명의 회복자' (a restorer of your life)이며 저의 노년을 위한 '봉양자' (a nourisher of your old age)라 칭했다. 시어머니를 진정으로 사랑하므로 인해 일곱 아들보다 귀한 저의 며느리를 통해 낳은 아기가 그렇게 한다는 것이었다. 이는 룻의 신실함과 상속에 연관되는 말이다.

나오미는 룻으로부터 그 아기를 받아 자신의 품에 안고 양육했다. 그런데 우리가 여기서 보게 되는 특이한 점은 그의 이름에 연관된 것이다. 즉 부모나 할머니가 그 아기의 이름을 지어준 것이 아니라 나오미와 함께 있던 여인들이 지어주었던 것이다. 이는 하나님께서 간접적인 방법으로 저의 이름을 지어주셨다는 말과도 통한다. 그들은 나오미에게 아들이 태어났다고 하여 그의 이름을 오벳(Obed)이라 칭했다. 그는 나중에 태어날 다윗 왕의 할아버지이자 이새(Jesse)의 아버지였다.

이렇게 하여 보아스와 룻이 다윗 왕의 혈통적인 조상이 되었다. 이스라엘 백성으로부터 멸시받던 모압 여인을 통해 다윗 왕을 보내셨던 것이다. 이는 혈통적으로 보아 다윗에게는 이방인 즉 모압 여인의 피가 흐르고 있었다는 말이 된다. 하나님께서는 이를 통해 순수 혈통의 이스라엘 민족 자체가 사랑의 대상이 아니라 저들은 이방인들에게 속한 하나님의 자녀들을 위한 선한 도구가 된다는 사실을 드러내 보여주고 있다.

7. 메시아의 족보에 연관된 다윗 왕의 족보(룻 4:18-22)

나오미의 며느리 룻은 보아스와 혼인함으로써 하나님께서 세우신 이스라엘 왕조의 혈통적인 조상이 되었다. 이는 장차 오시게 될 메시아의 족보에 직접 연관되어 있다. 룻은 일반 이스라엘 백성들이 경멸하는 모압 족속인 이방 출신 여인이었다. 그리고 다른 남자와 한 번 결혼한 경력이 있는 여인이었다.

그와 같은 형편에 놓여 있다면 혼인을 하고자 할 때 상당한 결격사유가 된다고 말할 수밖에 없다. 그렇지만 하나님께서는 그 모든 것을 완전히 초월하신 분이시다. 나아가 모든 것이 완벽하고 흠 없는 자를 택하신 것이 아니라 도리어 겉보기에 흠집투성이라 할 수 있는 여인을 선택하여 메시아의 혈통적 조상으로 삼으셨다.

만일 아무런 결격사유가 없어 보이는 여성이자 순수한 이스라엘 민족의 혈통을 지닌 자손만 메시아 족보에 가담시켰다면 어리석은 자들은 윤리적인 관점에서 모든 것을 해석하려고 했을 것이다. 그러나 하나님은 그렇지 않은 자들을 불러 그 자리에 앉힘으로써 거룩하신 하나님 자신의 사역을 보여주시고자 했다. 이는 죄성을 지닌 타락한 인간들에게 의존하지 않는 하나님의 속성을 잘 보여주고 있다.

룻기의 맨 마지막 부분에는 다윗 왕과 메시아 족보에 연관된 기록을 남기고 있다. 본문 가운데는 유다가 자신의 며느리 다말에게서 낳게 된 베레스로부터 다윗 왕까지의 족보가 기록되어 있다. 이는 유다 지파의 자손으로 태어나는 다윗 왕을 통해 메시아가 오시게 된다는 예언을 하고 있는 것과도 같다.

베레스는 헤스론을 낳고 헤스론은 람을 낳았고 람은 암미나답을 낳았고 암미나답은 나손을 낳았고 나손은 살몬을 낳았으며 살몬은 보아스를 낳게 되었다. 그리고 보아스와 룻 사이에서 오벳이 출생했다. 오벳은 나중 이새를 낳게 되는데 그는 언약의 나라 초대 왕이 되는 다윗의 아버지였다. 우리는 여기서 엘리멜렉이나 기룐이나 말론이 아니라 보아스의 이름이 들어 있다는 사실을 눈여겨보아야 한다.

이 모든 사람들은 메시아 족보에 연관된 이름들이다. 하나님께서는 장차 그가 인간의 몸을 입고 이 세상에 오시게 될 메시아에 대한 내용을 사사시대에 계시해 주셨던 것이다. 이에 관한 족보는 신약성경 마태복음 1장과 누가복음 3장에 전체적으로 계시되어 나타나고 있다.

특히 마태복음에는 이스라엘 민족의 언약의 왕이 어떤 여인들을 조상으로 두고 있는지에 대해서와 다윗 왕이 어떤 여성을 통해 다음 왕인 솔로몬을 낳게 되었는지에 대한 기록을 하고 있다. 그들 가운데는 유다의 며느리 다말과 기생 라합과 우리아의 아내였던 밧세바가 들어 있다. 그 여인들은 이스라엘 민족의 시각에서 보았을 때 하나같이 상식적이거나 일반적이지 못한 여성들이었던 것으로 비쳐질 수 있다. 그런데 하나님께서는 저들을 통해 이땅에 하나님의 아들 메시아를 보내시고자 했던 것이다.

룻기는 전체적으로 장차 오시게 될 메시아에 연관된 기록임에 틀림없다. 하나님께서는 본문 가운데서 장차 보아스와 룻을 통해 이땅에 예수 그리스도를 보내시겠다는 자신의 뜻을 계시해 보여주고 있다. 우리는 룻기의 전체적인 문맥을 통해 구속사에 관련된 내용으로서 '보아스의 그리스도 예표' 와 '룻의 교회 예표' 에 관한 의미가 어느 정도 드러나고 있음을 알게 된다.

성구색인

- 사사기 -

- 룻기 -